民法 3　担保物権

CIVIL LAW 3

JN017116

監修・**山本敬三**

著　・**鳥山泰志**
　　　藤澤治奈

有斐閣ストゥディア

　初学者が新しいことを学ぼうとするときには，その手ほどきをしてくれるものがあると助かります。一度学ぼうとしたけれども，むずかしすぎたり，時間が足りなくなったりして，あきらめてしまった後で，もう一度やりなおしたいと思うこともあります。そのときも，今度こそうまく学べるような手助けをしてくれるものがあるとありがたいでしょう。大学などで，「○○入門」という授業が最初におこなわれたり，書店に行けば，さまざまな入門書が並んでいたりするのは，そのようなニーズにこたえるためです。

　法律に関しても，このような入門を助けてくれるものが必要です。ところが，法律には，簡単に入門させてくれないようなむずかしさがあります。

　まず，法律には，日常生活ではあまり使わないような専門用語がたくさん使われています。意味がわからないだけでなく，読めないようなものも少なくありません。さらに，専門用語というほどではないけれども，法律家が使う独特の言い回しのようなものもあります。それらが説明もなく当たり前のように使われていますと，日本語としてもよくわからないということになりかねません。必要な言葉の意味と読み方はていねいに説明してもらいたいものです。

　また，大きな法律ですと，たくさんの条文が書かれています。しかも，それらの条文の解釈については，たくさんの判例がありますし，たくさんの学説があります。それらをいくらわかりやすく説明してくれても，あまりの情報量に圧倒されて，いやになってしまうこともあるでしょう。木ばかりみえて，森がみえないままでは，先に進めません。最初は，基本的で大事なことがらにしぼって教えてもらいたいものです。

　さらに，法律の条文をみても，非常に抽象的に書かれています。それが具体的に，どのような場合について，どのような結論をみちびくのか，条文だけをみていても，思い浮かばないことがよくあります。しかし，それでは，結局，法律の実際の意味がわからないままになってしまいます。まず，具体的に，どのような場合について，何がどう問題になるかということを示してくれると，イメージがわいて，理解できるようになります。抽象的な話は，その後でしてもらえれば，頭に入りやすくなるでしょう。

この本をふくむ『ストゥディア民法』シリーズは，以上のような法律の初学者のニーズにこたえることをめざしています。ただ，それだけであれば，当然のことであって，ほかの入門書とあまり違いはないでしょう。このシリーズに特徴があるとすれば，それは，単に「わかりやすく」「かみくだく」だけでなく，「当たり前の前提とされていることまで言葉にして示す」ことをめざしていることです。

　ある知識が説明されても「わかりにくい」と感じられるのは，その知識の前提になっていることがきちんと説明されていないためであることがよくあります。とくに専門家は，自分はよくわかっていますので，当たり前と思うことはもう省略して，そこから先のことだけを述べがちです。ところが，初学者は，その当たり前とされる前提がわかっていませんので，そこから先のことだけを示されても，わけがわかりません。そこで，通常の教科書には書かれていない「行間」を言葉にして，論理のステップが飛ばないように説明することを，このシリーズではめざすことにしました。

　もちろん，暗黙の前提は，当たり前のことすぎて，多くは意識もされないようなものです。それを意識して言葉にするのは，簡単ではありません。しかし，そこが明らかになりますと，格段に理解がしやすくなるはずです。本書を通じて，読者の皆さんにそれを実感していただければと願っています。

＊

　この本は，『ストゥディア民法』シリーズの3冊目の本です。2018年12月に刊行された1冊目の『民法4 債権総論』は，おかげさまで多くの読者の方々から好評を得て，早く続刊をという声をお寄せいただきました。ご期待にそうことがなかなかできず，大変申し訳ない思いでいっぱいでしたが，何とか2021年3月の『民法1 総則』に続いて，ここに3冊目をお届けすることができました。この本は，担保物権という，金融取引に関わり，技術的な問題が多く，理解するのがなかなかむずかしい分野を対象とするものです。皆さんがこの世界に無理なく入っていくための案内役として活用していただけることを願っています。

　この本は，1人の（ベテランというしかない）監修者と2人の（若手というにはもう失礼すぎる）執筆者の共同作業によって作られたものです。「共同作業」というのは，それぞれの章を担当者に単に割り振って，分担して執筆したものと

は違うということです。各章を執筆する担当者は決めましたが，それぞれの担当者が1章ないし2章分を書いたものを持ち寄って，一緒に検討会をおこなうという作業を繰り返してできあがったものです。実は，2015年9月に準備を始めたときには，物権とあわせて1冊の本にするつもりでした。ところが，第1ラウンドとしてひととおりすべての章を検討した段階で，わかりやすく説明するためにはどうしても分量が多くなってしまうことがわかりました。そこで，2017年9月から，物権の担当者とはお別れをして，第2ラウンドとしてもう一度書き直したものを検討し，その後，2020年3月と5月に，第3ラウンドとして最終の検討会を開催して，同年8月に最終脱稿となりました。合計すると，12回も集まったことになります。

　監修者と執筆者が住んでいる場所が京都，東京，途中からは仙台とバラバラでしたので，当初からスカイプ等を活用して検討会をおこないました。今ではテレワークが当たり前のことになりつつありますが，時代を少し先取りしていたといえるかもしれません。

　監修者は，各章の執筆は担当していませんが，あらかじめ原稿をチェックして，毎回検討会に参加しました。また，本書では，法律を学んだことがない方にもモニターをお願いしました。毎回，担当者が執筆した原稿を事前に読んで，文章としておかしいところ，初学者にはわかりにくいところを指摘してくださいました。私たち法律の専門家にとっては当たり前と思われることが実はそうでないことがわかり，目からうろこが落ちる思いがすることもよくありました。

　しかし，考えてみますと，それぞれの大学で「先生」と呼ばれる執筆者の方々にとって，他人からこのようなダメ出しがされることは，ふつうはありえないことでしょう。怒りだしてもおかしくないところですが，どの執筆者も，出された指摘を真剣に受け止めて，よりよい表現や説明の仕方を目指して工夫を重ねてくださいました。監修者として，心より感謝申し上げたいと思います。

　最後に，企画から出版にいたるまでお世話をしてくださった有斐閣書籍編集部の一村大輔さん，中野亜樹さん，さらに原稿のチェックを助けてくださったモニターさんにも，厚く御礼を申し上げます。

　2021年9月

山 本 敬 三

目　次

Column ● コラム一覧

本書の使い方

この本をふくむ『ストゥディア民法』シリーズの章立てと各章の構成について，最初に紹介しておきます。

章立て　まず，章立ては，それぞれの巻が対象とする分野の一般的な体系をもとにしていますが，1つの章が読みやすい長さになるようにしています。そのため，1つの項目が2つ以上の章に分けて説明されることもあります。ただし，その場合は，それらの章が全体として1つの項目をあつかうものであることがわかるようにしてあります。例えば，本書でいいますと，第**5**章〜第**7**章までは，すべて抵当権の実行前の効力をあつかうものですので，それぞれの章を「抵当権の実行前の効力①〜③」とし，副題で取扱範囲を示しています。これで，全体の体系とそれぞれの章の読みやすさの両立をはかることにしています。

各章の構成　次に，それぞれの章は，①INTRODUCTION，②本論，③POINT という3つの部分から構成されています。さらに，ところどころで，④Column という欄ももうけています。

①INTRODUCTION では，その章で学ぶ項目を簡単に整理して示しています。それぞれの項目に対応する民法の条文も示すことにしています。

②**本論**では，できるかぎり，はじめに CASE として具体的な設例をあげて，それに即して説明をするという形式にしています。設例は，その項目で説明するのに必要な要素にしぼったシンプルなものにするようにしています。また，理解しやすくするために，図を入れるようにしました。

説明にあたっては，複雑になるところは，図表を使って整理するようにしています。また，とくに重要な言葉を青字で示して，目に入りやすくしています。読みづらいかもしれない言葉には，ふりがなを入れてみました。必要がなければ，無視してください。そのほか，前のところで学んだことや，後のところでもっと詳しく学ぶことは，「⇒」という印で頁数をあげるようにしましたので，参照していただければと思います。

さらに，本文にくわえて，note として3つの種類の注を用意しています。

用語 は，専門用語の意味をわかりやすく説明したものです。

説明 は，本文で述べたことをよりよく理解することができるように，補足的な説明をしたものです。

　発展 は，応用的なことや一歩先で学ぶことを紹介したものです。

　③POINT は，その章で学んだ基本的で重要なことがらをまとめたものです。復習のために活用していただければと思います。

　④Column では，本文の少しわかりづらいかもしれないところについて，なぜそのようになるか，そもそもどうしてそのようなことが問題とされるかといったことを初学者にもわかるようにていねいに説明しています。法律の世界で当たり前のこととされている「お約束」の説明や，意外に知られていない豆知識の紹介もしていますので，きっとためになるでしょう。

略語表 ●

●法令名略語

　本文中（　）内の条文引用で法令名の表記がないものは，原則として民法の条文であることを示しています。そのほかに用いている略語は以下のとおりです。

不登	不動産登記法	特許	特許法
仮登記担保	仮登記担保契約に関する法律	著作	著作権法
民執	民事執行法		

　また，（○条→△条）という場合の「→」は，「○条の準用する△条」という意味で用います。

●裁判例略語

最大判（決）	最高裁判所大法廷判決（決定）
最判（決）	最高裁判所判決（決定）

●判例集略語

民集	最高裁判所民事判例集，大審院民事判例集

●ストゥディア民法シリーズ各巻名略語

　本シリーズは以下の7巻構成になっており，ある記述について別の巻を参照してほしいときは「○巻」として示しています。　例／民法1 総則→1巻

1　総則／2　物権／3　担保物権／4　債権総論／5　契約／
6　事務管理・不当利得・不法行為／7　家族

著者紹介

監修者

山本 敬三 （やま もと けい ぞう）　京都大学教授
［本書の使い方，民法の全体像と本巻の位置付け］

著　者

鳥山 泰志 （とり やま やす し）　東北大学教授
［第 **3** 章・第 **4** 章・第 **12** 章〜第 **16** 章，Column **6**〜**9**・**15**〜**18**］

藤澤 治奈 （ふじ さわ はる な）　立教大学教授
［第 **1** 章・第 **2** 章・第 **5** 章〜第 **11** 章，Column **1**〜**5**・**10**〜**14**］

民法の全体像と本巻の位置付け

　民法は，私たちの暮らしと経済活動を成り立たせる，もっとも基本的な法律です。

　この民法があつかうのは，財産にかかわることがらと家族にかかわることがらです。財産にかかわることがらを定めた部分を財産法，家族にかかわることがらを定めた部分を家族法といいます。

　まず，財産法は，物に対する権利をあつかう部分と人に対する権利をあつかう部分に分かれます。「物に対する権利」を物権，「人に対する権利」を債権といい，物権をあつかう部分を物権法，債権をあつかう部分を債権法といいます。

　物権の代表例は，所有権です。これは，持ち主が物を自由に使ったり，そこから利益をあげたり，他に処分したりすることができる権利です。この所有権のうち，物を利用することができるという部分を切り出したものを用益物権，物を売り払うなどしてお金にかえることができるという部分を切り出したものを担保物権といいます。担保物権は，例えばお金を貸す場合に，後で返してもらえなくなったときにその物を売り払うなどしてお金にかえて，そこから借りたお金を返してもらうという使われ方をするものです。物権には，さらに，所有権や用益物権，担保物権があるかどうかにかかわりなく，自分のところにある物を勝手に奪ったりするなといえる権利として，占有権というものもあります。

　債権の代表例は，物を売り買いするという契約をした場合に，買主が売主にその物を引き渡してもらうという権利や，売主が買主にその代金を支払ってもらうという権利です。このような債権は，契約から発生するほか，交通事故などのように，他の人から自分の権利を侵害されて，損害が生じた場合（これを不法行為といいます）にも，その損害を賠償してもらう権利という形で発生します。債権法には，このように債権を生じさせる場合として，契約と不法行為のほか，さらに事務管理，不当利得が定められています。

　次に，家族法は，親族法と相続法に分かれます。

　親族法は，家族の関係を定めた法です。ここでは，夫婦にかかわる婚姻や親子，後見や扶養について定められています。

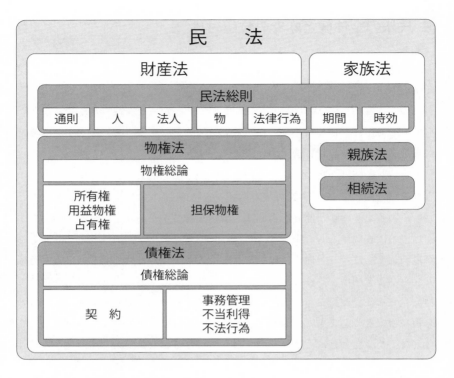

　相続法は，人が死んだ場合にその財産が誰のものになるかということを定め
た法です。遺言がある場合とそれがない場合の法定相続がここに規定されてい
ます。

　さらに，民法の最初の部分には，以上の物権法・債権法，親族法・相続法の
すべてに共通することがらがまとめて規定されています。この部分のことを民
法総則といいます。ここでは，人，法人（人と同じあつかいを受ける団体のことで
す），物，法律行為（先ほどの契約などの行為です），期間，時効などが定められ
ています。

　この『ストゥディア民法』のシリーズでは，第1巻で民法総則，第2巻で物
権（物権の総論と所有権・用益物権・占有権），第3巻で担保物権，第4巻で債権
総論（債権に共通することがら），第5巻で契約，第6巻で事務管理・不当利得・
不法行為，第7巻で家族法を取り上げます。このうち，本巻で取り上げるのは，
担保物権です。

担保物権とは何か

INTRODUCTION

　この本では，担保物権について学びます。そのためには，まず，「担保物権」とは何かを知る必要があるでしょう。これが，この章のテーマです。

　担保物権について説明するために，さしあたり，この言葉を「担保」と「物権」との2つに分けてみます。この章では，この2つを順番にみていきます。

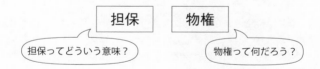

担保　　物権

担保ってどういう意味？　　物権って何だろう？

「担保」とは何か

　第1に，担保物権の「担保」とはどういう意味なのでしょうか。「担保」という言葉について国語辞典をひいてみると，「将来生じるかもしれない不利益に対して，それを補うことを保証すること，または保証するもの」（デジタル大辞泉）と書いてあります。これによれば，担保があることで，将来の不利益がカバーされるようです。では，担保物権は，いったい，どのような不利益をどんなふうにカバーしてくれるのでしょうか。この点を 1 で考えていきます。

「物権」とは何か

　第2に，「物権」とは何でしょうか。この本を手に取っている方は，すでに民法総則や物権法を学んだことがあり，物権とは何か知っているかもしれません。とはいえ，忘れてしまうこともあるでしょう。念のため，「物権」について，2で説明します。

1 「担保」とは何か

　INTRODUCTION では，「担保」とは，将来の不利益をカバーしてくれるものであることを紹介しました。では，将来の不利益とは，いったい何なのでしょうか。
　担保物権は，主に，お金の貸し借りの場面で使われるものです。そこで，以下では，お金の貸し借りの具体例（CASE）をみながら，この問題に取り組みます。

1　お金の貸し借りの良い点と悪い点

お金の貸し借りの良い点

CASE 1-1

　S会社は，新しい製品をつくるために1億円をかけて工場を建てたいと考えています。ところが，S会社は，1億円ものお金をもっていません。そこで，S会社は，G銀行から1億円を借りました。お金を借りるにあたって，S会社は，数年かけて1億円プラス利息を返すことを約束しました。

　その後，S会社が1億円を使って工場を建て，新しい製品をつくって発売したところ，大ヒット。S会社は，多くの利益を手にすることができました。S会社は，その利益から，G銀行に1億円を返し，さらに利息も払いました。

CASE 1-1 では，お金を借りて工場を建てたことによって，S会社が多くの利益を得ることができました。また，G銀行は，S会社から利息を上乗せしてお金を返してもらえました。つまり，利息によって，G銀行も，利益を上げることができます。さらに，私たち一般の消費者にも，新しい製品を手にすることができるというメリットがあります（CASE 1-1 図参照）。

このように，お金の貸し借りは，私たちの社会に，多くの利益をもたらします。使い道がなく蓄えられているだけのお金を，お金を必要とする人に回すことができるからです。

Column 1　銀行の役割

CASE 1-1 には，「G銀行」という銀行が登場しました。私たちが街を歩いているときにも「○○銀行」という看板を見かけることもしばしばですが，「銀行が何をしているところなのか，よくわからない！」という人もいるかもしれません。そこで，ここでは，銀行の役割を紹介しておきます。

まず，皆さんにとって一番身近な銀行の役割は，お金を預かってくれるというものでしょう。親戚からもらったお年玉を銀行に預けたことはないでしょうか。このことを「預金」といいます。

では，皆さんが銀行に預けたお金はどこにいくのでしょうか。ずっと銀行の金庫に眠っているのでしょうか。そうではありません。銀行は預かったお金を，企業などへの貸し出しに回します。

CASE 1-1 を思い出してください。S会社のようにお金を必要としている企業に対して，預金者から預かったお金を貸し出し，その利息を手に入れることで銀行は利益を上げています。そして，その利益は，預金の利息として，預金者にも分配されます。

このように，余っているお金を預かり，お金を必要としている人に貸すことが銀行の重要な役割の1つなのです。

▌お金の貸し借りの悪い点▐

しかし，お金を貸すことには，貸したお金が返ってこないという危険がつきものです。CASE 1-2 のような展開も考えられるのです。

S会社は、G銀行から1億円を借りて工場を建て、新製品をつくりました。ところが、S会社の新製品は、まったく売れませんでした。S会社は、新製品でもうけたお金でG銀行からの借金を返すつもりでしたが、返せなくなってしまいました。

2 債権の強さと弱さ

債権の力

CASE 1-2 のような場合、G銀行は泣き寝入りするしかないのでしょうか。そんなことはありません。民法は、G銀行を助ける方法を用意しています。

G銀行を助ける方法を学ぶ前に、これから使う用語を確認しておきます。民法の用語では、お金の貸し手を債権者、借り手を債務者といいます。お金の貸し手は、借り手に対して、お金を返してもらうことができる権利（債権）をもっているからです。また、お金の借り手は、貸し手に対して、お金を返す義務（債務）を負っているからです。これからは、G銀行を「債権者」、S会社を「債務者」と呼んで説明をしていきます。なお、「債権」とは何かについては、②で学びます。

債権者G銀行は、債務者S会社に対して、1億円を返してもらうことができる債権をもっており[1]、債務者がお金を返してくれないときには、裁判所の手を借りて、強制的に取り立てることができます（414条1項）。その方法は、民事執行法という法律に定められています。

民事執行法によれば、債権者は、債務者の財産を差し押さえて[2]お金に換え、そのお金から支払（これを「配当」といいます）を受けることができます（図1-1参照）[3]。このような債権の力を摑取力[4]といいます。G銀行は、S会社の工場

---

note

[1] **説明** CASE 1-1 にあるように、G銀行は、本当は1億円プラス利息等を払ってもらえるのですが、ここでは、説明を簡単にするために、本文にあるように「1億円」ということにしておきましょう。

[2] **用語** 差押えは、債権者の申立てにもとづいて、裁判所が債務者に対して宣言します。財産が差し押さえられると、債務者は、その財産を売ったりすることができなくなります。差押えについて詳しくは、第4章 Column 9 を参照してください。

[3] **説明** 債権の強制的な実現については、4巻第4章を参照してください。

やその他の財産をお金に換えて，1億円を受け取ることができそうです。

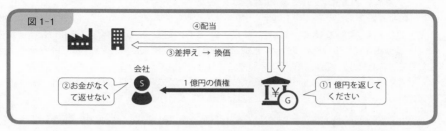

図 1-1

④配当
③差押え → 換価

会社

②お金がなくて返せない

S

1億円の債権

①1億円を返してください

G

Column 2　債権者 G・債務者 S

　民法の教科書で具体例を出すときには，登場人物を A，B，C……というふうに記号であらわすことが多いようです。民法のルールは，登場人物が佐藤さんでも，鈴木さんでも，高橋さんでも，誰にでも同じように適用されるものなので，わざわざ登場人物に名前をつけずに，抽象的な記号を使うのです。

　具体例の中でも，債権者と債務者が登場する場合には，債権者を G，債務者をS とすることがあります。このように登場人物の立場に応じて記号を決めておくと，ケースを学ぶ際に，「どちらがお金を貸したんだっけ？」といったことで混乱しなくてすみます。

　なぜ，G・S の記号を使うかというと，ドイツ語の債権者「Gläubiger」，債務者「Schuldner」の頭文字をとっているからです。また，第三者が登場する場合には，ドイツ語の第三者「Dritter」の頭文字から，D という記号を使うことがあります。

　記号を覚えづらい人は，「銀行の G」，「債務者（借金）の S」，「第三者の D」というふうに，日本語のローマ字表記の頭文字で覚えてみてください。

債権者平等の原則

　債権には，このような力があるのですから，G 銀行は損をしなくてすむように

---

note

[4] 用語 「摑取」とは，つかみとることをいいます。摑取は，ドイツ語の Zugriff の訳語で，「griff」がつかむ（英語でいえば grip），「zu」はそこに入っていくというニュアンスを示しています。債権には，債務者の財産を差し押さえて，換価する力があることから，このことを比喩的に，摑取力と呼ぶのです。

思われます。ところが，ここには落とし穴があります。

> **CASE 1-3**
>
> 　お金に困ったS会社は，G銀行だけではなく，G₂銀行からも2億円，G₃銀行からも3億円を借りました。S会社が借金を返さないので，どの銀行も，裁判所の手を借りて，S会社から強制的に借金を取り立てようとしています。しかし，S会社の財産は，お金に換算して1億8000万円分しかありません。このとき，G銀行，G₂銀行，G₃銀行は，それぞれいくら受け取ることができるでしょうか。

（1）　債権者平等の原則とは

CASE 1-3 のように複数の債権者がいる場合，最初にお金を貸した銀行が多く返してもらえるのでしょうか。それとも，最初に財産を差し押さえた銀行が多く返してもらえるのでしょうか。どちらも，答えはノーです。

誰が先にお金を貸したかとは関係なく，そして，誰が先に差押えをしたかとも関係なく，債権者は債権の額に応じて平等にお金を返してもらいます。

なお，「債権の額に応じて平等」とは，得られたお金を，それぞれの債権者が同じ額だけ受け取るという意味ではないことに注意してください。

「債権の額に応じて平等」とは，得られたお金を，債権の額の比で分け合うことをいいます。つまり，**CASE 1-3** のG銀行，G₂銀行，G₃銀行は，それぞれ，1億円，2億円，3億円の債権をもっているので，S会社の財産1億8000万円を，1：2：3で分け合い，それぞれ，3000万円，6000万円，9000万円を受け取ることになります（図1-2参照）。このことを，債権者平等の原則といいます。

（2）　債権者平等の原則から生じる不安定さ

結局，この場面でG銀行は，1億円を貸したのに3000万円しか返してもらえないので，7000万円の損をすることになります[5]。債権には履行を強制する力や摑取力があるといってみても，債務者に数多くの債権者がいて，借りているお金の総額が債務者の財産の額を上回る場合には，債権の力が薄まってしまうことがわかります。

以上が，お金の貸し借りの場面で生じるかもしれない「将来の不利益」です。

---

note

[5] **説明**　G銀行は，1億円を支払ってもらえる債権をもっていたのに，3000万円しか受け取っていないので，まだ7000万円の債権をもっています。そのため，厳密にいえば，G銀行は損をしているわけではありません。しかし，いくら残りの7000万円を請求しても，S会社には支払う能力がないのですから，実際には，7000万円を損しているようなものなのです。

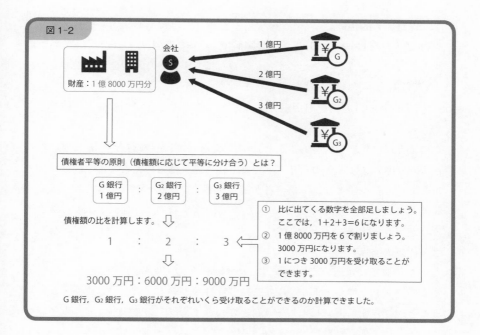

図 1-2

債権者平等の原則（債権額に応じて平等に分け合う）とは？

| G 銀行
1 億円 | : | G₂ 銀行
2 億円 | : | G₃ 銀行
3 億円 |

債権額の比を計算します。⇩

1 : 2 : 3

⇩

3000 万円：6000 万円：9000 万円

① 比に出てくる数字を全部足しましょう。ここでは，1＋2＋3＝6 になります。
② 1 億 8000 万円を 6 で割りましょう。3000 万円になります。
③ 1 につき 3000 万円を受け取ることができます。

G 銀行，G₂ 銀行，G₃ 銀行がそれぞれいくら受け取ることができるのか計算できました。

このような不利益が待っているとすれば，債権者は，お金を貸す気にはならないかもしれません。お金の貸し借りは，世の中に様々な利益をもたらすものなのに，それが行われなくなってしまうと，皆が困ってしまいます。

　そこで，登場するのが「担保」です。担保は，このような不利益をカバーする役割を果たします。担保の役割を具体的にみていきましょう。

3　人的担保と物的担保

保証人による担保（人的担保）

CASE 1-4

　G 銀行は，S 会社にお金を貸す際に，S 会社の社長 H と保証契約（446 条）を結んでいました。この保証契約では，S 会社が借りたお金を返せなかったときには，H 社長個人がお金を支払う義務を負うと定められていました。

(1)　保証＝人的担保

　先ほど学んだ CASE 1-3 のような場面で，CASE 1-4 のような保証契約があったらどうでしょうか[6]。たしかに，G銀行は，S会社の財産を売ったお金からは3000万円しか受け取ることができません。しかし，保証契約があれば，G銀行は，残りの7000万円をH社長から返してもらうことができるので，損をしなくてすみます。

　このように，保証契約があることによって，G銀行が受けたかもしれない不利益がカバーされます。その意味で，保証も担保の一種といえます。

　ここで，H社長のように，債務者が借りたお金を支払う義務を負う人のことを保証人といいます。保証人という「人」による担保なので，保証を人的担保と呼ぶことがあります。

(2)　保証の弱点

　ただし，保証には弱点があります。CASE 1-4 のH社長が全然お金をもっていなかったらどうでしょうか。G銀行は，H社長からも，貸したお金を返してもらうことができず，損をしてしまうことになります。

　このように，保証契約には，保証人が無資力（借りたお金を返すだけの財産をもっていないこと）のときに役に立たないという弱点があります。

担保物権による担保（物的担保）

　この本で学ぶ担保物権は，保証（人的担保）のような弱点がない担保です。担保物権は，「物」による担保なので，保証よりも安心なのです。具体例をみてみましょう。

> **CASE 1-5**
> 　G銀行は，S会社に1億円を貸す時に，1億2000万円の価値があるS会社の本社ビルを担保にとっていました。

　ここでは，G銀行は，本社ビルという不動産，すなわち「物」について担保物権をもっています。先ほど学んだ CASE 1-3 のような場面で，CASE 1-5 のような担保物権があったらどうでしょうか。

note ─────────────────────────────────

[6]　**説明**　保証契約について詳しくは，4巻第**10**章を参照してください。

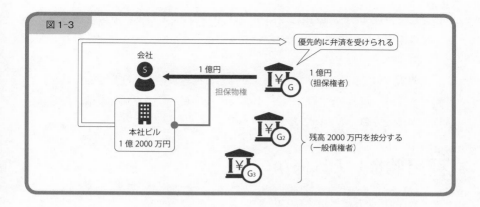

図 1-3

CASE 1-5 でＳ会社がお金を返せなくなったとき，Ｇ銀行は，本社ビルを売ってお金に換えて，そのお金を受け取ることができます。しかも，他の債権者よりも先に（優先的に），お金を受け取ることができます。つまり，他の債権者は，Ｇ銀行が全額の弁済を受けるまで，本社ビルを売ったお金には手を出すことができません。**CASE 1-5** にそって説明すれば，本社ビルが１億2000万円で売れた場合，まず，Ｇ銀行が，自分が貸したお金の額，１億円を受け取ります。そして，残った2000万円を，他の債権者が分け合うことになります[7]（図 1-3 参照）。

このように担保物権を使えば，Ｇ銀行は，貸したお金を全額回収する[8]ことができ，損をせずにすみます[9]。担保物権があることによって，Ｇ銀行が受けたかもしれない不利益がカバーされているのがわかるでしょう。これは，「物」による担保であることから，担保物権は，物的担保と呼ばれることがあります。

なお，Ｇ銀行のように担保物権をもっている債権者を担保権者といいます。こ

---

note

[7] **説明** この場面でも，担保権者以外の債権者は，債権の額に応じて平等に残額を分け合います。

[8] **用語** なお，銀行が貸したお金を返してもらうことを「債権を回収する」といいます。より正確にいえば，「債権を回収する」とは，債務者が自分からお金を返す場合だけではなく，本文のように，債権者が債務者から強制的にお金を取り立てる場合を含んだ表現です。

[9] **発展** **CASE 1-5** では，Ｇ銀行は，Ｓ会社に貸したお金（１億円）よりも高い価値をもつ財産（１億2000万）を担保にとっていたため，貸したお金全額について，他の債権者に優先して弁済を受けることができました。では，反対に，価値の低い財産（たとえば8000万円としましょう）を担保にとっていた場合はどうでしょうか。ここで，Ｇ銀行は，8000万円については，優先的に弁済を受けることができますが，残り2000万円については，担保がありませんから，債権の額に応じて，他の債権者と平等に弁済を受けることになります。つまり，2000万円の貸付けについては，損失が出てしまいます。貸したお金よりも高い価値をもつ財産を担保にとっておけば，このような事態を避けることができて安心です。

れに対して，G₂銀行やG₃銀行のように，担保物権をもっていない債権者のことを一般債権者といいます。担保がない債権者という意味で無担保債権者ということもあります。

以上のように，担保物権の「担保」とは，債権者が将来受けるかもしれない不利益，つまり，債務者が債務を履行してくれない場合[10]の不利益を補うために，債権者が備えておくもののことをいいます。

 「物権」とは何か

次に，「物権」とは何かをみていきましょう。

1 物権の位置付け

本書冒頭の「民法の全体像と本巻の位置付け」で確認したように，民法は，大きく分けて2つの事柄について定めています。それは，財産と家族です。民法のうち，財産について定めた部分を「財産法」といい，家族について定めた部分を「家族法」といいます。

そして，財産法の中には，2つの重要な権利が定められています。それが，物権と債権です。つまり，物権は，民法の財産法の重要テーマの1つなのです。

2 物権と債権

債権とは何か

では，物権とは，どのような権利なのでしょうか。債権と比べてみることによって，物権の特徴を明らかにしましょう。

これまでの説明の中にも，「債権」という言葉が登場しました。例えば，G銀行がS会社に対して1億円を貸した後，それを返してもらえる権利，これが債権です。このように，人（法人を含む[11]）から，一定の行為をしてもらえる権利

---

note

[10] **用語** 「債務を履行しない」とは，債務者が，自分が負っている義務を実行しないことをいいます。例えば，S会社が，G銀行から借りたお金を返さないことがこれにあたります。このことを，「債務不履行」といいます。詳しくは，4巻第**3**章を参照してください。

のことを債権と呼びます。

物権とは何か

　これに対して，物権は，物に対する権利です。物権の代表である所有権を例に，このことを説明してみましょう。例えば，**CASE 1-5** によれば，S 会社は本社ビルをもっていますが，このことを少し難しく表現すれば，「S 会社が，ビルの所有権をもっている」ということになります。S 会社は，ビルを所有しているので，そのビルを自由に，使ったり，人に貸したり，さらには，売ってしまうことだってできます。このように，物を支配することができる権利を物権と呼びます。

債権の相対性・物権の絶対性

　債権は，特定の人（債務者）に対してだけ主張することができる権利ですが（相対性），物権は，誰に対してでも主張できる（絶対性）という点で，2 つは異なっています。

物権の排他性

　また，排他性があるかないか，という点でも，2 つは異なっています。以下のような例を考えてみましょう。

CASE 1-6

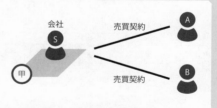

　お金に困った S 会社は，所有している甲土地を売って現金を手に入れることにしました。まず，A と売買契約を締結し，A から代金 5000 万円を受け取りました。土地を売り買いした場合には，買主に所有権が移転したことを示す登記をするのが普通ですが，A は，取引についての知識がなかったので，登記をしませんでした。それをいいことに，S 会社は，B とも甲土地の売買契約を締結し，代金 5000万円を受け取りました。

---

note

[11]　**用語**　民法で「人」というときには，人間（自然人）だけではなく，法人（会社など，自然人以外で民法上の権利義務の主体となるもの）を含みます。詳しくは，1 巻第 **2** 章を読んでください。

(1) 債権には排他性がない

CASE 1-6 では，S会社がAと甲土地についての売買契約を結んだことにより，買主Aは，S会社に対して，S会社から甲土地の所有権を移転してもらう債権をもつことになりました。他方，第2の買主Bも，同じように，S会社に対して，甲土地の所有権を移転してもらう債権をもちます。この2つの債権の内容を同時に実現することは不可能ですが，2つの債権は両方とも有効です。どちらかの債権の内容を実現すれば，もう一方の債権について契約違反（債務不履行）となるだけです。このように，複数の同じ内容の債権が両立することを指して，債権には排他性がないといいます。

(2) 物権には排他性がある

これに対して，物権には，排他性があります。物権は，物を支配する権利なので，複数の同じ内容の物権は両立することができません。**CASE 1-6** でいえば，甲土地の所有権をもつのがAなのかBなのか，決着をつけなくてはいけないということです。どうやって決着をつけるのかについては，次の頁で紹介します。

3　物権法の全体像

物権についてのルールは，民法の第2編「物権」に定められています。第2編の全体像については，以下の図を見てください。

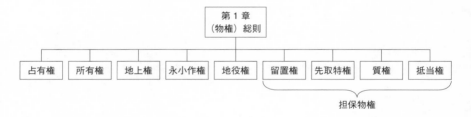

┃ 物権総則 ┃

(1) 物権総則とは

上の図からわかるように，まず，民法の第2編「物権」の第1章は，物権の総則で，物権全体に共通するルールが置かれています。

(2) 物権変動についてのルール

物権総則の中にあるルールのうち，最も重要なのは，物権変動についてのルー

ルです。物権変動とは，物権の発生・変更・消滅のことをいいます。物権をもつ人の視点からみれば，ある人が物権を手に入れたり（取得），失ったりすること（喪失）が物権変動です。

　物権変動についてのルールは，CASE 1-6 のような場面（二重譲渡と呼ばれます）で，AとBのどちらが所有権をもつのかを決めることができるものです。物権変動についての2つの重要ルールをみておきましょう。

　(a)　意思主義　　物権総則の規定である176条は，「物権の設定及び移転は，当事者の意思表示のみによって，その効力を生ずる」と定めています。当事者の意思だけで物権変動が生じるとされているので，このような考え方を意思主義といいます。176条によれば，CASE 1-6 では，S会社とAとの売買契約という意思表示だけで，甲土地の所有権は，Aに移転します。ところが，これでは，外からみて誰が所有者なのかさっぱりわかりません。Bのように，さらにS会社から甲土地の所有権を取得しようとする人が出てしまうのです。

　(b)　対抗要件主義　　そのため，177条は，不動産の所有権の移転は（それ以外の物権の変動も含めて），「登記をしなければ，第三者に対抗することができない」と定めています。つまり，登記をしていないAは，Sから所有権を取得したことを，Bに主張することができません。結局，AとBとで，先に登記を備えたほうが，相手に自分が所有権を取得したと主張できる立場に立つことになります。

　ここでの登記のように，第三者に物権を主張するために必要とされるものを対抗要件といいます。そして，177条のように，物権変動を第三者に対して主張するために対抗要件を必要とする考え方のことを対抗要件主義といいます。

┃物権各則┃

　以上のように，第2編「物権」の第1章「総則」には，物権全体にかかわる重要なルールが置かれています。そして，第2章以降に，様々な物権についてのルールが定められています。この部分のことを物権各則といいます。

　物権各則に定められた物権は，占有権，所有権，地上権，永小作権，地役権，留置権，先取特権，質権，抵当権の9つです[12]。

note
[12]　発展　なお，章の名前には出ていませんが，「入会権」という物権も民法に定められています。

このうち，後半の4つ，担保物権と呼ばれる物権が，この本のテーマです（12頁図参照）。なお，物権総則や担保物権以外の物権について，詳しくは2巻で学びます。

4 担保物権とは何か

この章の 1 では，「担保」とは何かについて学びました。「担保」とは，債務者が債務を履行してくれない場合の不利益を補うために，債権者が備えておくものです。

そして，2 では，「物権」とは何かについて学びました。「物権」とは，物に対する権利です。物権をもつ者は，その物権の性質に応じたやり方で，物を支配することができます。

つまり，この本で学ぶ「担保物権」とは，物権の一種で，債務者が債務を履行してくれない場合の不利益を補う役割をもつもののことです。

先ほど紹介したように，民法には，4つの担保物権が定められていますが，それぞれどのような性質の権利なのか，次の章以降でみていきましょう。

POINT

1 債権者平等の原則とは，債務者の財産を売って得られたお金を，債権者が，債権の額に応じて平等に分け合うことをいいます。

2 担保物権の「担保」とは，債権者が将来受けるかもしれない不利益，つまり，債務者が債務を履行してくれない場合の不利益を補うために債権者が備えておくもの，という意味です。

3 保証人という「人」による担保なので，保証を「人的担保」と呼ぶことがあります。

4 「物」による担保であることから，担保物権は，「物的担保」と呼ばれることがあります。

5 担保物権をもっている債権者を「担保権者」といいます。これに対して，担保物権をもっていない債権者のことを「一般債権者」といいます。担保がない債権者という意味で「無担保債権者」ということもあります。

6 「物権」とは，物に対する権利で，物権をもつ者は，その物権の性質に応じたやり方で，物を支配することができます。担保物権は，物権の一種です。

第**2**章

担保物権の種類——抵当権を中心に

INTRODUCTION

第1章では，担保物権とは，債務者が債務を履行してくれない場合に，債権者の不利益をカバーしてくれる物権であることを学びました。では，担保物権は，実際のところ，どんな場面で，どんなふうに役に立つのでしょうか。

条文の順番に紹介すると，民法には，留置権，先取特権，質権，そして抵当権の4つの担保物権が定められています。これら4つは，それぞれ違った特徴をもっていて，違った場面で役に立っています。4つの違いをしっかりと理解することが，この章の目標です。

抵当権

担保物権のうち，実際によく使われ，お金の貸し借りにおいて重要な役割を果たしているのが，抵当権です。そのため，まず，抵当権の全体像について学びます。抵当権に関する様々な問題は，本章に出てこない問題も含めて，第3章〜第10章で扱います。

その他の担保物権

そのあと，残りの3つの担保物権が，抵当権と比較して，どのような特徴をもつのかをみていきます。なお，質権について，詳しくは第11章で学びます。留

置権は第 **12** 章，先取特権は第 **13** 章で扱います。

担保物権の性質

また，担保物権全体に共通するいくつかの性質を確認しましょう。

非典型担保

最後に，民法に規定されていない担保の仕組み（非典型担保）に少しだけふれます。詳しくは，第 **14** 章～第 **16** 章で学びます。

1 抵当権

1 抵当権が用いられる場面

(1) ビジネスと抵当権

担保物権の中でも，最も活躍しているのが抵当権です。

抵当権は，ビジネスの世界でしばしば使われます。第 **1** 章で学んだ例を思い出してください。

> **CASE 2-1**
>
> S 会社は，新しい製品をつくるために 1 億円をかけて工場を建てたいと考えています。ところが，S 会社は，1 億円ものお金をもっていません。そこで，S 会社は，G 銀行から 1 億円を借りました。1 億円の債権を担保するために，G 銀行は，S 会社の本社ビル（1 億 2000 万円）を担保にしました。

CASE 2-1 では，S 会社が事業を拡大するために，G 銀行から融資を受けて，本社ビルを担保にしています。このような場面で使われるのが抵当権です（図2-1 参照）。

(2) 私たちに身近な抵当権

また，抵当権は，私たち個人にとって身近なものでもあります。個人が家を買おうとするとき，お金持ちの人なら，一度に全額を現金で支払って買うのかもしれませんが，ふつうはお金を借りることになるでしょう。いわゆる住宅ローンで

す[1]。このときに，抵当権が使われます（図2-2参照）。

　家を買う人は，銀行などからお金を借りるときに，買った家に抵当権をつけ，そのあと月々の返済を行います。債務者が，ローンを返済できなくなってしまった場合には，抵当権をもつ債権者は，家を売ってお金に換え，そのお金を住宅ローンの返済にあてるのです。

　このように，ビジネスにおいても，個人の生活においても，重要な役割を果たしている抵当権について，民法がどのようなルールを置いているのか，この章では，全体をざっと見通しておきます。

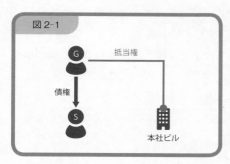

図2-1

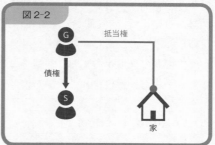

図2-2

2　抵当権の設定

抵当権を設定できる財産

（1）抵当不動産

　上で紹介したように，抵当権は，本社ビルや家といった不動産につけることができます（369条）。不動産とは，土地や建物のことです（86条1項参照）[2]。不動産以外の物を，動産と呼びますが（同条2項），抵当権は，動産にはつけることができないのです。なぜ動産がダメなのか気になるところですが，この点を理解するにはもう少し知識が必要なので，あとで学びましょう。
⇒30〜31頁

note

[1]　**説明**　「ローン（loan）」とは，お金の貸し借りのことです。住宅ローンは，住宅の購入（住宅を建てる場合を含む）のためのローンです。住宅ローンを使ってマンションを買う場合を考えてみましょう。マンションの買主は，銀行などからお金を借りて，マンションの売主に代金を支払います。マンションの買主は，銀行などから借りた金額を分割して，毎月返済していきます。

[2]　**発展**　土地とその上に建っている建物は，それぞれ別の不動産です。つまり，ある土地の所有権は，Pがもっているけれども，その上に建っている家の所有権は，Qがもっているということもあります。

なお，抵当権をつけた不動産のことを，抵当不動産と呼びます。また，担保物権全体に共通する言い方として，担保物権をつける物，つまり，担保物権の対象となる物を，担保目的物といいます（単に「目的物」ということもあります。**Column 3** 参照）。**CASE 2-1** に登場する本社ビルは，抵当不動産または抵当権の目的物と表現されます。

(2) 特定の不動産

　抵当権の目的物は，不動産に限られるのですが，それに加えて，特定の物でなければならないというルールもあります。「特定の物」というのは，「このビル」や「この土地」というふうに，目的物が1つに定まっていることをいいます[3]。反対からいえば，「債務者の全財産に抵当権をつける」というような抵当権は，認められません。もし，全財産を対象とするような抵当権を認めれば，抵当権をもつ債権者の立場があまりにも強くなり，その結果，他の債権者の立場が弱くなってしまったり，債務者の自由が害されたりするからです。

Column 3　目的物

　英語の「object」，フランス語でいえば「objet」には，①対象（行為の目標）という意味があります。例えば，「Aさんの研究の対象はバロック期の西洋音楽だ」というときに使われます。同時に，②目的（行為のねらい，めあて）という意味もあります。例えば，「Aさんは音楽を学ぶ目的でウィーンに行く」といった使い方をします。

　日本語の「目的」という言葉は，日常的には，②の目的の意味で使われます。しかし，①の「対象」の意味で使われることもあります。例えば，英語の授業などに登場する「目的語」という言葉も，英語でいえば「object」で，動作の対象をあらわす言葉です。

　民法でも，物権の対象を「目的」，「目的物」といいます。「抵当権は，不動産を目的とする担保物権である」といった使い方をします。また，本文で紹介したように，抵当権の対象となる物のことを，「抵当権の目的物」といいます。

---

note

[3] 発展　複数の不動産に抵当権を設定する場面については，第7章で学びます。

抵当権の設定

　ある不動産に抵当権をつけるためには，不動産の所有者と債権者との合意が必要です。CASE 2-1 の例でいえば，不動産（本社ビル）を所有している S 会社と G 銀行とが合意をして，抵当権をつけることになります。この合意のことを抵当権設定契約といいます。G 銀行（債権者）は，抵当権という権利をもっている人という意味で，抵当権者と呼ばれます。S 会社（抵当不動産の所有者）は，G 銀行のために抵当権を設定したので，抵当権設定者と呼ばれます。

　ここで，「設定」という言葉が出てきました。「設定」とは，物権が発生する原因の 1 つです。不動産の所有権をもっている人が，その所有権を制限することになるような物権を他人に与えることを「設定」といいます。CASE 2-1 でいえば，S 会社は，不動産（本社ビル）の所有権をもっていて，不動産を自由に使ったり売ったりすることができるはずですが（206 条），抵当権をつけると，借金を返せなかった場合に，嫌でも不動産を売られてしまう可能性があります[4]。このように，抵当権は自分の所有権を制限する権利なのですが，このような権利を発生させることを「設定」といいます。

　なお，新しく抵当権などの権利が発生することを，権利が「成立する」といいます。このあとの章でも，「抵当権の成立」といった言葉が出てくることがあります。人（抵当権設定者）が主語になるときは「設定」という言葉を使い，権利（抵当権）が主語になるときは「成立」という言葉を使うのです。

抵当権の被担保債権

　抵当権を設定するのは，債権を担保するためです。CASE 2-1 でいえば，G 銀行としては，S 会社が借金を返してくれなかった場合に，抵当不動産を売ってお金に換えて，そのお金を受け取ることができます。別の言い方をすれば，G 銀行の債権（お金を返してもらえる権利）が，抵当権によって守られることになります。ここで，抵当権によって守られる債権のことを，「担保される債権」という意味で，被担保債権と呼びます。

　これまでに学んだことを図で確認しておきましょう（図 2-3 参照）。ここに登場

---

note

[4] 説明　借金を返せなかった場合に抵当不動産がどうなるかについては，3 でもう少し詳しく学びます。

する用語は，担保物権を学ぶ上で，とても重要なものばかりですから，しっかり理解して，先に進んでください。

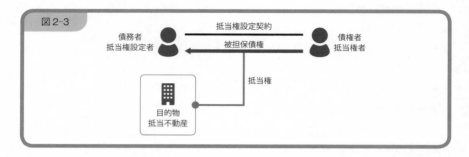

図2-3

債務者
抵当権設定者

抵当権設定契約

被担保債権

債権者
抵当権者

抵当権

目的物
抵当不動産

Column 4 「被」

「被」とは，「～される」という意味をもつ漢字です。ニュースなどで，「被害者」「被災者」といった言葉を目にすることが少なくないので，「被」の文字について，何か嫌なことをされるイメージをもっている人もいるかもしれません。

しかし，「被」は，いいことをしてもらえる場合にも使います。民法総則に出てくる「被後見人（ひこうけんにん）」も，「後見される人」という意味で，「被後見」という言葉は，後見人から手助けしてもらえる状態を指しています（後見については1巻第3章参照）。担保物権に出てくる「被担保債権」という言葉も，本文で説明したように，担保物権によって守ってもらえる債権ということです。

物上保証人

これまで学んだ例（図2-1～2-3）では，債務者が自分の所有する不動産に抵当権を設定しています。しかし，債務者以外の人が，抵当権を設定することもある点には注意が必要です。以下の **CASE 2-2** をみてみましょう。

CASE 2-2

Sは，G銀行からお金を借りようと思っていますが，抵当権を設定することができるような不動産をもっていませんでした。ただ，Sの親であるHは資産家で，立派なビルをもっています。そこで，Sの借金のために，Hのビルに抵当権を設定することになりました。

この場面では，債務者はS
ですが，抵当権設定契約は，G
銀行とHとの間で行われ，H
が抵当権設定者となります。こ
のように，自分の財産に，他人
のために抵当権を設定した人を，
物上保証人といいます。

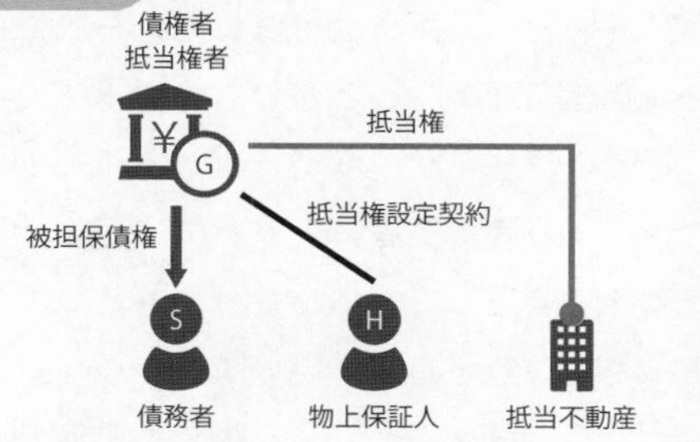

なお，他人の債務のために抵
当権以外の担保物権を設定する
場合も，物上保証人という言葉を使います。

図2-4

債権者
抵当権者

¥ G

抵当権

抵当権設定契約

被担保債権

S

H

債務者　　物上保証人　　抵当不動産

3　抵当権の消滅

被担保債権の弁済による抵当権の消滅

抵当権は，被担保債権を担保するための物権なので，被担保債権がなくなった
ときには，その存在意義がなくなります。

CASE 2-1 でいえば，抵当権の被担保債権は，G銀行がS会社からお金を返し
てもらえる債権です。この債権は，S会社が借りたお金を全額返せば消滅します
（473条）。このように，債務者が債権者に対して債務を履行して，債権を消滅さ
せることを弁済といいます[5]。

そして，被担保債権が弁済により消滅すると，G銀行には，もはや抵当権をも
っている意味がなくなります。そこで，このような場合には，抵当権も消滅する
ことになります。

抵当権の実行

では，被担保債権が弁済されない場合には，どうなるのでしょうか。この場面
で，抵当権がその力を発揮します。

note

[5] 説明　弁済による債権の消滅について，詳しくは，4巻第13章をみてください。

(1) 抵当権の実行の手続

抵当権者は，民事執行法に定められた手続に従って，裁判所の手を借り，抵当不動産を売却することができます。また，裁判所によって選ばれた管理人に抵当不動産を管理させ，収益を上げることができます[6]。このようにして得られたお金から，他の債権者に先立って弁済を受けることができます。このように，他の債権者に優先して弁済を受けられる効力をもっていることから，抵当権には，優先弁済的効力があるといいます。

そして，以上のように，抵当不動産から得たお金で抵当権者が優先弁済を受けることを，抵当権の実行といいます。

(2) 抵当権の実行による抵当権の消滅

では，抵当権の実行として，抵当不動産を第三者に売却した場合（この場合に抵当不動産を買った第三者を買受人といいます），抵当権はどうなるでしょうか。

買受人が新たに不動産の所有者となるのですが，不動産に抵当権がついたままでは，買受人は安心して不動産を買うことができません。抵当権があると，抵当権者によって抵当権が実行され，また別の人に不動産が売られてしまう可能性があるからです。

このような買受人の不安をなくすため，民事執行法には，抵当権が実行され，不動産が売却された場合には，不動産についていた抵当権が消滅すると定められています（民執188条→59条）。つまり，抵当権は，1回実行されると，消滅してしまうのです。

4　抵当権の特徴 ●

非占有担保

3でみたように，実行のときには優先弁済的効力という強い力をもつ抵当権ですが，実行される前の抵当権はどうでしょうか。

実は，抵当権を設定したとしても，抵当権設定者は，これまでどおり抵当不動

---

note

[6] **説明**　抵当権者が，抵当不動産を売る手続を「担保不動産競売」といいます。また，抵当権者は，抵当不動産を管理し，不動産から上がる収益（例えば賃料）を得て，そこから被担保債権の弁済を受けることもできます。この手続を「担保不動産収益執行」といいます。これら2つの手続については，第**8**章で学びます。

産を使い続けることができます。例えば，会社は，本社ビルに抵当権を設定したとしても，これまでどおりビルを使い続けることができますし，個人が，自宅に抵当権を設定したとしても，これまでどおり自宅に住み続けることができます[7]。このように，抵当権設定者のこれまでの経済活動や生活に影響を与えることなく設定することができるのが，抵当権の大きな特徴です。

このことを，抵当権者の視点からみれば，抵当権を設定したとしても，抵当権者が抵当不動産を占有するわけではない，ということになります（369条）。抵当権者が抵当不動産を占有しないことから，抵当権は，非占有担保と呼ばれます。

占 有

(1) 占有とは何か

ところで，「占有」とは，どういう意味なのでしょうか。占有は，2巻で扱う重要なテーマです。とはいえ，抵当権やその他の担保物権とも関わるものですから，ここでも簡単に説明しておきましょう。すでに物権法について学んだ人は，読み飛ばしてください。

180条によれば，占有とは「①自己のためにする意思をもって②物を所持する」ことです。

②の「物を所持する」とは，物を事実上支配している状態を指します。不動産についてみれば，ある家に住んでいるという場合に加えて，遠くにある別荘に鍵をかけてその鍵をもっているという状態も，これに当てはまります。

そして，①の「自己のためにする意思」とは，物を所持する人が，所持から生じる利益を自分が受けようと思っていることを指します。例えば，野良猫を捕まえて家の中に入れたら，「自己のためにする意思」（猫を所持することから生じる利益〔いやし？〕を受けようとする意思）があるといえますが，野良猫が勝手に庭で寝ている場合には，自己のためにする意思がなく，猫を占有しているわけではないということになるでしょう。なお，野良猫が庭で寝ているだけの場合には，②の所持もないといえるので，①の要件はあまり意味のないものだと考えられています。

---

note

[7] 発展 抵当権設定者が，不動産の価値を下げてしまうような使い方をする場合には，抵当権者は，それをやめさせることができます。この点については，第**6**章で学びましょう。

(2) 占有の特徴

占有は，所有権やその他の物権のように，それをもっているから，物を利用したり処分したりすることが正当化される権利ではありません。「物を所持している」という事実状態そのものを保護する制度であるという特徴があります。

┃ 抵当権の公示 ┃

(1) 抵当権の公示の必要性

抵当権が設定されたとしても，抵当権設定者が抵当不動産の占有を続けるため，抵当不動産には外からみて何の変化もありません。そのため，例えば，不動産を買おうとしている第三者のように，ある不動産に抵当権が設定されているかどうかを知りたい人は困ってしまいます。この問題に対応するため，抵当権には，公示の方法が用意されています。

(2) 公示の原則

「公示」とは，一般的には，公の機関（国や地方公共団体など）が，ある事実を広く一般的に示すことをいいます。物権に関係する場面では，物権変動があった場合には，そのことを公示しなくてはならないというルールがあり，これを，公示の原則といいます。

物権変動が公示されることによって，不動産を買おうとする人が，「この不動産が誰のものか」「どのような物権が設定されているか」などを知ることができて，安心して取引を行うことができます。つまり，物権変動の公示は，取引の安全のために役に立っています。

(3) 公示の原則と対抗要件主義

公示の原則を支えているのが，第1章でも学んだ177条です。177条は，物権変動は，登記をしなければ第三者に対抗することができないと定めています（対抗要件主義）。

物権変動に関係した人は，この条文があることで，登記をしないと損をしてしまう可能性があることから，その物権変動を登記するのが普通です。そして，登記は，法務局に行ったり，インターネットを使ったりすれば，誰でも見ることができます（手数料を支払う必要はありますが）。このような仕組みで，物権変動は公示されます。

この177条は，物権総則の条文で，すべての物権に適用されるルールです。し

たがって，このルールは，抵当権にも適用されます。抵当権者は，抵当権の設定を受けても，登記がなければ，それを第三者に対抗することができません。そのため，抵当権者は，抵当権の設定を受けたら，登記をするのが普通です。

(4) 抵当権の登記

次の資料は，不動産登記（登記事項証明書）の例です[8]。「表題部」というところに，この登記が，どの不動産についてのものなのかを示す情報がのっています。そして，「権利部（甲区）」には，いつ，誰に所有権が移ったのかといった，所有権についての情報があります。抵当権については，「権利部（乙区）」を見てください。いつ，誰のために，どのような被担保債権のために抵当権が設定されたのかなどの情報がわかるようになっています。不動産を買おうとしている第三者は，これを見て，不動産購入の参考にすることができます。

「登記事項証明書」の例

○○県○○市○○町○○○○－○				全部事項証明書		（土地）
【表題部】 （土地の表示）				調製　令和○○年○月○日	地図番号	余白
【不動産番号】	1234567890123					
【所在】	○○県○○市○○町○○			余白		
【①地番】	【②地目】	【③地積】 m²		【原因及びその日付】		【登記の日付】
9999番3	宅地	100:00		9999番1から分筆		令和○○年○月○日

【権利部（甲区）】 （所有権に関する事項）					
【順位番号】	【登記の目的】	【受付年月日・受付番号】	【原因】	【権利者その他の事項】	
1	所有権移転	令和○○年○月○日 第○○○○号	令和○○年○月 ○日売買	所有者　○○市○丁目○番○号 ○○○○	

【権利部（乙区）】 （所有権以外の権利に関する事項）				
【順位番号】	【登記の目的】	【受付年月日・受付番号】	【原因】	【権利者その他の事項】
1	抵当権設定	令和○○年○月○日 第○○○○号	令和○○年○月 ○日金銭消費貸 借同日設定	債権額　金○○○○万円 利息　年○% 損害金　年○○%　年365日日割計算 債務者　○○市○丁目○番○号 　　　　○○○○ 抵当権者　○○県○○市○○丁目○番○号 　　　　株式会社○○○○○○○

note ───●

[8] **説明**　不動産登記に関する情報は，電子的なデータとして，登記簿に記録されています。登記簿に記録されている情報を出力し，登記官が認証したものが「登記事項証明書」です。これを入手することで，登記簿に記録されている情報を取得することができます。

Column 5　甲・乙……

　　不動産登記には，「甲区」「乙区」という欄がありますが，甲<ruby>甲<rt>こう</rt></ruby>・乙<ruby>乙<rt>おつ</rt></ruby>とは，いったいどういう意味なのでしょうか。

　　甲・乙とは，アルファベットの ABC と同じように，順番をあらわす役割をもつ漢字です。甲・乙のあとは，丙<ruby>丙<rt>へい</rt></ruby>・丁<ruby>丁<rt>てい</rt></ruby>・戊<ruby>戊<rt>ぼ</rt></ruby>・己<ruby>己<rt>き</rt></ruby>・庚<ruby>庚<rt>こう</rt></ruby>・辛<ruby>辛<rt>しん</rt></ruby>・壬<ruby>壬<rt>じん</rt></ruby>・癸<ruby>癸<rt>き</rt></ruby>というふうに続き，全部で 10 個あります。これを十干<ruby>十干<rt>じっかん</rt></ruby>といいます。

　　不動産登記では，所有権に関する情報と，それ以外の権利に関する情報とを分けるために，甲・乙の記号を使っています。

　　登記以外でも，教科書のケースの中では，不動産や動産など物が出てくる場合には，甲不動産，乙不動産……というふうに，甲・乙の記号を使って物をあらわします。ケースの登場人物に ABC などのアルファベットを使うことを第 1 章で紹介しましたが，物にもアルファベットを使うと，人と物が入り混じってわかりづらくなるため，物には甲・乙の記号を使うのです。

| 抵当権の順位 |

(1)　複数の抵当権

　　抵当権は，1 つの不動産に対して，いくつも設定することができます。例えば，S 会社の本社ビルに，G_1 銀行のために抵当権を設定し，さらに，G_2 銀行のためにも抵当権を設定することができます。

　　ただし，これらの抵当権は，平等に扱われるわけではありません。抵当権設定登記をした順番に従って，優先順位がついています（373 条）。最初に登記をした G_1 銀行の抵当権は，1 番抵当権，2 番目に登記をした G_2 銀行の抵当権は，2 番抵当権となります。

(2)　抵当権の順位

　　抵当権の順位は，抵当権を実行する際に，特に重要になります。次の CASE 2-3 をみてみましょう。

CASE 2-3

　　S 会社は，G_1 銀行から 1 億円を借り入れ，1 億 2000 万円の価値がある S 会社の本社ビルに 1 番抵当権を設定し，登記をしました。さらに，G_2 銀行から 5000 万円

を借り入れ，同じ本社ビルに2番抵当権を設定し，登記をしました。その後，S会社は，被担保債権を弁済することができず，G₁が抵当権を実行しました。本社ビルは，1億2000万円で売却されました。

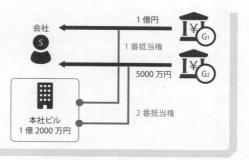

この売却代金は，まず，1番抵当権者に配当[9]されます。G₁銀行が，1億円の弁済を受けることができるのです。そして，余りがあれば，それが2番抵当権者であるG₂銀行に配当されます。つまり，本社ビルの売却代金1億2000万円から，G₁銀行が1億円の弁済を受け，残りの2000万円をG₂銀行が受け取ります。

(3) 抵当権の順位の意味

このような仕組みになっていることで，S会社は，不動産の価値を最大限利用して，お金を借りることができます。というのも，もし，1つの不動産に1つしか抵当権を設定できないとすれば，S会社は，G₁銀行から1億円を借りてしまえば，担保を設定しないとお金を貸してくれない別の債権者からお金を借りることができません。そうではなく，複数の抵当権を設定することが認められているからこそ，G₂銀行からもお金を借りることができるのです。

また，G₁銀行としても，後から別の抵当権者が登場したとしても，自分の優先的な立場を害されることがないので，安心していられます。

(4) 順位昇進の原則

では，CASE 2-3で，本社ビルの価値が1億円ちょうどだったらどうでしょうか。本社ビルには，G₁銀行の被担保債権額1億円を上回る価値はありません。この場合G₂銀行は，抵当権の設定を受けることはできないのでしょうか。また，抵当権の設定を受けても，それは無意味なものになってしまうのでしょうか。

実は，抵当権には，順位昇進の原則というルールがあります。S会社が，G₁銀行から借りたお金を全額無事に弁済し，G₁銀行の1番抵当権が消滅した場合

---

note

[9] 用語 抵当不動産が競売によって売却されると，裁判所が，その売却代金を抵当権者等に分配します。この手続のことを，配当といいます。

には，G_2 銀行の２番抵当権が１番に繰り上がります。これが順位昇進の原則です。つまり，G_2 銀行としては，S 会社が G_1 銀行に弁済することを期待して，同じ本社ビルに２番抵当権の設定を受ける意味があり，民法も，そのことを禁じているわけではないのです。

(5) 先順位・後順位

なお，２番抵当権者からみた１番抵当権者のように，優先順位が高い抵当権者のことを先順位抵当権者といいます。反対に，１番からみた２番のように，優先順位が低い抵当権者のことを後順位抵当権者といいます。

その他の担保物権

1 民法が定める担保物権

これまで抵当権についてみてきましたが，民法が定める担保物権には，ほかにも，留置権，先取特権，質権があります。これら４つの担保物権は，右の図のように２つのグループに分けることができます。

約定担保物権

１つめは，抵当権と質権のグループです。**1 2** で勉強したように，抵当権は，当事者の合意（契約）によって設定されるもので，質権も同様です。そこで，この２つの担保物権を，「契約（約定）によって設定される担保物権」という意味で約定担保物権と呼びます。

法定担保物権

２つめは，留置権と先取特権のグループです。これらは，当事者の合意によって設定されるわけではなく，法律⑩が定める要件が満たされると，それによって，担保物権が発生します。このような担保物権を，法定担保物権と呼びます。

以下では，質権，留置権，先取特権の順に，その性質を学びましょう。

2 質　権

目的物の占有

　質権は，抵当権と同じように，当事者の合意によって設定される担保物権なのですが，抵当権と違う点もあります。

　第1に，抵当権においては，抵当権者は目的物を占有しませんが，質権においては，質権者が目的物を占有する（342条）という違いがあります。次のCASE 2-4をみてみましょう。⇒本章1 4

> ### CASE 2-4
>
> 　Sは生活費に困って，Gから10万円を借りるために，祖父の形見である高級時計を質に入れました。「質に入れる」とは，時計をGに預ける代わりに，10万円を借り，その後，借りたお金を返したら，時計を返してもらえるということです。Sがお金を返せなかった場合には，Gは，時計をお金に換えて，それを受け取ることができます。

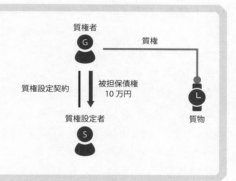

(1)　質権の用語

　一般的には，「質に入れた」といいますが，法律用語では，「SはGのために質権を設定した」ということになります。Sが質権設定者，Gが質権者です。質権の目的物である時計は，質物と呼ばれます。

(2)　質権の設定

　民法には，質権を設定するためには，目的物を質権者に引き渡さなくてはならないと定められています（344条）。CASE 2-4の例でいえば，SはGに時計を引き渡さなくてはならない，つまり，時計の占有をGに移転する必要があります。さらに，Gは，被担保債権10万円全額の弁済を受けるまで，時計の占有を続け

---

note

[10] 発展　法定担保物権は，民法に定められていますが，それ以外にも，商法に商事留置権が定められていたり，国税徴収法に国税のための先取特権が定められていたり，様々な法律に規定されています。

ることができます（347条，350条→296条）。

とはいえ，その間，Gは，時計をはめて出かけるなど，勝手に時計を使えるわけではありません（350条→298条2項）。なぜなら，Gの占有は，担保のためのものだからです。

(3) 質権の留置的効力

質権が設定された後，Sとしては，大事な時計を取り返すために，がんばって借金を返そうとするでしょう。このような効果をねらって，時計の占有がGに与えられているのです。

このように，質権者が，被担保債権全額の弁済を受けるまで質物を占有し続けられること，つまり 留置する（留置するとは，手元にとどめておくことをいいます）ことができることを指して，質権の 留置的効力 といいます。

(4) 抵当権との比較

担保権者が目的物を占有する担保のことを，占有担保といいます。上で説明したように，質権者が目的物を占有するので，質権は占有担保です。

質権は，非占有担保である抵当権と，この点で大きく異なっています。抵当権においては，抵当権者が目的物を占有しないので，抵当権には，(3)でみた留置的効力もありません。

▎ 質権の目的物 ▎

(1) 抵当権と質権の違い

抵当権と質権との第2の違いは，目的物の種類です。抵当権の目的物は，不動産に限られます（より正確には第3章 note 8 を参照してください）。これに対して，質権においては，不動産だけ

	不動産	動産	権利
抵当権の目的物	○	×	×
質権の目的物	○	○	○

ではなく，動産や権利も目的物になります[11]。この違いを表で確認しておきましょう。

---

note ──────────────────────────────────────

[11] **用語** 不動産を目的物とする質権を不動産質，動産を目的物とする質権を動産質，権利を目的とする質権を権利質といいます。なお，これらについて詳しくは，第11章で学びます。

(2) 公示の原則

　このように目的物が違っている理由は，公示の必要性の違いにあります。1 4 で学んだように，抵当権は，非占有担保であり，登記によって抵当権設定を公示する必要があります^{⇒24～25頁}。そのため，登記制度がある財産，つまり，不動産についてだけ，抵当権を設定することができます[12]。

　これに対して，質権は，占有担保であり，質権を設定するときに，目的物の占有が質権設定者から質権者に移転します。このことによって，質権が設定されたことが（少なくとも目的物を占有している質権者が目的物について何らかの権利をもっていることが），第三者からみても明らかです。例えば，Sの時計が質屋^{しちや}[13]にあれば，第三者は，「時計に質権が設定されたのだ」と考えるでしょう。そのため，質権を第三者に対抗するために，登記は必須ではありません[14]。別の言い方をすれば，物権変動に際して登記が必要でない動産のような財産であっても[15]，質権の目的物とすることができるのです。

優先弁済的効力

　以上では，質権と抵当権との違いを強調しましたが，両者には共通点もあります。抵当権と同じように，質権においても，質権設定者が被担保債権を弁済しない場合，質権者は，目的物を売ってお金に換え，そこから他の債権者に優先して弁済を受けることができます（優先弁済的効力）。

　なお，質権の詳細について，いろいろな疑問が生じたかもしれませんが，それについては，第11章で学びます。

---

note

[12] **発展**　自動車，航空機，船舶等，価値が高い動産については，民法以外の法律によって，登記・登録制度が定められていることがあります。これらの財産は，動産ですが，それぞれの法律において，抵当権を設定することが認められています。

[13] **用語**　質屋とは，質物を持ち込むと，お金を貸してくれる業者のことをいいます。

[14] **発展**　ただし，目的物が不動産である不動産質については，抵当権と同様，登記をしないと，質権の設定を第三者に対抗することができません。詳しくは，第11章 2 をみてください。

[15] **説明**　なお，動産の物権変動の対抗要件については，第11章 1 をみてください。

3 留置権

留置的効力

　これまで，合意によって設定される約定担保物権について学んできましたが，今度は，法律の規定によって発生する法定担保物権について学びましょう。法定担保物権には，留置権と先取特権があります。まず，留置権からみていきましょう。CASE 2-5 をみてください。

> **CASE 2-5**
> 　Sの時計が故障したため，Sは，時計をG時計店に修理に出しました。このとき，SとGは，修理代金は，修理が完了したあとに支払うことで合意しました。ところが，修理が完了したにもかかわらず，Sは，約束の代金を支払わず，自分には時計の所有権があるからといって，G時計店に時計の返還を求めてきました。G時計店は，Sに時計を返さなくてはいけないのでしょうか。

　たしかに，時計の所有権はSにあるのですから，Sは，返還を求めることができるようにも思われます[16]。しかし，Sが，時計の修理代金を支払っていないのに，直った時計を使えるのは，おかしくないでしょうか。

(1) 留置権の存在理由

　CASE 2-5 では，Gが時計を修理するというサービスを提供することと，Sが代金を支払うことが，交換の関係になっています。つまり，Gは，Sが代金を払ってくれるからこそ修理をしたのであって，ボランティアではありません。

　それにもかかわらず，Sだけが時計の修理というサービスの利益を受け，Gの代金を受け取る権利が無視されてしまうのは不公平です。

　このような不公平をなくし，当事者（SとG）の公平を守るため，民法は，Sが

note

[16] **説明**　所有権には，目的物を自由に使用・収益・処分できるという効力が認められていますが（206条），第三者がそれを侵害してきたときに所有者が何もできないとすれば，その効力は絵に描いた餅（役に立たないもの）になってしまいます。そこで，民法にはっきりとした条文があるわけではないのですが，当然のこととして，所有権には侵害を排除できる力もあることが認められています。それが，所有権にもとづく物権的請求権です。物権的請求権の1つとして，所有者は，第三者が不当に目的物を占有している場合には，目的物の返還を求めることができます（所有権にもとづく返還請求権）。CASE 2-5 では，Sが所有権にもとづく返還請求権を行使しているのに対して，Gは，「自分は留置権にもとづいて目的物を占有しているのだから，不当な占有ではない。目的物を返す必要はない」と主張することになります。なお，物権的請求権について，詳しくは，第6章2を参照してください。

修理代金を支払うまでは，G が時計を占有し続けることができるというルールを定めています。G 時計店に留置権という法定担保物権が与えられるのです。

(2) 留置的効力

留置権とは，CASE 2-5 の時計の修理によって生じた債権のように，「物に関して生じた債権」を担保するために，物の占有者が，その債権の弁済を受けるまで，占有を続けることができる権利のことです。また，このような留置権の効力のことを，留置的効力といいます。

▌留置権と質権の比較▐

2 で質権について学びましたが，質権にも，留置的効力がありました。この点で，質権と留置権とは似ています。

しかし，異なる点もあります。留置権には，目的物をお金に換えて優先弁済を受ける力（優先弁済的効力）はありません。担保物権なのに，優先弁済が受けられないというのはおかしな話ですが，この点については，第 12 章で詳しく勉強しましょう。

4　先取特権

最後に，もう1つの法定担保物権である先取特権について学びます。次のCASE 2-6 をみてみましょう。

> **CASE 2-6**
>
> 　G は，S 会社の従業員で，S 会社から毎月給料を受け取っていました。ところが，ある時期から S 会社の経営状況が悪くなり，給料の支払が遅れるようになりました。G は，不安に思ったものの，従業員の立場で，給料債権の担保を求めることなどできるはずもなく，悩んでいるうちに，未払の給料の額はふくれあがり，その後，S 会社は倒産してしまいました。

G が何の担保物権ももたないとすれば，残された会社の財産から給料の支払を受けるときに，他の債権者と平等に弁済を受けることになります。つまり，債権の額に応じて平等の支払を受けることになるはずです（債権者平等の原則）。S 会社の財産の総額よりも S 会社が負う債務の総額のほうがずっと多いような場合には，G は，給料の一部しか受け取れないでしょう。しかし，それでは，給料に頼っている労働者の生活が立ち行かなくなってしまいます。そこで，民法は，労

⇒第 1 章 1 2

働者の給料債権のために，債務者（S会社）の財産から，他の債権者よりも先に弁済を受けられる権利を認めています。このような権利のことを先取特権といいます（雇用関係の先取特権。306条2号，308条）。

　この場面では，労働者のように社会的に弱い立場にある人を守るという政策目的にもとづいて，先取特権が認められています。先取特権には，上で紹介した雇用関係の先取特権のほかにも様々なものがあり，様々な政策目的を担っています。詳しくは，第13章で学びます。

5　まとめ

　これまで，民法が定める4つの担保物権をみてきましたが，最後に，その特徴をまとめておきましょう。次の表を参照してください。

		留置的効力	優先弁済的効力
法定担保物権	留置権	○	×
	先取特権	×	○
約定担保物権	質権	○	○
	抵当権	×	○

3　担保物権の性質

　これまで，担保物権にも様々なものがあることをみてきましたが，担保物権には，共通する性質がいくつかあります。①付従性，②随伴性，③不可分性，④物上代位性の4つです。このように，担保物権に共通する性質のことを，担保物権の通有性といいます。ここでは，これら4つの性質を順番に確認しておきましょう。

1　付従性

　これまで説明してきたように，担保物権は，被担保債権のためにある権利です。そのため，担保物権の発生や消滅は，被担保債権に連動するのが原則です。このような性質を，付従性といいます。付従性には，次のものがあります。

成立における付従性

まずは，成立における付従性があります。被担保債権がなければ，担保物権が成立することはありません。

消滅における付従性

また，消滅における付従性があります。被担保債権が消滅すると，その役割を終えた担保物権も消滅します。

2 随伴性

随伴するとは，一緒に動くことを意味しています。ここでは，担保物権が被担保債権と一緒に動くことを指して，随伴性といいます。

具体的にいうと，担保物権は，被担保債権を担保するためのものなので，被担保債権が譲渡されると，担保物権も一緒に移転します。このような性質が随伴性です。詳しくは，第**7**章₁で学びます。

3 不可分性

担保物権は，たとえ被担保債権の一部が弁済されたとしても，目的物全体の上に存在し続けます（296条）。

例えば，10万円を借り入れるために，高級ブランドのピアスに質権を設定したとしましょう。債務者は，ピアスを債権者に引き渡しました。その後，債務者が，被担保債権の半分の5万円を弁済したとしても，ピアスの片方を返してもらえるわけではありません。片方について質権が消滅するわけではないのです（350条→296条）。このような性質のことを，不可分性といいます。

4 物上代位性

担保物権は，その目的物から優先弁済を受けることができる権利です。では，目的物がなくなってしまったらどうなるでしょうか。次の CASE **2-7** をみてみましょう。

CASE 2-7

　S会社は，G銀行から1億円を借りました。この債権を担保するために，S会社が

所有する甲建物に抵当権を設定しました。ところが、その後、Aが、甲建物に放火をしたため、甲建物は燃えてなくなってしまいました。

目的物の滅失による抵当権の消滅

CASE 2-7 のように、物がこわれてなくなってしまうことを滅失といいます。目的物が滅失すれば、それを対象とした物権も消滅するのが物権法の原則です。

しかし、担保目的物の所有者が、目的物の代わりになるような財産を手にすることもあります。CASE 2-7 では、建物の所有者S会社は、放火をした加害者Aに対して、損害賠償を請求することができます（709条）。

このような場合に、抵当権者が抵当権を失うのに、所有者が損害賠償金を受け取りつつ抵当権が消えるという得をするのは不公平です。

物上代位の意義

そこで、民法は、このような場合に、抵当権者が損害賠償債権を差し押さえて、加害者から損害賠償金を受け取り、それによって優先弁済を受けられる制度を用意しています。これが、物上代位です（304条，350条，372条）。

304条によれば、目的物が、売却・賃貸され、または滅失・損傷したことによって、債務者（担保目的物の所有者）が何らかの財産を手に入れる場合には、担保権者は、その財産に対しても担保物権を行使することができます。担保物権のこのような性質を、物上代位性といいます。

物上代位は、担保物権の力がどの範囲まで及ぶのかという観点からみて、とても重要な制度です。第4章でじっくり学びましょう。

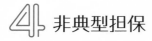

4 非典型担保

1 典型担保物権の不都合

物権法定主義による制約

以上で学んだ民法に定められた担保物権のことを典型担保物権[17]と呼びます。

実は，典型担保物権には，不都合な点があります。

　1つめの不都合は，民法には，動産を目的とした非占有型の担保がないということです。担保権者に動産の占有を移すことなく動産を担保としたい場合，どうしたらよいでしょうか。

　動産を目的とする非占有型の担保物権を設定すればいいじゃないか，と考える人がいるかもしれません。ところが，ここに，物権法定主義が立ちはだかります。物権法定主義とは，175条に定められている民法の原則です。物権の種類は，法律に定められているものに限られるのであって，当事者が勝手に新しい物権を作ることができないのです。

　物権法定主義があることから，動産を目的とする非占有型の担保物権を当事者が勝手に作り出すことはできません。

典型担保物権の不便さ

　2つめの不都合は，担保物権の実行の場面にあります。担保物権を実行するには，民事執行法などに定められた手続に従う必要があります。これは，裁判所によって行われる手続なので，時間や費用がかかります[18]。当事者は，もっと簡単に実行を済ませたいという希望をもっています。

2　非典型担保の意義

　これらの不都合を解消するために，実際にお金の貸し借りをする人たちの間では，ある工夫が編み出されました。以下の CASE 2-8 をみてください。

> CASE 2-8
> 　S会社は，機械の部品を製造する会社です。S会社は，G銀行から融資を受けたいと考えていますが，担保にできるような不動産はもっていません。S会社がもっている財産のうち，一番価値があるのは，部品を製造するための機械です。

note ─────────────────────────

[17] **用語**　ここで，「典型」という言葉は，民法に定められた担保物権であるということを意味しています。この節で学ぶ「非典型担保」は，イレギュラーな担保物権というわけではなく，民法に定めがないということを意味しています。

[18] **説明**　動産を目的とする担保物権を実行するためには，執行官という裁判所の職員の手を借りて目的物を差し押さえたり，その後，目的物を競売にかけたりする必要があり，そのための時間がかかります。そして，実行の費用に充てるために裁判所に予納金を支払う必要があるほか，弁護士に実行を委任すれば弁護士費用もかかります。

譲渡担保とは

　S会社としては，機械（動産）を担保として融資を受けたいのですが，ここで質権を使うことはできません。質権は，目的物の占有を債権者に移転しなくてはならない担保物権ですが，S会社は，ビジネスに不可欠な設備を手放すわけにはいきませんし，G銀行も，機械を渡されても保管に困るからです。
⇒本章**2**❷

　そこで，S会社は，担保のために，機械の所有権をG銀行に移転することにしました。所有権を移転しても，機械を占有するのは，S会社のままです。そして，S会社が借金を返済すれば，所有権は戻ってくる，反対に，借金の返済ができない場合には，G銀行が，所有者として機械を売却して，その売却代金を受け取る，といったことを約束しておくのです。

　このように，担保の目的で所有権（権利）を移転することを，譲渡担保といいます。譲渡担保については，第**14**章で詳しく学びます。

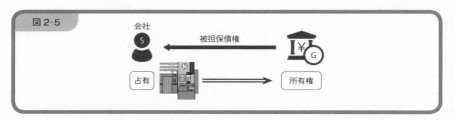

図2-5

会社

被担保債権

占有　　　所有権

譲渡担保以外の非典型担保

　そして，譲渡担保のほかにも，**1**で学んだ典型担保物権の不都合を回避するために，担保物権ではない別の民法上の制度を用いて，債権を担保することができるような工夫を当事者がすることがあります。こうした工夫から生まれた担保のことを，非典型担保といいます。非典型担保のうち，所有権留保については第**15**章で，仮登記担保については第**16**章で学びます。

1 　抵当権は，不動産に設定することができます。抵当権をつけた不動産のことを，抵当不動産と呼びます。

2 　不動産に抵当権を設定するには，不動産の所有者と債権者との合意が必要です。この合意のことを抵当権設定契約といいます。抵当権をもっている人を抵当権者，抵当権を設定した人を抵当権設定者といいます。

3 　抵当権によって守られる債権のことを，「担保される債権」という意味で，被担保債権と呼びます。

4 　抵当権には，優先弁済的効力があります。優先弁済的効力とは，他の債権者に優先して弁済を受けられる効力のことです。そして，抵当不動産から得たお金で抵当権者が優先弁済を受けることを，抵当権の実行といいます。

5 　抵当権者が抵当不動産を占有しないことから，抵当権は，非占有担保と呼ばれます。これに対して，質権者が目的物を占有するので，質権は占有担保です。

6 　抵当権と質権は，当事者の合意（契約）によって設定されるもので，約定担保物権と呼ばれます。留置権と先取特権は，当事者の合意によって設定されるわけではなく，法律が定める要件が満たされると，それによって，担保物権が発生するもので，法定担保物権と呼ばれます。

7 　担保物権は，被担保債権のためにある権利です。そのため，担保物権の発生や消滅は，被担保債権の発生や消滅に連動するのが原則です。このような性質を，付従性といいます。

8 　被担保債権が譲渡されると，担保物権も一緒に移転します。このような性質を随伴性といいます。

9 　担保物権は，たとえ被担保債権の一部が弁済されたとしても，目的物全体の上に存在し続けます。このような性質のことを，不可分性といいます。

10 　担保目的物が，売却・賃貸され，または滅失・損傷したことによって，その所有者が何らかの財産を手に入れる場合には，担保権者は，その財産に対しても担保物権を行使することができます。担保物権のこのような性質を，物上代位性と呼びます。

11 　民法に定められた担保物権のことを典型担保物権と呼びます。典型担保物権の不都合を回避するために，担保物権ではない別の民法上の制度を用いて，債権を担保することができるような工夫を当事者がすることがあります。こうした工夫から生まれた担保のことを，非典型担保といいます。

第**3**章

抵当権の設定，効力の範囲

INTRODUCTION

本章では，抵当権の設定と抵当権の効力の範囲を取り上げます。

抵当権の設定　　📖 369条，373条

抵当権を設定するには何が必要となるのでしょうか。また，抵当権が設定されたことを第三者に主張するには何が必要となるでしょうか。①では，これらを説明します。

抵当権の効力の範囲　　📖 370条，371条，375条

抵当権者は，抵当権の実行（担保不動産競売と担保不動産収益執行（しゅうえきしっこう））によって債権の優先弁済を受けることができます。②では，抵当権者がもつ債権のうちのどれだけが弁済の対象となるのかということと，何から弁済を受けられるのかを説明します。

　この本では，たびたび「返済」「支払」「弁済」という言葉が使われています。どれも似ていますが，何が「返済」「支払」「弁済」の対象なのかに応じて使い分けられます。

　「返済」は，借りたお金について，これを返すときに使われます。「支払」もお金に関係しますが，借りたお金に限りません。より広く，売買代金や給料といったお金も「支払」の対象となります。これらに対して，「弁済」の対象は，債権（債務）です。借金に関する債権（消費貸借債権や貸金債権といいます），売買代金債権，給料債権のどれもが「弁済」されるものです。また，お金に関わらない債権（物の引渡債権など）についても，「弁済」は使われます。

　例えば，「Sは，Gから購入した商品の代金100万円の〇〇をする必要がある」というときの〇〇には「支払」が入り，「Sは，Gに対する100万円の売買代金債務の〇〇をする必要がある」というときの〇〇には「弁済」が入ります。これらの例文が意味するところは，同じです。日常的な言葉の使い方によるのか，法的な表現によるのかの違いがあるだけです。この本（特に**CASE**）においては，「返済」や「支払」といった耳慣れた言葉をなるべく多く使って説明を進めますが，「弁済」のほうも使うことがありますので，こちらにも慣れておいてください。

1　抵当権の設定

1　抵当権の設定契約

　抵当権は，抵当権を設定するという契約が結ばれることによって成立します（176条）。この契約の当事者は，抵当権の設定を受けようとする人（抵当権者といいます）と，抵当権を設定しようとする人（抵当権設定者といいます）です。自分自身は債務を負わない人が，他人の債務を担保するために抵当権を設定することもできます（この場合の抵当権設定者は，物上保証人といいます）。

⇒第2章①②

2 抵当権の対抗要件

　所有権が移転したといったように，物権の変動があったときに，これを第三者に対抗するためには，登記をしておく必要があります（177条）。抵当権も物権ですので，抵当権者が抵当権の設定を受けたことを第三者に対抗するには，抵当権設定登記をしておく必要があります（25頁に登記の例があるので，そこで何が登記されるのかを確認してください）。

⇒第**2**章 **1** **4**

┃抵当権 vs 所有権┃

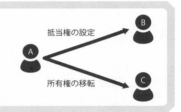

> **CASE 3-1**
> 　Aは，Bからお金を借りました。それを担保するために，Aの甲土地に抵当権を設定しました。その後，Aは，甲土地をCに売りました。Bは，Cに対しても，甲土地について抵当権の設定を受けていることを主張することができるでしょうか。
>
> 抵当権の設定
> 所有権の移転

　CASE 3-1 では，Aから甲土地を買い受けたCが，その所有者になります。新所有者Cと抵当権者Bとの争いは，CがBの抵当権を甲土地において負担しなければならないかという形で問題となります。**CASE 3-1** では，BやCが登記をしていたかどうかが明らかになっていませんが，それ次第で，結論が変わります。

　BがAから抵当権設定登記を受け，その後にCがAから所有権移転登記を受けていた（または，まだ所有権移転登記を受けていない）とすれば，BはCに対して抵当権を取得したことを対抗することができます。このため，Cは，Bの抵当権という負担が付いた甲土地を所有することになります。

　反対に，Bが抵当権設定登記を受ける前に，Cが所有権移転登記を受けていたときはどうなるでしょうか。Bは，現在の土地所有者であるCに抵当権の取得を対抗することができません。このため，Cに対して抵当権設定登記をするよう，求めることはできません。結局，Bは，抵当権を失ってしまうのです[1]。

CASE 3-2

Aは，Bからお金を借りました。それを担保するためにAの甲土地に抵当権を設定しました。その後，Aは，Cからもお金を借りる際に，甲土地にCを抵当権者とする抵当権を設定しました。Bは，Cに対して自分の抵当権がCの抵当権に優先することを主張することができるでしょうか。

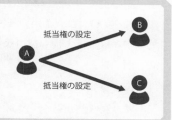

抵当権の設定

抵当権の設定

⇒第**2**章 **1 4**

抵当権は，同じ不動産にいくつも重ねて設定することができます。このため，抵当権者と抵当権者の争いは，どちらが優先するのか（1番抵当権者なのか，2番抵当権者なのか）という形で問題となります。そして，抵当権どうしの優先順位は，抵当権が登記された順序（「先後」）に応じて定まることになっています（373条）。

CASE 3-2 でいえば，B→Cの順番でそれぞれの抵当権の設定契約が結ばれていたとしても，C→Bの順番で登記がされたならば，Cの抵当権がBの抵当権に優先することになります。抵当権が実行された場合，優先順位の高い抵当権者から順に弁済を受けることができるので，Bが，後から現れたCに順位の割込みをされたくないのであれば，Cよりも早く登記を受けておく必要があります [2] [3]。

3 抵当権の被担保債権

付従性

（1）原 則

⇒第**2**章 **3 1**

抵当権は付従性という性質をもっています。これは，抵当権が被担保債権に付き従うという性質です。

note

[1] **説明** PがQ，Rの順で土地を二重に譲渡し，第2譲受人であるRに所有権移転登記を備えさせたとき，Qは，先に土地を譲り受けていたとしても，所有権を失ってしまいます。本文のBが抵当権を失うことも，第1譲受人であるQが所有権を失うことと同じく177条から導かれる結論です。

[2] **用語** 2番抵当権からみた1番抵当権のように，優先する抵当権は先順位抵当権と呼ばれ，1番抵当権からみた2番抵当権のように，劣後する抵当権は後順位抵当権と呼ばれます。

[3] **発展** 抵当権の対抗をめぐっては，抵当権と賃借権の関係も問題となります。これについては，第5章 **2** で詳しく説明します。

抵当権は，債権を担保するための権利ですから，担保される債権がないのであれば，通常，抵当権の存在を認める理由がありません。このため，原則として抵当権は，設定契約が結ばれたとしても，被担保債権が存在しなければ，成立しません（成立の付従性）。また，被担保債権が存在していたとしても，後に弁済されて消滅すれば，抵当権も被担保債権とともに消滅します（消滅の付従性）。

（2）例　外

　付従性から導かれる以上のような結論のままでは不都合な場合があります。そこで，例外が認められることがあります。次の 求 償 権の担保がその代表です。

CASE 3-3

　Sは，Gからお金を借りました（債権a）が，Hにその保証を依頼し，Hはこれを承諾しました（SとHとの間には「保証委託契約」[4]が成立します）。Hは，Gと保証契約を結んだ時点で，Sの甲建物に，HがSの代わりにGに弁済をすればSに対して取得することになる求償権（債権b）を被担保債権とする抵当権の設定を受けました。抵当権は成立するのでしょうか。

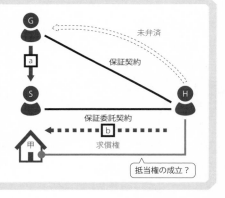

　（a）**保証と求償権**　お金を借りたSの債務の保証を引き受けたH（「保証人」といいます）は，自らお金を借りたわけではないとしても，Sが借金の返済をしなかったとき，Sの代わりにお金を支払う義務を負います（保証については，第1章8頁を参照してください）。そして，債務者Sの代わりにお金を支払った保証人Hは，Sに対して，立て替えたお金を返すよう請求することができます。この請求権がCASE 3-3に出てきた求償権です。

〔時間の流れ〕
① Gの債権aの取得
↓
② Hによる保証の引受け
↓
③ Hによる抵当権の取得
↓
④ HのGに対する弁済
↓
⑤ Hによる求償権bの取得
↓
⑥ （Sが求償に応じない場合）
　 Hによる抵当権の行使

　この求償権は，実際に保証人が債務の弁済をした時に発生します。保証契約を結んだ時点ではまだ存在しないのです。

　（b）**原則による問題点**　成立の付従性からすれば，まだ存在しない債権であ

る求償権を担保するために抵当権が設定されたとしても，その抵当権は無効であることになりそうです。

　ところが，保証人 H が，求償権が発生するまで抵当権を取得しないでいると，それまでの間（〔時間の流れ〕の中の②と⑤の間）に債務者 S が別の債権者 A のために抵当権を設定してしまうかもしれません。A のための抵当権が設定されてしまうと，H は，S から抵当権の設定を受けても，A の抵当権に劣後する抵当権しか取得することができません。H としては，保証を引き受けた時点で，求償権が成立した場合における担保として，より優先順位の高い抵当権を取得することを望むでしょう。

　(c)　例外の承認　　そのような H の希望を叶(かな)えるため，被担保債権（求償権）を発生させる具体的な法律関係（**CASE 3-3** でいえば S と H との間における保証委託契約）がある場合には，付従性の原則に例外を認めてもよいと考えられています。まだ存在しない債権（将来債権）を担保するためであっても，抵当権が成立することが許されているのです。

┃随伴性┃

　抵当権は随伴性(ずいはん)という性質ももっています。　^{⇒第 2 章 ❸ 2}抵当権が被担保債権に随伴する（お供(とも)としてついていく）という性質です。例えば，抵当権者 A が，抵当権の被担保債権を B に譲渡し，その債権が B に移転したならば，（債権のお供である）抵当権も B に移転し，B が新しい抵当権者となります。

効力の範囲

1　被担保債権の範囲

　例えば，2000 万円のお金を借りた人は，貸主に対してきっちり 2000 万円を返

---

note

[4] 説明　保証委託契約と保証契約とは別のものであることに注意してください。H が保証人になるには，債権者である G との間で保証契約を結ぶ必要があります。これに対して，保証委託契約は，債務者 S が，H に対して，G と保証契約を結んで保証人になってくれるよう依頼し，H がこれを承諾することで成立する契約です。保証契約は，保証委託契約がなくても成立しますが，この委託があるかどうかで，保証人の法的地位に違いが出てきます。詳しくは，4 巻第 **10** 章を参照してください。

せばそれでよいかというと，普通は違います。利息や，返済が遅れたときは遅延損害金も支払う必要があります。抵当権者が債務者にそれらの支払を求めることのできる債権をもつとき，抵当権は，その全部を担保するのでしょうか。それとも，担保するのは一部に限定されるのでしょうか。抵当権によって担保される債権に含まれるのであれば，抵当権者は，抵当権を実行したとき，その分についても配当を受けることができます。

Column 7　利息と遅延損害金

　利息は，一定の期間，他人のお金を借りたこと（お金を借り受けてから弁済期日までこれを使用したこと）の対価として支払われるお金です。他人の物を借りた人が対価として支

払う賃料に相当します。これに対して，遅延損害金は，元本の返済が遅れたこと（債務不履行の1つである履行遅滞）による損害を賠償するためのお金です（419条）。したがって，その支払義務は弁済期後に生じます。このように，両者はまったく異なる法的性質をもっています（だから，後で説明する375条は1項と2項とで別々に規定を用意しています）。ところが，どちらも年○％という割合を使って算定されるため，日常生活ではあまり区別されていません。遅延損害金を指して「遅延利息」という両者を合体させた言葉の使用がその最たる例といえるでしょう。

CASE 3-4

　Gは，2015年1月，Sに2000万円を貸しました。GとSとの間では，利息は年5％，遅延損害金は年10％，弁済期日は3年後（2018年1月）ということが合意されています（債権a）。Sは，この債権aを担保するためにSの甲土地に1番抵当権を設定しました。その後，DがSに1000万円を貸し（債権b。説

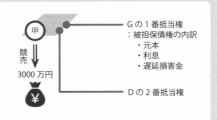

明を簡単にするため，この債権の利息や遅延損害金については考えないものとします），甲土地に2番抵当権の設定を受けました。その後，Gが抵当権を実行して，競売により甲土地は3000万円で売れました。

❶Sが3年分の利息の支払を1円もしていなかったとき，Gは，いくらの配当を受けることができるでしょうか（遅延損害金は発生していないものとします）。

❷Sが，利息の全額を支払っていたものの，4年分の遅延損害金を支払っていなかったとき，Gは，いくらの配当を受けることができるでしょうか。

❸Sが1年分の利息と1年分の遅延損害金を支払っていなかったとき，Gは，いくらの配当を受けることができるでしょうか。

❹Sが2年分の利息と1年分の遅延損害金を支払っていなかったとき，Gは，いくらの配当を受けることができるでしょうか。

❺Sが2年分の利息と4年分の遅延損害金を支払っていなかったとき，Gは，いくらの配当を受けることができるでしょうか。

元 本

抵当権の設定契約において2000万円の支払請求権（元本債権[5]）を担保することが合意されたのであれば，この全額が担保されます[6]。したがって，CASE 3-4の❶〜❺のどれにおいても，元本の2000万円は抵当権によって担保されます。

利息・遅延損害金

本来，利息や遅延損害金もすべてが抵当権によって担保されます。しかし，この原則は，後順位抵当権者がいる場合には当てはまりません。後順位抵当権者を保護するために375条が適用されて，最大2年間分の利息と遅延損害金しか担保されないのです。

（1）375条による制限

（a）利息のみがある場合　　利息も抵当権によって担保されます。ただし，375条1項により，抵当権者が抵当権を実行して優先弁済を受けられる利息は，弁済期（条文上は「満期」）となった時からさかのぼって最後の2年分に限られます。

したがって，CASE 3-4❶のように，Gが3年分の利息300万円（＝2000万円×5％×3）の支払を受けていなかったとしても，2年分の利息200万円（＝2000万

note
[5] 用語　元本債権とは，利息を生む元となる貸金債権をいいます。例えば，利息が発生することを約束して1000万円のお金が貸された場合，その1000万円の支払請求権が元本債権に当たります。
[6] 発展　債権の一部だけ（例えば，2000万円のうちの1500万円だけ）を担保するという特別な合意をすることもできます。

円×5%×2）しか抵当権で担保されません。
Gは，元本2000万円と利息200万円の，
合計2200万円の配当を受けることになり
ます。

　(b)　**遅延損害金のみがある場合**　　遅延損害金についても，「最後の2年分」
に限られます（375条2項本文）。「最後の2年分」とは，抵当権が実行された時か
らさかのぼって直近2年分をいいます。

　したがって，CASE 3-4❷のよう
に，Gが4年分の遅延損害金800万
円（＝2000万円×10%×4）の支払を
受けていなかったとしても，最後の

2年分の遅延損害金400万円（＝2000万円×10%×2）しか抵当権で担保されません。
Gは，元本2000万円と遅延損害金400万円の，合計2400万円の配当を受けるこ
とになります。

　(c)　**利息と遅延損害金の両方がある場合**　　利息と遅延損害金の両方がある場
合は，どちらも担保されることになりますが，この場合には，両者を合わせて2
年分を超えることができないことになっています（375条2項ただし書）。ここで
いう2年分も，抵当権の実行時からさかのぼって直近2年分を指します。

　CASE 3-4❸では，利息と遅延損害金を合わせて
も2年を超えていないので，どちらも担保されます。
具体的には，利息100万円（＝2000万円×5%×1）と
遅延損害金200万円（＝2000万円×10%×1）が抵当

権で担保されます。Gは，それらと元本2000万円を合計した2300万円の配当を
受けることになります。

　これに対して，CASE 3-4❹では，合わせ
て3年分の利息と遅延損害金があります。2
年を超えるため，1年分の遅延損害金200万
円（＝2000万円×10%×1）と1年分の利息

100万円（＝2000万円×5%×1）が抵当権で担保されます。Gは，それらと元本
2000万円を合計した2300万円の配当を受けることになります。

　CASE 3-4❺では，遅延損害金だけでも2年を超えます。2年分の遅延損害金

400万円（＝2000万円×10%×2）のみが抵当権で担保されるため，Gは，元本

2016年　2017年　2018年　2019年　2020年　2021年　2022年
　　　　　　　（弁済期）　　　　　　　　　　　　　（抵当権実行時）

2000万円と合わせて2400万円の配当を受けることになります。

(d) **抵当権によって担保されない利息や遅延損害金**　375条は，抵当権者がもつ債権のうち，どの範囲の債権が抵当権によって担保されるかということを定める規定であることに注意してください。この規定のために抵当権によって担保されない債権が消えてなくなることはありません。担保のない債権（つまり，他の債権者に優先して弁済を受けることのできない債権。一般債権といいます）となるだけです。

例えば，CASE 3-4❶のGは，抵当権が実行された後，配当を受けることができなかった100万円の利息に関する一般債権をもち続けることになります。

(2) **375条の趣旨と適用範囲**

なぜ375条によって抵当権で担保される債権の範囲が制限されているのでしょうか。CASE 3-4❺を使って考えてみましょう。そこでのGは，375条があるため，合計2400万円の配当を受けました。甲土地の競売代金が3000万円ですから，2番抵当権者であるDは，残りの600万円の配当を受けることができます。

(a) **もし375条がなかったならば**　もし375条の規定がなかったならば，Gには，2000万円の元本，200万円の利息，800万円の遅延損害金の合計3000万円の債権があるわけですから，その全部が抵当権によって担保されます。その結果，甲土地の競売代金3000万円の全額がGに配当されることとなります。

375条があるため……		375条がないと……	
【Gへの配当金】	2400万円	【Gへの配当金】	3000万円
〔内訳〕元本分	2000万円	〔内訳〕元本分	2000万円
利息分	0円	利息分	200万円
遅延損害金分	400万円	遅延損害金分	800万円
【Dへの配当金】	600万円	【Dへの配当金】	0円

Gとしてはそのほうがいいでしょう。しかし，それでは競売代金が1円も残らないため，Dは，まったく配当を受けることができません。そのような事態にな

ってしまうことが見込まれるのであれば，Dは，2番抵当権を取得したとしても意味がないので，最初から，2番抵当権の取得と引き換えにSにお金を貸すということを控えるかもしれません。これでは，お金を必要とするSが困ります。

このような問題が生じてしまう原因は，支払がされていない利息や遅延損害金が大いにたまっている可能性がある一方で，それがどれだけたまっているかを登記から読み取ることができないことにあります[7]。

そこで，375条によって先順位抵当権が担保する債権の範囲に上限を設けることで，後順位抵当権を取得しようとする人が最低限，弁済を受けられる金額を見通すことができるようになっているのです。こうして，Sが後順位抵当権をDに設定することで，一定のお金を借りる機会が確保されています。

(b) **後順位抵当権がない場合** CASE 3-4❺において後順位抵当権者Dがいなかったならば，抵当権者Gが受ける配当はどうなるでしょうか。

375条の制限は，競売手続で後順位抵当権者といった，他に配当を望む人がいる場合において，そのような人を保護するためにのみ働きます。保護の対象となる人がいなければ，375条は適用されず，原則どおりに利息と遅延損害金のすべてが無制限に抵当権によって担保されます。このため，Dがいなければ，Gは，元本も含めて合計3000万円の配当を受けることができます。

(c) **競売手続の外での弁済** 375条は，競売代金の配当に関する例外的なルールです。このため，仮に後順位抵当権者がいる場合であっても，債務者や物上保証人が自発的に（競売手続の外で）被担保債権を弁済して抵当権を消滅させようとするときは，利息と遅延損害金のすべてを弁済しなければなりません。

2 抵当権の目的物とその効力の及ぶ範囲

369条1項によれば，抵当権は，不動産（土地や建物）に設定することができるとされています[8]。抵当権者は，抵当権が設定されて，その効力が及ぶようになった物について，抵当権を実行し，これによって得られたお金から優先弁済を受
⇒第8章 1 3

---

note

[7] 説明 25頁の登記の例にあるように，利息や遅延損害金の利率は，抵当権の登記から読み取ることはできます。しかし，その利率に従って発生した利息や遅延損害金がどれだけ弁済されたのかは，登記からは読み取ることができないのです。

[8] 発展 369条2項は，抵当権を地上権や永小作権にも設定することができると規定しています。その一方で，賃借権に設定することは認められていないことに注意してください。

けることができます。

　では，不動産に設定された抵当権の効力は，その不動産そのものにしか及ばないのでしょうか。そのようなことはありません。抵当権の効力は，不動産に備え付けられた動産や，（抵当権を設定することはできない）賃借権に及ぶことがあります。不動産から生じた果実に及ぶこともあります。以下で，それぞれ学んでいきます。

付加一体物

CASE 3-5

　Sは，Gからお金を借りました。それを担保するために，Sの日本庭園（甲土地）に抵当権を設定し，登記しました。その時点で甲土地には松（㋐）が植えられていました。石灯ろう（㋑）もありました。抵当権が設定された後，新たに梅（㋒）が植えられ，移動可能な庭石（㋓）が置かれました。Gの抵当権の効力は㋐～㋓にも及ぶでしょうか。

(1)　370 条本文の役割

（a）**抵当不動産とともに競売**　抵当権の効力は，370 条本文により，不動産に付加して一体となっている物（以下ではこれを付加一体物と呼びます）にも及びます。つまり，抵当権が設定された土地や建物に付け加えられ，土地や建物と一体になった物にも及ぶのです。

　抵当権の効力が及ぶ物は，抵当権が実行されると，抵当不動産とともに競売されます。**CASE 3-5** でいうと，日本庭園である甲土地を競売で買い受けた人は，甲土地とともに㋐の松等も買い受けることができ，甲土地を従来どおりに日本庭園として利用することができるのです。また，抵当権者は，松等の分も含めた競売代金（甲土地単体よりも高額の競売代金）から優先弁済を受けることができます[9]。

（b）**付加一体物となった時期**　抵当権は，抵当権設定者が債務の弁済をしな

かった場合に実行される権利です。設定されてから実行されるまで，一定の時間が経過することが予定されています。その間，抵当権設定者は，抵当不動産を利用することができます。例えば，林業用の山林に抵当権を設定したならば，その後も山林を林業経営のために利用することができます。抵当権設定者は，抵当権が実行される時まで，山林に生えている木を伐採し，市場に出荷して収入を得て，また新たに木を植えるという経済活動を続けることが認められているのです。このように，抵当不動産上の物はたえず入れ替わることが予定されています。

このため，抵当権が設定された時点で抵当不動産の上に存在した物であったとしても，それが抵当不動産から分離され，搬出された（上記の例における木でいえば，伐採され，市場に出荷された）ならば，その物には抵当権の効力が及ばなくなります（ただし，その物が不当に抵当不動産から持ち出されたのであれば，抵当権者は，その物を元の場所に戻すよう請求することができます）。
⇒第6章22

反対に，抵当権が設定された後に抵当不動産上に持ち込まれた物にも，抵当権の効力を及ぼす必要があります。そうすることで，競売で山林を購入した人が，抵当権設定後に植えられた木を取得し，その山林における林業経営を維持できるようになっているのです。

以上の理由から，370条本文では，ある物がいつ抵当不動産に付け加えられたかについて限定がされていません。たんに「付加して一体となっている」という現状のみが要求されています。CASE 3-5 の⑦や⑦は，抵当権の設定後に備えられた物ですが，それらが付加一体物に該当するというのであれば，抵当権の効力が及ぶ対象となります。

(2) 付加一体物と付合物・従物

では，どのような物であれば，付加一体物に該当するといえるのでしょうか。付加一体物に似たものとして，付合物（242条以下）と従物（87条）があります。一般に，付合物と従物のどちらも付加一体物に含まれると考えられています。

(a) 付合物　　甲土地に乙動産が定着して，甲土地の一部になることを不動産の付合といいます（242条。詳しくは，物権法の教科書で学んでください）。乙動産が

note ──

[9] 説明　抵当不動産の担保価値としての価値が増加することは，抵当権者だけでなく，債務者にも利益となります。第1に，抵当権を設定して借りることのできるお金の金額がそのぶん増えます。第2に，不幸にして競売されたとしても，より多額の債務が消えます。

物としての独立性（それ単体での物としての存在）を失うことに付合の特徴があります。そして，その付合した物を，付合物といいます。

CASE **3-5** でいえば，⑦の松や⑨の梅が乙動産に当たり，甲土地の一部になっています。松や梅は甲土地の一部になっているわけですから，甲土地に設定された抵当権が土地の一部である松や梅にも及ぶのは当然のことといえます。このように，付合物は付加一体物に当たると考えられます。

(b) 従　物

(i) **従物とは**　　⑦の石灯ろうや㊤の庭石は，動かすことができますので，甲土地の一部ではなく，それから独立した物のままです。しかし，石灯ろうや庭石が甲土地に設置されると，甲土地の経済的価値（売ったときの値段）が高まります。

このように，物としての独立性を失っていないけれども，主物（ここでは抵当不動産である甲土地）に附属することでその経済的な価値を高める物を，従物といいます。

(ii) **従物は付加一体物に含まれるか**　　では，従物も付加一体物に含まれるのでしょうか。このことについて，明確に述べる判例はありませんが，通説は含まれるという立場をとっています。

たしかに，従物は，物理的には主物から独立しているので，「付加して一体となっている物」に当たらないように思えます。しかし，付加一体物は，抵当不動産と物理的に一体をなす物である必要はなく，経済的に一体をなす（価値を高めあう関係にある）物であればよいと考えることができます。

通説は，このような考え方から，370 条本文を根拠に従物にも抵当権の効力が及ぶとします。先に説明しましたように，370 条本文は，いつ物が付け加えられたかを問いません。このため，通説によると，抵当権設定時からあった従物（CASE **3-5** における⑦の石灯ろう）と抵当権設定後に備えられた従物（㊤の庭石）のどちらにも抵当権の効力が及ぶことになります。

従たる権利（賃借権）

(1) 従たる権利とは

87 条 2 項では「従物は，主物の処分に従う」と定められています。例えば，主物が売られたならば，従物も主物とともに売られたことになります。一般に，この主従の物の関係に似たものとして，「主たる権利」と「従たる権利」という

権利どうしの関係も認められています。

　他人が所有する土地を借りて，その土地上に建物を建てたとします（建物が建つ土地は「敷地」といわれます）。この場合，建物所有権という権利と敷地の賃借権という権利との間に主従の関係があると考えられています。建物が売られて，その所有権が移転したとき，87条2項の類推適用により，従たる権利である敷地の賃借権も移転します。

　では，借地上の建物に抵当権が設定された場合，抵当権の効力は，従たる権利である敷地の賃借権にも及ぶのでしょうか。

CASE3-6
　Sは，Aから甲土地を賃借し，その地上に乙建物を建て，この建物を所有しています。Sは，Gからお金を借りる際に，乙建物に抵当権を設定しました。この場合のGの抵当権の効力は，Sの賃借権にも及ぶでしょうか。

CASE 3-6のGの抵当権の効力は，賃借権にも及ぶでしょうか。Gが抵当権を実行して乙建物の競売がされ，その買受人（Kとします）が登場した場面を想定して考えてみる必要があります。

(2)　もし抵当権の効力が及ばないとすると

　乙建物に設定された抵当権の効力が建物にしか及ばないならば，買受人Kが取得するのは，乙建物の所有権だけです。そうだとすると，Kは，他人（A）の土地を利用する権利をもたないまま，甲土地を占有していることになります。Aにとって，Kの建物は，自己の土地の利用を妨げるじゃまな存在にほかなりません。したがって，Aは，Kに対して建物を取り壊して土地を明け渡すよう求めることができます（Aのこの請求権は「物権的請求権」と呼ばれます。第6章21で説明します）。

　せっかくの建物を取り壊すことはもったいないように思えます。また，取り壊される運命にある建物を競売で買い受けようとする人（K）が現れることは考えにくいでしょう（取り壊されてバラバラになった建築資材が欲しいという人はめったにいません）。買受人が現れないならば，建物が売れてお金が手に入ることはないので，抵当権を実行しても無意味です。実行しても無意味な抵当権には価値がないので，そのような抵当権を取得することと引き換えにお金を貸そうと思う人はい

ないでしょう。結局，借地上の建物を所有している人は，その建物に抵当権を設定することでお金を借りるということができなくなってしまうのです。

(3) 抵当権の効力が及ぶとすると

反対に，建物に設定された抵当権の効力が敷地の賃借権にも及ぶとすると，抵当権者は，賃借権付きの建物としてこれを競売することができます。建物を買い受けた人（K）は，敷地の賃借権も取得することができるため，土地の所有者（A）から，建物を取り壊して土地を明け渡すよう請求されても，これに応じる必要がなくなります。賃借権が付いているぶん，競売代金は高くなるので，Sはそれだけお金を借りやすくなります。

以上をふまえ，建物所有権が敷地の賃借権とあわさることでひとつの財産的価値を形作っている（セットになることで，建物が抵当権を設定する対象としてより大きな価値をもつようになっている）ことを理由に，借地上の建物に設定された抵当権の効力は，敷地の賃借権にも及ぶと考えられています。

このように，賃借権にも抵当権の効力が及ぶことを認めるとき，どの条文を根拠とするべきでしょうか。先に説明した建物所有権と賃借権の移転のように，87条2項を類推適用するというのも1つの考え方です。しかし，主物に設定された抵当権の効力が従物に及ぶことを370条本文が適用された結果であると説明する
⇒53頁
（通説）のであれば，抵当権の効力が賃借権という従たる権利に及ぶことは370条本文が類推適用された結果であると説明するのが適切でしょう。

┃ 果 実 ┃

抵当権の効力は，371条により，抵当権が担保する債権について不履行があったときは，その後に生じた抵当不動産の果実にも及びます。債務者が借りたお金を返さなかったときは，抵当権者は，抵当不動産の果実からも債権の優先弁済を受けることが認められているのです。

CASE 3-7

Gは，Sが所有する不動産に抵当権の設定を受けました。

❶ Sが抵当権を設定した不動産がブドウ畑である場合，その土地で収穫されるブドウに抵当権の効力は及ぶでしょうか。

❷ Sが抵当権を設定した不動産がAに賃貸されている建物である場合，AがSに支払う賃料に抵当権の効力は及ぶでしょうか。

(1) 果実とは

　果実とは，物から生じる収益（物を利用して収取される利益）をいい，それには天然果実と法定果実の２つがあります。

　(a) **天然果実**　「物の用法に従い収取する産出物」（88条１項），つまり，物をその経済的な目的どおりに利用して得られる物が天然果実です。**CASE 3-7❶**のように，ある土地がブドウ畑として用いられているならば，そこで収穫されたブドウが天然果実に当たります。天然果実といっても，フルーツに限りません。飼育されている乳牛が産んだ仔牛や搾り取られた牛乳も天然果実です。

　(b) **法定果実**　これに対して「物の使用の対価として受けるべき金銭その他の物」（88条２項）を法定果実といいます。**CASE 3-7❷**の賃料がその典型例です。

(2) 債務不履行後に生じた果実に限られる理由

　371条は，被担保債権の不履行後であれば，ブドウや賃料といった果実にも抵当権の効力が及ぶと定めています。なぜ，債務不履行後に限られるのでしょうか。

　(a) **被担保債権の不履行前**　抵当権は，非占有担保であり，抵当不動産の占有は抵当権設定者に残されます（369条）。抵当権設定者は，抵当権を設定した後も，不動産を使用し，それから収益を得ることが認められているのです。

　このため，例えばブドウ農園を開くための資金を銀行から借り，抵当権を設定した人は，農園を経営し，自らブドウを収穫することができます。その売上金の一部は，銀行への返済にあてていく必要はありますが，残りはすべて自分のものにすることができます。

　賃貸用マンションを購入するための資金を銀行から借りた人が受け取る賃料についても同じです。銀行としても，月々のお金の返済をしてもらっているかぎり，マンションの賃料全部を抵当権設定者から取り上げる必要はありません。貸金の返済がされているのであれば，抵当権の効力を果実に及ぼす必要はないのです。

　(b) **被担保債権の不履行後**　ブドウ農園と賃貸用マンションのどちらの例についても，そのまま抵当権が実行されずに債務が完済されるのが抵当権者と抵当権設定者の双方にとっての理想です。

　ところが，抵当権設定者が債務不履行に陥ったときは，話が変わります。抵当権設定者が債務不履行に陥っているということは，収益のうち借金の返済にあてるためのお金を抵当権者に自発的に支払っていないことを意味します。そうであれば，抵当権者である銀行自らが不動産の収益に手を出し（ブドウや賃料を取り

上げ），そこから債権の弁済を受けることを許す必要があります。このため，債務不履行後は，抵当権の効力が果実にも及ぶことが認められているのです。

(c) **果実から弁済を受ける手段**　抵当権者が果実から債権の弁済を受けるための方法として，担保不動産収益執行という民事執行手続が用意されています。⇒第8章 **1 4**
ただし，抵当権者は，果実の中でも賃料に限っては，物上代位という方法によっても優先弁済を受けることができます。⇒第4章 **2 2**

POINT

1　抵当権は，抵当権を設定するという契約が結ばれることによって成立します（176条）。

2　抵当権者が抵当権の設定を受けたことを第三者に対抗するには，設定登記をしておく必要があります（177条）。

3　本来，利息や遅延損害金もすべてが抵当権によって担保されます。しかし，この原則は，後順位抵当権者がいる場合には当てはまりません。後順位抵当権者を保護するために375条が適用されて，最大2年間分の利息と遅延損害金しか担保されません。

4　抵当権の効力は，370条本文により，不動産の付加一体物にも及びます。

5　一般に，付合物と従物のどちらも付加一体物に含まれると考えられています。

6　借地上の建物に設定された抵当権の効力は，敷地の賃借権にも及ぶと考えられています。

7　抵当権の効力は，371条により，抵当権が担保する債権について不履行があったときは，その後に生じた抵当不動産の果実にも及びます。果実には，天然果実と法定果実の2つがあります。

第**4**章

物上代位制度

本章では，物上代位について説明します。

担保物権をもつ人は，その目的物の競売等によって得られたお金から優先して弁済を受けることができます。物上代位とは，担保権者が本来の目的物（土地，建物や動産）以外のものから優先弁済を受けることを可能にする制度です。民法では，304 条が先取特権にもとづく物上代位を規定し，372 条が抵当権に 304 条を準用（抵当権についても先取特権に準じて 304 条を適用）しています。そこで，本章では，先取特権にもとづく物上代位もあわせて学びます。

物上代位とは 📖 304 条, 372 条

１では，物上代位がどのような働きをし，なぜこの制度が必要なのかを説明します。さらに，抵当権者や先取特権者が物上代位をする対象が債権であることも説明します。

物上代位の対象 📖 304 条, 372 条

２では，具体的にどのような債権について，抵当権者や先取特権者が物上代位をすることができるかを検討します。

第三者が登場した場合における物上代位の可否 📖 304 条，372 条

　抵当権者や先取特権者が物上代位をしようとする債権について利害関係を有する第三者が登場したときでも，抵当権者らは物上代位をすることができるのでしょうか。3 でこの問題を説明します。

Column 8　動産先取特権について

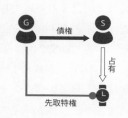

先取特権

　先取特権には様々な種類がありますが，本章は，そのうち動産売買先取特権を想定して説明を進めるので，この権利についてだけ，ここで簡単に学んでおきましょう（その詳細や他の先取特権については第 **13** 章で学びます）。

　例えば，GとSとの間で時計の売買契約が結ばれましたが，G は，S から代金の支払を受けないまま，時計をSに引き渡しました。この場合，G は，S に対して売買代金債権をもちます。さらに，G は，この債権を担保する権利として，その時計を対象とする動産売買先取特権という先取特権も取得します（311 条 5 号，321 条）。S がその後に債権を弁済しなかったならば，G は，先取特権の実行として，その時計を競売し，競売代金から債権の優先弁済を受けることができます。

　先取特権は，債権者（G）と債務者（S）との間における合意がなくても成立する法定担保物権です。また，動産の所有権の移転といった動産の物権変動は，通常，その引渡し（占有の移転）によって公示がされます（178 条）が，動産売買先取特権は，その対象となる動産の占有が先取特権者（G）ではなく債務者（S）のもとにあるため，公示方法がない（債権者と債務者以外の人にとって先取特権があることがわからない）という特徴をもちます。

1　物上代位とは

CASE 4-1

　S は，G からお金を借り（債権 a），それを担保するため，S が所有する甲建物に抵当権を設定しました。ところが，甲建物が火災によって焼失してしまいました。火災の

原因は A による放火でした。甲建物の所有者である S は，A に対して損害賠償金を支払うよう請求することができます（債権 b）。その一方で，G は，もはや抵当権にもとづいて債権 a の優先弁済を受けることができないのでしょうか。

1 物上代位の働き

CASE **4-1** における G の抵当権の本来の目的物は甲建物です。ところが，甲建物は火災によって焼失してしまいました。このため，G は，甲建物を競売し，競売代金から優先弁済を受けることができません。

その一方で，372 条が準用する 304 条によると，損害賠償金は「目的物の……滅失……によって債務者が受けるべき金銭」に当たるため，抵当権者 G は，損害賠償金から優先弁済を受けることができます。このように，物上代位には，先取特権者や抵当権者が優先弁済を受ける機会を増やす働きがあります[1]。

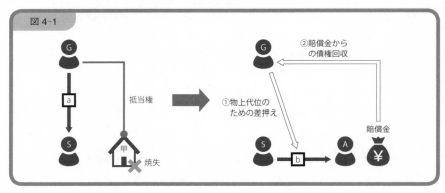

図 4-1

2 物上代位が認められる理由

ではなぜ，物上代位を認めることによって，先取特権者や抵当権者が優先弁済を受ける機会を増やす必要があるのでしょうか。

所有している本が燃えて無くなってしまえば，本に対する所有権はなくなりま

note

[1] 説明 質権にも優先弁済的効力があります（342 条）。このため，質権にもとづく物上代位も認められています（350 条による 304 条の準用）。これに対して，留置権には優先弁済的効力がないので，留置権にもとづく物上代位は認められていません。

す。このように，本来，目的物が消滅すると物権は消滅します。この原則が物権である抵当権にも当てはまると考えるならば，CASE 4-1におけるGの抵当権は，甲建物の焼失とともに消滅することになります。

しかし，そうすると，抵当権設定者Sは，抵当権の負担を免れながら，甲建物の代わりとなるもの（損賠賠償金）をそのまま手に入れられることになります。それは不公平でしょう。

そこで，物権の原則に反するとしても，物上代位によって，抵当権者が甲建物に代わる損害賠償金から優先弁済を受けることができるようになっているのです。

3　物上代位の対象

304条1項ただし書にあるように，CASE 4-1の抵当権者Gが物上代位をするには，賠償金という金銭の「払渡し」[2]がされる前に「差押え」をしなければなりません。

304条1項本文の文言からすると，先取特権者や抵当権者が賠償金といったお金そのものから優先弁済を受けることができるように思えるかもしれません。しかし，実際には，物上代位の対象は損害賠償請求権といった債権であり，先取特権者や抵当権者はその債権を差し押さえて，民事執行法が定める債権に関する執行手続に従い，その債権から優先弁済を受けます。304条1項本文の文末には「……行使することができる」とありますが，権利を行使する方法が，物の競売ではないことにも注意してください。

Column 9　差押えとは

差押えは，物上代位のためだけに要求されるものではありません。むしろ普通は，担保物権をもたない債権者（「一般債権者」といいます）が民事執行法にもとづいて債権の履行を強制するために裁判所に申し立てる手続です（詳しくは，第8章 1 1を参照してください）。

差押えには，差押えがされた財産の権利者に対してその財産の処分を禁止する

---

note

[2] 説明　304条1項の規定上は「払渡し又は引渡し」となっています。「払渡し」は，債務者が受け取るものが「金銭」である場合を想定する文言です。これに対して，「引渡し」は「（その他の）物」である場合を想定する文言です。おもに問題になるのは金銭の払渡しのほうです。このため，以下では，物の引渡しを念頭においた説明は省略します。

という効果があります（これを差押えの「処分禁止効」といいます）。例えば，土地が差し押さえられた場合は，その土地の所有者は土地を売ることができなくなります。また，債権が差し押さえられた場合は，債権者はその債権を譲渡したり，取り立てたりすることができなくなります。債務者も債務を弁済することができなくなります。

　本文で述べたとおり，物上代位の対象は債権であり，抵当権者や先取特権者が差し押さえる対象も債権です（民執 193 条参照。以下では抵当権に即して説明しますが，その内容は先取特権にも当てはまります）。抵当権者が裁判所に債権の差押えを申し立てると，抵当権設定者と，抵当権設定者に対して債務を負う人（このような人を第三債務者といいます）に対して，裁判所から差押命令という通知が送達されます[3]。その送達がされてから 1 週間を過ぎると，抵当権者は，差し押さえた債権を自ら取り立てること[4]ができます。

　これとは別に，抵当権者は，転付命令という手続を申し立てることもできます。この申立てが認められると，差し押さえられた債権が抵当権設定者から抵当権者に移転します。これによって，抵当権者は，自らが債権者として第三債務者からお金の支払を受け，そのお金から抵当権で担保される債権を回収することもできるようになります。

② 物上代位の対象となる債権

　304 条 1 項本文では「先取特権は，その目的物の売却，賃貸，滅失又は損傷によって債務者が受けるべき金銭その他の物に対しても，行使することができる」と定められています。この規定から明らかなように，先取特権者は，目的物の①売却，②賃貸，③滅失または損傷によって生じた債権について物上代位をすることができます。

　304 条 1 項は，372 条を通じて抵当権に準用されますが，それを抵当権のために読み替えると，「抵当権は，その目的物の売却，賃貸，滅失又は損傷によって

note

[3] 用語　送達とは，裁判所から裁判の関係者に対して裁判に関する書類を送付することをいいます。
[4] 用語　債権の取立てとは，もともとは抵当権設定者が債権者として第三債務者からお金の支払を受けることができたところ，抵当権者が抵当権設定者の代わりに第三債務者から支払を受け，そのお金から自身の債権の弁済を受けることができることをいいます。

抵当不動産の所有者が受けるべき金銭その他の物に対しても，行使することができる」となります（下線部が読み替えによって変更される点です[5]）。この読み替えによると，抵当権者も，①売却，②賃貸，③滅失または損傷によって生じた債権について物上代位をすることができることになりそうです。しかし，実際には，それらの全部について物上代位をすることが認められているわけではありません。以下では，このことを説明していきます。

1 「売却」によって抵当不動産の所有者が受けるべき「金銭」—●

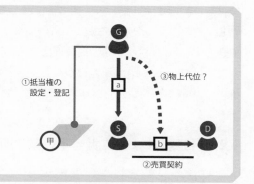

CASE 4-2

　Gは，Sに対してもつ債権aの担保として，Sが所有する甲土地に抵当権の設定を受け，その設定登記も済ませました。その後，Sは，Dに甲土地を売却しましたが，売買代金の支払はまだされていません。Gは，SがDに対してもつ売買代金債権（債権b）について物上代位をすることができるでしょうか。

①抵当権の設定・登記

③物上代位？

甲

②売買契約

　372条が準用する304条によると，抵当権者Gは「その目的物の売却……によって」抵当不動産の所有者が「受けるべき金銭」，つまり，売買代金債権に物上代位をすることができそうです。しかし，先取特権と抵当権とで売買代金債権への物上代位を認める必要性が大きく違うことに注意して考える必要があります。

先取特権の場合

　304条1項で，先取特権者に売買代金債権について物上代位が認められている理由は，次のとおりです。

　動産売買先取特権のように，動産を対象とする先取特権については，対象動産

note

[5] **説明**　物上代位は，担保物権の目的物が売却されるなどして，その所有者がお金を受け取ることができる場面に関する規定です。先取特権の目的物の所有者は，基本的に債務者だけです。このため，304条は「債務者が受けるべき金銭……」と規定しています。これに対して，抵当権は，債務者以外の人によって設定されることがあります（物上保証人⇒第**2**章 1 2）。また，抵当権が付いたままの不動産を債務者から譲り受ける人もいます（第三取得者）。このように，抵当権の目的物の所有者は，債務者以外の人である場合が少なくないので，「抵当不動産の所有者」と読み替えます。

を債務者が売却し，買主に引き渡してしまうと，先取特権者は，その動産に対する権利を行使することができなくなります（333条）。対象動産を競売して優先弁済を受けることができなくなるのです。このため，その「埋め合わせ」として，物上代位によって動産の売買代金債権から優先弁済を受けることを認める必要が大きいです。

抵当権の場合

これに対して，抵当不動産が売却されたとしても，抵当権の効力は，その不動産に及び続けます（追及効）。抵当権者は，抵当不動産の所有権が買主（D）に移転し，その引渡しがされたとしても，従来どおりにその不動産を競売することができます。したがって，抵当不動産が売却されても抵当権者にマイナスが発生することはありません。「埋め合わせ」るべきマイナスがないため，一般に，抵当権については売買代金債権への物上代位は認めるべきではないと考えられています。

2 「賃貸」によって抵当不動産の所有者が受けるべき「金銭」—●

CASE 4-3

Gは，Sに対してもつ債権aの担保として，Sが所有する甲土地に抵当権の設定を受け，その設定登記も済ませました。その後，SはDに甲土地を賃貸しました。Gは，SがDに対してもつ賃料債権（債権b）に物上代位をすることができるでしょうか。

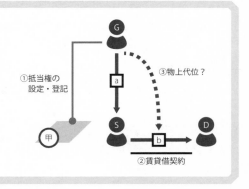

物上代位を認めないことに傾く理由

抵当権は，抵当権者に占有を移さないタイプの担保（「非占有担保」といいます）です。抵当権が設定された不動産の占有は抵当権設定者Sに残されます。このため，Sは，抵当権を設定したとしても，目的不動産を自ら使い続けたり，それ

を賃貸して得られる賃料を自分のものとしたりすることができます。賃料収入はSのものであるということを前提にすると、抵当権者Gが賃料債権に物上代位をして、賃料収入をSから取り上げることは認めにくいように思えます。実際に、かつては、抵当権による賃料債権への物上代位を認めない学説が有力に主張されていました。

物上代位を認める理由：判例の立場

しかし、（Column 8 の例における時計の占有者が先取特権者Gではなく、債務者Sであったように）先取特権も先取特権者に占有を認めない非占有担保です。それにもかかわらず、304 条 1 項により、先取特権者は賃料債権に物上代位をすることが認められています。このため、抵当権が非占有担保であることは、抵当権者が賃料債権に物上代位をすることを認めない理由にはなりません。

また、物上代位を認めることによって抵当権設定者が賃料収入を取り上げられるようになるとしても、そのお金は被担保債権の弁済に使われます。抵当権設定者が得ていた賃料は、債務を減らすという形で、抵当権設定者の利益となり続けるのです。このことからすれば、条文の自然な読み方に反してまで、抵当権者が賃料債権に物上代位をすることを否定しなくてもよいでしょう。

これらの理由から、判例は、抵当権者による賃料債権への物上代位を認めました（最判平成元年 10 月 27 日民集 43 巻 9 号 1070 頁）。その後、判例の立場に反対する学説はほとんどみられなくなりました。

担保・執行法の改正

さらに、2003 年の担保・執行法改正により、371 条の規定が改められ、被担保債権の不履行後であれば抵当権の効力が賃料にも及ぶことが明らかにされました（第 3 章 2 2 での 371 条に関する説明は、この改正をふまえたものです）。現在は、一般に、物上代位は被担保債権の不履行によって抵当権の効力が及ぶようになった賃料から被担保債権の弁済を受けるための具体的な手段の 1 つであると考えられています。

CASE 4-3 についていえば、被担保債権（債権 a）の不履行前であれば、抵当権の効力が賃料に及ばないため、抵当権者 G は、賃料債権（債権 b）に物上代位をすることができません。しかし、被担保債権の不履行後であれば、抵当権者 G

は，賃料債権に物上代位をすることができます。

3 「滅失又は損傷によって」抵当不動産の所有者が 受けるべき「金銭」

CASE 4-1 の損害賠償請求権が「滅失又は損傷によって」抵当不動産の所有者が受けるべき「金銭」の給付を内容とする債権の典型です。抵当権者 G は，損害賠償請求権に物上代位をすることができます。

また，建物について火災保険に入っていると，建物が焼失したとき，抵当不動産の所有者は保険会社から保険金を受け取ることができます。この保険金も「滅失又は損傷によって」抵当不動産の所有者が受けるべき「金銭」に当たるといえます。したがって，例えば，CASE 4-1 の抵当権設定者 S が甲建物について火災保険に入っていたために，保険会社から保険金の支払を受けられるときは，抵当権者 G は，S の保険会社に対する保険金債権に物上代位をすることができます。

３ 第三者が登場した場合における物上代位の可否

304 条 1 項ただし書では，物上代位の要件として，抵当不動産の所有者にお金が払い渡される前に差押えがされていることのみが求められています。では，お金の払渡しはされていないけれども，物上代位の対象となる債権に利害関係をもつ第三者が登場した場合であっても，先取特権者や抵当権者はなおも差押えをして物上代位をすることができるのでしょうか。

1 先取特権

まず，先取特権にもとづく物上代位に関する問題を説明します。

> **CASE 4-4**
> 　G は，S に鉄材を売りました。これによって，G は，その売買代金債権（債権 a）の担保として，動産売買先取特権を取得しました。その後，S が A にその鉄材を転売したところ，S に対して債権 b をもつ B が，S の A に対する転売代金債権（債権 c）を差し押さえました。G は，債権 c に物上代位をすることができるでしょうか。

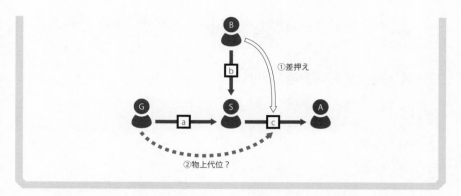

CASE 4-4 では，一般債権者であるＢが物上代位の対象となる債権ｃを差し押さえています（このように，差押えをした一般債権者のことを，以下では差押債権者といいます）。先取特権者Ｇは，その後に物上代位をしようとしています。このように，差押債権者という第三者が登場した後も，先取特権者が物上代位をすることを認めることができるでしょうか。

判例の立場

判例は，304 条 1 項ただし書で物上代位のために差押えが必要とされている趣旨に着目し，結論として，先取特権者Ｇが物上代位をすることを認めます。

判例によると，先取特権にもとづく物上代位のための差押えには，3 つの趣旨があるとされます。

第 1 は，物上代位の対象となる債権の特定性を保持し，これにより，物上代位権の効力を保つことです。

第 2 は，物上代位の対象となる債権の弁済をした第三債務者[6]が予想していなかった損害を受けることを防ぐことです。

第 3 は，債権の譲受人といった第三者が予想していなかった損害を受けることを防ぐことです。

そして，一般債権者による差押えがされただけであれば，その後に先取特権者が物上代位をすることは妨げられないとされます。

---

note

[6] 用語 第三債務者とは，債権者（CASE 4-4 のＧ）からみて，債務者（Ｓ）に対して債務を負う人（Ａ）であり，一言でいえば，債務者の債務者をいいます。

ここまでの説明だけでは，判例の立場はよくわからないでしょう。以下で，ていねいに検討します。

特定性の保持と物上代位権の効力の保全

　判例によれば，物上代位のための差押えがされると，物上代位の対象となる債権の特定性が保持され，この結果，物上代位権の効力が保たれるとされます。これは，どういうことでしょうか。

(1) 混入の防止

　CASE 4-4 で先取特権者Gは，物上代位をすると，債権cから優先弁済を受けることができます。ところが，Gが債権cの差押えをしないうちに，第三債務者Aが債務者Sに，債務の弁済としてお金を払い渡してしまうと，そのお金は，Sがもともともっていたお金のなかに紛れ込んでしまいます（これを「混入」といいます）。それでは，先取特権者が優先弁済を受けることのできる対象がどのお金なのかがわからないので，先取特権者に物上代位をすることを認めることができません。本来，Gが行使できるはずだった物上代位権の効力は，混入が発生することによって保たれなくなるのです。

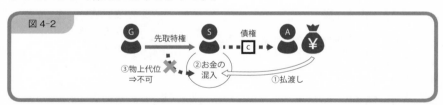

図4-2

　これに対して，先取特権者Gが債権cの差押えをしておくと，債務者Sは，第三債務者Aから債権cを取り立てることが禁止され，Aも，Sに対してお金を払い渡すことが禁止されます（民執145条1項）。すると，AがSにお金を払い渡すことがなくなるので，混入は生じません。このように，差押えがされることで，Gが債権cに物上代位をすることができる状態が確保されるのです。差押えがされると，物上代位の対象となる債権の特定性が保持され，この結果，物上代位権の効力が保たれるという判例の考え方は，以上をいいます。

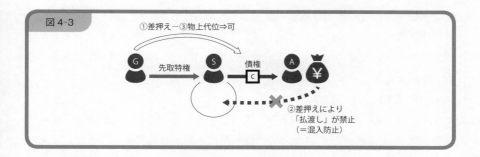

図4-3

①差押え─③物上代位⇒可

G　先取特権　S　債権　C　A　¥

②差押えにより
「払渡し」が禁止
（＝混入防止）

（2）　一般債権者による差押えによる特定性の保持

CASE **4-4** では，一般債権者Ｂが差押えをしています。一般債権者によるものであろうと，差押えは差押えです。それによって，債務者Ｓは債権ｃを取り立てることが禁止され，第三債務者Ａは債権ｃの弁済が禁止されます。つまり，先取特権者Ｇが自ら差押えをした場合と同じく，債権の特定性が保持されます。混入が発生していないので，物上代位権の効力が保たれているといえます。

ただし，このことは，先取特権者Ｇが物上代位をすることを認める可能性が残されていることだけを意味します。実際にＧが物上代位をして差押債権者Ｂに優先して債権ｃから弁済を受けられるかどうかは，後で説明する「第三債務者の保護」や「第三者の保護」をめぐる問題を考えないと決めることができません。

┃ 第三債務者の保護 ┃

判例によると，差押えがされることで第三債務者Ａが予想していなかった損害を受けることが防がれるとされます。差押えには，第三債務者を保護する働きがあるというのです。第三債務者の保護とは，具体的には何をいうのでしょうか。

（1）　二重弁済の危険

先取特権者Ｇは，債権ｃに物上代位することができる場合であっても，実際に物上代位することを希望するとは限りません。Ｇにそのつもりがないのであれば，第三債務者Ａは，自分の債権者Ｓに対してお金を支払う必要があります。

もし，第三債務者Ａが（先取特権者Ｇには物上代位をするつもりはないだろうと判断し，）債務者Ｓにお金を払い渡した後であっても，Ｇが物上代位をすることができるとすれば，Ａは，重ねてＧにもお金を支払わなければならなくなります。たしかに，Ａが重ねてお金を支払わされたとしても，Ａは，Ｓに対してお金を返

すよう請求することが認められるでしょう。しかし，Ｓが行方をくらましていたり，受け取ったお金を使い込んでしまっていたりすれば，Ｓからお金を取り戻すことは事実上不可能です。このような第三債務者（Ａ）のリスクを二重弁済の危険といいます。

(2) 差押えによる二重弁済の防止

実際には，304条１項ただし書で，先取特権者Ｇが物上代位をするためには第三債務者ＡがＳ債務者Ｓにお金を払い渡す前に差押えをしておくことが求められています。このため，Ａは，差押えがされる前であれば，安心してＳにお金を支払うことができます。払渡しをした後は，Ｇが物上代位をすることは認められなくなるので，Ａは重ねてＧにお金を支払わなくてすむのです。

また，Ｓにお金を支払う前にＧが差押えをしたときは，Ａは，安心してＧにお金を支払うことができます[7]。Ｓに対してお金を支払う必要はありません（むしろ，差押えによって禁止されます）。

このように，先取特権者Ｇが差押えをしているかどうかは，第三債務者Ａが債務者ＳとＧのどちらにお金を支払うべきかを判断する明確な基準となります。物上代位の要件として差押えが求められているから，Ａは一方にお金を支払った後，他方に重ねてお金を支払わなければならなくなるという事態を避けることができるのです。このため，差押えは，二重弁済を強要されることから第三債務者を保護する働きがあるといえます。

CASE 4-4 では，第三債務者Ａはまだ債務者Ｓにお金を支払っていません。Ｂが差押えをしていますが，ＡがＢにお金を払ったわけでもありません。Ｇが物上代位をしても，Ａは二重弁済を強要されることにはならないので，Ｇの物上代位を認める可能性はまだ残されています。

┃ 第三者の保護 ┃

判例によると，差押えがされることで，債権の譲受人といった第三者が予想していなかった損害を受けることが防がれるとされます。なぜ，差押えによって第

---

note ───●

[7] **発展** 先取特権者Ｇが物上代位のための差押えをするには，差押えを裁判所に申し立てる必要があります。この申立てがされると，裁判所から第三債務者Ａに差押命令という文書が送達されます。Ａは，この文書をみることで，差押えがされたことを知ることができるようになっています。

三者が想定外の損害を受けずにすむようになるのでしょうか。

(1) 第三者①：債権の譲受人

債権の譲受人を例にして考えてみましょう。債権譲渡についての知識が不十分な人は，先に第 14 章 ② の 1・2 を読んでおいてください。

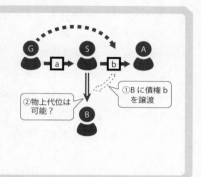

CASE 4-5

　Gは，Sに鉄材を売りました。これによって，Gは，その売買代金債権（債権 a）の担保として，動産売買先取特権を取得しました。その後，Sは，Aにその鉄材を転売しました。さらに，Sは，それによる転売代金債権（債権 b）をBに譲渡し，そのことを内容証明郵便によってAに通知しました。この場合においても，Gは，債権 b について物上代位をすることができるでしょうか。

⇒第 13 章 ② 3

　動産先取特権は公示されません。このため，**CASE** 4-5 で債権 b を譲り受けたBは，Gが動産先取特権をもっていて，これにもとづいて債権 b に物上代位をする可能性があることを知ることができません。

　また，もし，**CASE** 4-5 とは異なり，Bへの債権譲渡がされるよりも前に，Gが物上代位をするために債権 b を差し押さえていたならば，第三債務者 A は，Gが債権 b に物上代位をしようとしていることを知っています[8]。このため，Bは，債権 b を譲り受ける前に，Aに債権の状態に関する問い合わせ（「Sから債権を譲り受けようとしているが，問題はないか」と尋ねること）をしておけば，すでにGが債権 b に物上代位をしようとしているという情報の提供を A から受け，債権 b を譲り受けることを見合わせるという判断をすることができました。

　ところが，**CASE** 4-5 では，Bが債権 b を譲り受ける前にGによる差押えがされていないので，Bが債権 b の状態に関する問い合わせをしても，A から G による物上代位に関する情報を得ることができません。

　動産先取特権が公示されないことと，差押えがされていないので第三債務者

---

note ───●

[8] 発展 より正確に言いますと，[7]でも説明したように，Gが物上代位のための差押えを申し立てると，第三債務者 A には，裁判所から差押命令が送達されているので，その文書を通じて，A は G が物上代位をしようとしていることを知っています。

Aに問い合わせをしていたとしても先取特権者Gによる物上代位に関する情報を得られないことからすると，Bが債権bを譲り受け，その債権の譲渡について対抗要件を備えた後[9]には，Gが物上代位をすることを認めるべきではありません。これを認めてしまうと，Bが債権bを確実に譲り受けたつもりでいたところ，後になって，Gが債権bをBから取り上げることを許すことになり，Bの期待を大きく害することになります。

(2) 第三者②：差押債権者

(1)で説明しましたように，物上代位のための差押えがあると，第三債務者Aからの情報提供によって第三者Bは予想外の損害を受けずにすむようになります。このことから，差押えには第三者を保護する働きがあるといえます。

では，第三者が差押債権者であった場合も，第三者が債権の譲受人であった場合（⇒CASE 4-5）と同じように，物上代位のための差押えの前と後のどちらに差押債権者が登場したかに応じて物上代位を認めるかどうかの判断をすればよいのでしょうか。

CASE 4-4のように，一般債権者Bが債権bを差し押さえた後，先取特権者Gが債権bに物上代位をしようとしたとします。Bが差押えをする前にあらかじめ第三債務者Aに債権bの状態に関する問い合わせをしたとしても，その時点ではGによる物上代位のための差押えがされていないので，Aから物上代位に関する情報を得ることはできません。それなのに，その後Gが物上代位をし，Bに優先して債権bから弁済を受けられるとすれば，Bは，予想外の損害を受けるように思えます。

もっとも，債権の差押えは，失敗に終わること（俗に「空振り」といわれます）がごく一般的です。Bは，債権cから債権を回収することができなくなったとしても，債務者Sのほかの財産について新たに差押えをして，それから債権の回収を目指せばよいのです。このように，差押えをしただけの一般債権者Bは，保護する必要性が大きくありません。このため，差押債権者Bが登場した後であっても，先取特権者が物上代位をすることを認めてもよいと考えられています。

note

[9] 説明 CASE 4-5でいうと，内容証明郵便によるAへの通知がSからBへの債権譲渡の対抗要件となります。対抗要件について，詳しくは第14章 2 2を参照してください。

2 抵当権

次に，抵当権にもとづく物上代位に関する問題を説明します。

動産先取特権にもとづく物上代位をするための差押えの働きには，①対象となる債権の特定性を保持し，物上代位権の効力を保つこと，②第三債務者を保護すること，③第三者を保護することの３つがありました。

抵当権にもとづく物上代位をするための差押えにも，①と②の働きがあります。差押えがされるから，①混入が防がれ，抵当権者が物上代位をしようとする債権の特定性が保持され，この結果，物上代位権の効力が保たれますし，また，②抵当権者が物上代位をしようとしているため，債務者（抵当不動産の所有者）ではなく，抵当権者にお金を支払う必要があるという情報を第三債務者が得ることができます。問題となるのは③です。抵当権にもとづく物上代位のための差押えにも第三者を保護する働きがあると考える必要があるでしょうか。

登記による第三者の保護

動産先取特権は公示されませんでした。これに対して，抵当権が設定されると，このことが登記によって公示されます。⇒第3章1②この違いが，動産先取特権と抵当権とで，物上代位をするための差押えの働きの違いにつながります。

(1) 抵当権の設定登記後に一般債権者が差押えをした場合

抵当権の設定登記がされた後に差押債権者が登場した場合から考えてみましょう。

CASE4-6

Gは，Sに対してもつ債権aの担保として，Sが所有する甲建物に抵当権の設定を受け，その登記を済ませました。その後，Sは，甲建物をAに賃貸しました。それからしばらくして，Sに対して債権bをもつ一般債権者Bが，SのAに対する賃料債権（債権c）を差し押さえてしまいました。この場合において，Gは，債権cに物上代位をすることができるでしょうか。

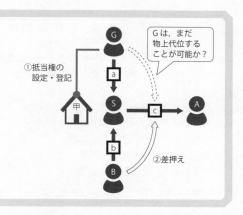

①抵当権の設定・登記

Gは，まだ物上代位することが可能か？

②差押え

CASE **4-6** の一般債権者Bは，甲建物に関連する債権である賃料債権（債権c）を差し押さえようとしたとき，甲建物の登記を事前に調査し，甲建物に抵当権が設定されていることを知ることができました。つまり，Bは，Gの抵当権が設定されていて，これから自分が差し押さえようとしている債権cに抵当権の効力が及んでいること，したがって，Gが物上代位をしてくる可能性があることを知ることができたのです。

Bがそのような可能性を承知の上であえて債権cを差し押さえたり，登記の調査をしなかったためにその可能性を知らずに債権cを差し押さえたりしたというのであれば，Gが物上代位をしたことによってBが不利益を受けたとしても，それは自業自得の結果でしょう。Bを保護する必要はないので，Gによる物上代位を認めて問題ありません。

(2) 抵当権の設定登記前に一般債権者が差押えをしていた場合

CASE **4-6** とは異なり，一般債権者Bが債権cを差し押さえた後にGが抵当権の設定登記を受けた場合はどうでしょうか。

Bが甲建物に関する登記を調査した時点では，抵当権の登記が存在しなかったわけですから，Bは，抵当権者が物上代位をしてくる可能性を想定することのないまま，甲建物に関する債権cを差し押さえたはずです。そのような場合にまで，後に抵当権の設定登記を備えたGが物上代位をすることができるとすると，Bに予想外の損害が生じてしまいます。したがって，Gによる物上代位を認めることはできません。

(3) 債権の譲受人が登場した場合

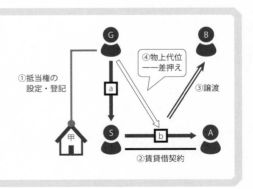

CASE 4-7

Gは，Sに対してもつ債権aの担保として，Sが所有する甲建物に抵当権の設定を受け，その登記を済ませました。その後，Sは，甲建物をAに賃貸しました。さらに，Sは，それによる賃料債権（債権b）をBに譲渡しました。この場合においても，Gは，債権bについて物上代位をすることができるでしょうか。

債権の譲受人と抵当権者の関係も，差押債権者と抵当権者の関係と同じように考えることができます。CASE 4-7 のように，抵当権の設定登記がされた後に B が債権を譲り受けたときは，抵当権者 G は，その債権に物上代位をすることができます。これとは反対に，抵当権の設定登記がされるよりも前に B が債権を譲り受けていたというのであれば，抵当権者 G はその債権に物上代位をすることができません。

▎抵当権にもとづく物上代位のための差押えの働き

　動産先取特権にもとづく物上代位のための差押えには，第三者を保護する働きがありました。このため，第三者が登場したのが物上代位のための差押えよりも前か後かが，先取特権者が物上代位をすることができるかどうかを判断するための重要なポイントとなりました。

　しかし，ここまで説明してきたように，抵当権にもとづく物上代位がされるときは，差押えではなく，登記が第三者を保護する働きをします。このため，第三者が登場したのが，物上代位のための差押えよりも前か後かではなく，抵当権の設定登記よりも前か後かが，抵当権者による物上代位を認めることができるかどうかを判断するための重要なポイントとなります。

　このように，抵当権にもとづく物上代位のための差押えには，第三者を保護する働きは認められません。その働きには，特定性を保持して物上代位権の効力を保つことと，第三債務者を保護することのみがあると考えることになります[10]。

note

[10] **説明**　本文でここまで説明してきた考え方を明らかにした判例は，差押えの働きとして，第三債務者の保護を強調しました（最判平成 10 年 1 月 30 日民集 52 巻 1 号 1 頁）。このことから，判例の考え方は，第三債務者保護説と呼ばれています。

	動産売買先取特権にもとづく物上代位の可否	抵当権にもとづく物上代位の可否
vs. 差押債権者	差押債権者の登場後 ：可	差押債権者の登場後に抵当権設定登記 ：不可
	差押債権者の登場前 ：可	差押債権者の登場前に抵当権設定登記 ：可
vs. 債権の譲受人	債権譲受人の登場後 ：不可	債権譲受人の登場後に抵当権設定登記 ：不可
	債権譲受人の登場前 ：可	債権譲受人の登場前に抵当権設定登記 ：可

POINT

1. 物上代位には，先取特権者や抵当権者が優先弁済を受ける機会を増やす働きがあります。

2. 物上代位の対象は損害賠償請求権といった債権であり，先取特権者や抵当権者はその債権を差し押さえて，民事執行法が定める債権に関する執行手続に従い，その債権から優先弁済を受けます。

3. 被担保債権の不履行後であれば，抵当権者は，賃料債権に物上代位をすることができます。

4. 先取特権にもとづく物上代位のための差押えには，3つの趣旨があるとされます。第1は，物上代位の対象となる債権の特定性を保持し，これにより，物上代位権の効力を保つことです。第2は，物上代位の対象となる債権の弁済をした第三債務者が予想していなかった損害を受けることを防ぐことです。第3は，債権の譲受人といった第三者が予想していなかった損害を受けることを防ぐことです。

5. 抵当権にもとづく物上代位がされるときは，差押えではなく，登記が第三者を保護する働きをします。差押えには，第三者を保護する働きは認められません。その働きには，特定性を保持して物上代位権の効力を保つことと，第三債務者を保護することのみがあると考えることになります。

抵当権の実行前の効力①
──抵当権と第三取得者・抵当権と賃借人

INTRODUCTION

　第**3**章と第**4**章では，抵当権の効力が及ぶ範囲について学びました。続いて，第**5**章，第**6**章，そして第**7**章で，抵当権の実行前の効力がどのようなものかを学びます。

　この章で取り上げるのは，不動産に抵当権が設定されたあと，抵当権設定者がその不動産を売ったり貸したりした場面です。抵当不動産を買った人や借りた人との関係で，抵当権がどのような効力をもつのかを学んでいきましょう。

抵当権と第三取得者

　最初に学ぶのは，抵当権設定者が，誰かに抵当不動産を譲り渡した場合です。抵当不動産を譲り受けた人のことを「第三取得者」といいますが，第三取得者との関係で，抵当権はどのような効力をもつのでしょうか。

抵当権と賃借人

　次に，抵当権設定者が，誰かに抵当不動産を貸した場合についてみていきます。抵当権設定者は，抵当不動産を貸すことができるのでしょうか。また，抵当不動産を借りた人の立場に立ってみると，その不動産を使い続けることができるかどうかは，とても重要な問題です。最後に，この問題についても学びましょう。

1 抵当権と第三取得者

1 抵当権の追及効 ●

抵当不動産を売ることはできるか？

まず，抵当権と第三取得者との関係について学びましょう。以下の CASE 5-1 をみてください。

> **CASE 5-1**
>
> Sは，G銀行からお金を借り，Sが所有する甲建物に抵当権を設定し，登記をしました。ところが，その後，Sは海外に転勤することになり，甲建物を売りたいと思っています。そのとき，ちょうど友人Aが，甲建物を気に入って買いたいと言い出しました。

このような場面で，Sは，Aに甲建物を売ることができるでしょうか。

甲建物にはG銀行のために抵当権が設定されていますが，あくまで甲建物の所有者はSです。所有者は，みずからが所有する物を自由に処分する（売る）ことができます（206条）。そして，抵当権者は，抵当権を実行する際に抵当不動産を競売にかけることはできますが，実行前の段階で，所有者が抵当不動産を売るのを止めるような権限をもっているわけではありません。したがって，Sは，Aに甲建物を売ることができます（⇒図 5-1）。

抵当不動産を売ったらどうなるか？

(1) 第三取得者

次に，SがAに甲建物を売って，Aが新たな所有者となった場面を考えてみましょう。なお，Aのように，抵当権の設定された不動産を譲り受けた者を，第三取得者と呼びます。Aは，3番目の取得者というわけではありませんが，抵当権者と抵当権設定者との関係からみると「第三者」に当たるので，第三取得者といわれるのです。

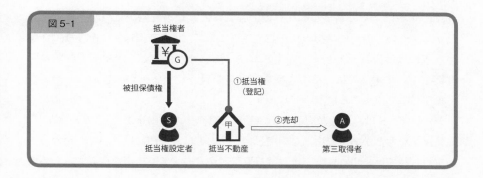

図 5-1

抵当権者

①抵当権
（登記）

被担保債権

②売却

抵当権設定者　抵当不動産　　　　第三取得者

（2）　抵当権のゆくえ

　では，このとき，Ｇの抵当権はどうなるでしょうか。消えてなくなってしまうのでしょうか。

　そんなことはありません。抵当権の設定が登記されていれば，抵当権者（Ｇ）は，抵当権を第三者に対抗することができます（177 条）。つまり，第三取得者であるＡに対しても，抵当権を対抗することができるのです。

　したがって，Ａが甲建物の所有者となっても，抵当権はそのままです。そして，抵当不動産をＡに売却したとしても，ＳがＧ銀行からお金を借りていることに変わりはなく，抵当権の被担保債権もそのまま存在しています。もし，Ｓが借りたお金（被担保債権）の弁済を怠れば，Ｇは，抵当権を実行し，Ａが所有する甲建物を競売してお金に換え，そこから弁済を受けることができるのです。

　このように，抵当不動産が売却されたとしても，抵当権が消滅せずに存続することを，抵当権の追及効と呼びます[1]。追及効があることによって，抵当権者は抵当不動産が売却されたとしても安心していられることから，追及効は，とても大事な抵当権の効力の１つです。

2　第三取得者の立場

　以上で学んだように，抵当権には追及効があることから，抵当権者は安心していられるのですが，このことを第三取得者の側から見たらどうでしょうか。

note

[1] 用語　物権の目的物が譲渡されても，物権が消滅せず，譲受人との関係でも存続することを「追及効」といいます。追及効は，様々な物権に共通する効力です。

Ａの立場に立ってみましょう。とても気に入った不動産が見つかりました。しかし，その不動産には抵当権が設定されていて，Ｓが被担保債権を弁済できないときには競売されてしまうかもしれません。そうすると，Ａは，不動産の所有権を失います。Ａは，そのような不動産を買うでしょうか。普通は，そんな不動産に手を出すことはないでしょう。

とはいえ，Ｓは，不動産を売りたいし，Ａは，その不動産がほしいのです。この状況をなんとかする方法はないでしょうか。実は，民法には，いくつかの方法が定められています。以下では，第三取得者が安心して不動産を取得するための方法を学びます。

3 第三者弁済・任意売却

第三者弁済

第三取得者Ａが安心して不動産を取得するための最も簡単な方法は，Ａが，債務者であるＳに代わって被担保債権を弁済してしまうことです。具体的に考えてみましょう。

CASE 5-2
CASE 5-1では，Ｓの借りたお金が 6000 万円，甲建物の価値が 1 億円[2]でした。

(1) 被担保債権の弁済による抵当権の消滅

このとき，ＡがＧに対して 6000 万円を支払って，被担保債権が弁済により消滅すれば，抵当権は担保しなくてはならないものを失って消滅します。このように被担保債権の消滅にともなって抵当権も消滅することを付従性といいます。

⇒第 2 章 3 1

(2) 第三者弁済とは

では，債務者ではないＡが債務を弁済することができるのでしょうか。民法は，第三者も弁済することができると定めています（474 条）。これを第三者弁済といいます[3]。したがって，Ａは，自分が債務者でなくても，被担保債権を弁済

---

note

[2] **説明** CASE 5-2では，甲建物それ自体の価値が 1 億円であるという設定になっています。実際のところ，抵当権が設定された不動産はそのぶん値段が下がりますが，ここでは，この後に説明するように，抵当権を消滅させた上で甲建物を取得することが前提になっているので，抵当権の負担がない甲建物の価値を設定しています。

することができます。

(3) 第三者弁済の後処理

そして，Aは，Sの債務を代わりに弁済したので，Sに対して，その分のお金を支払うよう求めることができます（この権利を「求償権」といいます）。

反対に，Aは，Sから抵当不動産（甲建物）を買うわけですから，Sに対して，その抵当不動産の代金を支払わなくてはなりません。

そこで，Aとしては，求償権と売買代金債権とを相殺すれば（505条）[4]，お金の流れが簡単になりますし，Sから6000万円を取り損なうこともないでしょう。家の値段が1億円なので，Aは，Gに支払った6000万円を相殺して，残りの4000万円をSに支払えばよいことになります。

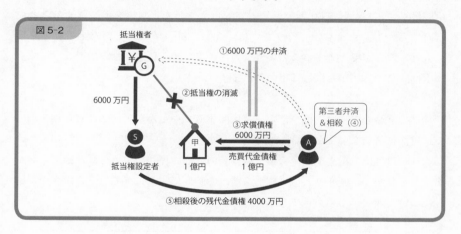

図5-2

抵当権者

①6000万円の弁済

6000万円

②抵当権の消滅

S

抵当権設定者

甲
1億円

③求償債権
6000万円

売買代金債権
1億円

第三者弁済
＆相殺（④）

A

⑤相殺後の残代金債権4000万円

任意売却

(1) 第三者弁済の弱点

第三者弁済をすれば，Aは，抵当権の負担のない不動産を買うことができます。しかし，この方法には，弱点があります。次のような場面はどうでしょうか。

note ─────────────────────────────────●

[3] 説明 第三者弁済について，詳しくは，4巻第13章を参照してください。

[4] 用語 相殺も，債権総論で勉強する制度です。簡単にいえば，以下のようなものです。太郎さんが花子さんから1万円を借りていたとしましょう。反対に，花子さんも太郎さんから1万円借りていたとしましょう。このとき，お互いに1万円を払い合うのではなく，「相殺します」という意思表示で，それぞれの1万円の債権を消滅させるのが相殺です。お金の流れが簡単になるという役割をもつ制度です。詳しくは，4巻第14章を参照してください。

　CASE 5-1 で，S の借りたお金が 6000 万円，甲建物の価値は 5000 万円でした。

　5000 万円の不動産を手に入れるために，被担保債権額の 6000 万円を支払う人はいないでしょう[5]。つまり，第三者弁済は，被担保債権額が不動産価値を上回る場合には使われないのです。

(2) 任意売却とは

　このような場面に使える方法としては，G・S・A の三者で合意をするというやり方があります。たとえ抵当権を実行して不動産を競売にかけたとしても，不動産の売却価格（競売で売れた場合の代金額）が 5000 万円以上にならないとすれば[6]，G は，A から 5000 万円を払ってもらうことで抵当権を消滅させることに合意するかもしれません。そうなれば，A は，抵当権の負担のない不動産を手に入れることができます。このような方法のことを，任意売却と呼びます[7]。実務上は，この方法がしばしば用いられます。

⇒第 10 章 1

　以上の 2 つの方法は，抵当権の消滅に関するルールから当然に認められるもので，民法に特別な条文があるわけではありません。

　これら以外に，抵当不動産の第三取得者のために民法に定められた制度もあります。それが，代価弁済と抵当権消滅請求の制度です。以下では，この 2 つの制度について順に学んでいきましょう。

---

note

[5] **説明** 仮に A が被担保債権 6000 万円の第三者弁済をしたとすれば，A は，S に対して 6000 万円の求償債権をもつことになります。求償債権と甲建物の売買代金債権 5000 万円とを相殺すると，その後は，A が S に対して，求償債権 1000 万円をもつことになります。この 1000 万円の求償債権のためには担保権が設定されていないので，S がそれを弁済するだけの財産をもっていない場合には，A は 1000 万円の損をしてしまうかもしれません。そのため，実際上，5000 万円の不動産のために 6000 万円の第三者弁済をする人はいないのです。

[6] **説明** 抵当権実行としての競売を行った場合，売却代金が，普通の売買よりも下がってしまうことがしばしばあります。手続が面倒で，抵当不動産の状況に不安があるからです（民事執行法に定められた内覧制度によらなければ建物の内部を確認することができない，占有者が立退きをこばむことがある等）。競売される不動産を通常の値段で買おうとする人が現れないため，値段を安くすることによって，「安いならリスクがあっても買おう」と思う人に，不動産を買ってもらうのです。このように，不動産が通常よりも安い値段で競売されることを指して，競売減価といいます。

[7] **用語** 「任意」とは人の自由意思に任せることをいいます。この場面では，債務者の意に反して，不動産を強制的に売却するわけではなく，債務者も納得した上で，合意により不動産を第三者に売却するので，このような売却方法を「任意売却」と呼びます。

4　代価弁済

代価弁済とは

　第1の制度は，代価弁済です（378条）。この制度の特徴は，抵当権者の側から働きかける点にあります（先ほど説明した第三者弁済では，第三取得者の側から働きかけて被担保債権の弁済を行います）。

　まず，抵当権設定者と第三取得者との間で，売買契約が締結されます。これをみた抵当権者が，第三取得者に対して，売買代金を自分に払うように請求をします。そして，第三取得者が，この請求に応じて抵当権者に代金を支払えば，抵当権が消滅します（売買代金は抵当権者に支払われるので，抵当権設定者は代金を受け取ることはできません）。これによって，第三取得者は，抵当権の負担のない不動産を取得することができます。

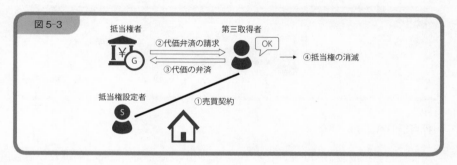

図 5-3

代価弁済の意義

　ただし，代価弁済の制度は，ほとんど使われません。というのも，抵当権者が代価弁済を請求する，つまり，抵当権を消してもよいと思えるのは，不動産の売買代金の額が，抵当不動産を競売にかけたときに手に入る金額に見合っている場合でしょう。しかし，抵当権が付いた不動産の値段は，被担保債権のぶんだけ，実際の価値よりも低くなってしまうため，売買代金が抵当権者の納得する金額になることはないのです。

5 抵当権消滅請求

抵当権消滅請求とは

　第2の制度は，抵当権消滅請求です（379条）。この制度の特徴は，第三取得者の側から働きかけるところにあります。

　まず，第三取得者が，抵当権者に対して，「○○円を払うから抵当権を消してほしい」と請求します（383条）。抵当権者が，この金額に納得して承諾すれば，第三取得者がその金額を支払うことで抵当権が消滅します（386条）。

　反対に，抵当権者が，金額に納得しない場合には，抵当権者は抵当権の実行（競売）を行わなくてはなりません（384条1号）。この場合には，買受人が現れば，買受人が抵当不動産を取得し，抵当権が消滅します。第三取得者は抵当不動産の所有権を失うことになります。

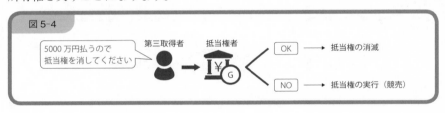

図 5-4

抵当権消滅請求の意義

　実際に抵当権消滅請求が使われるのは，抵当不動産を売った際に手に入る金額（価額）が被担保債権の額より低い場面です。以下の表をみてください。

	被担保債権の額	抵当不動産の価額	
①	6000万円	1億円	⇒ 第三者弁済
②	6000万円	5000万円	⇒ 抵当権消滅請求

(1) 抵当不動産の価額が被担保債権額を上回る場合

　表の①の場面で，第三者が抵当不動産を取得したいと思う場合には，**3**で学んだ第三者弁済をすれば十分です。第三取得者は，抵当権者に6000万円を支払って，抵当権を消滅させた上で，抵当不動産を取得することができます。

（2） 抵当不動産の価額が被担保債権を下回る場合

これに対して，②の場面では，第三取得者は第三者弁済をしようとは思わないでしょう。5000万円の不動産のために6000万円を払う人はいないからです。

このような場面での第三取得者に使われやすいのが，抵当権消滅請求です。②の場面で，第三取得者が，抵当権者に対して「5000万円（またはそれより低い金額）を支払うので抵当権を消滅させてほしい」と請求します。抵当権者が承諾すれば，第三取得者としては，5000万円（またはそれより低い金額）を支払うことにより，6000万円の被担保債権を担保していた抵当権を消すことができるのです。

これに対して，抵当権者は，第三取得者からの申出額を承諾しない場合には，抵当権を実行しなくてはなりません。②の場面で抵当権を実行すると，抵当不動産は，5000万円を下回る額で売却されることになるでしょう（競売減価）。^{⇒note[6]}

いずれにせよ，被担保債権に満たない金額しか手に入らないまま抵当権が消えてしまうので，抵当権消滅請求は，抵当権者にとって厳しいものです。

抵当権消滅請求と抵当権の不可分性

（1） 不可分性の原則

抵当権には，不可分性という性質があります。^{⇒第2章5 3}不可分性とは，原則として，被担保債権が全額支払われない限りは，抵当権も抵当不動産全体について及び続けるという性質です（372条，296条）[8]。ところが，抵当権消滅請求によれば，被担保債権が全額支払われるわけでもないのに，抵当権が消えてしまいます。抵当権消滅請求は，不可分性に反するようにも思われます。

（2） 抵当権消滅請求の役割

（a） 抵当権消滅請求がなかったら？　　では，なぜ，第三取得者にこのような請求が認められているのでしょうか。このことを知るために，抵当権消滅請求がなかったらどうなるかを考えてみてください。

たしかに，抵当権者（G銀行）は，自分の意に反して，抵当権を消されてしまうことはありません。被担保債権の弁済期が過ぎたあと，好きなタイミングで抵

---

note ―――●

[8] **説明**　6000万円の債権を担保するために5000万円の不動産に抵当権が設定されていたという表の②の場面を例にすれば，債務者が5000万円を弁済したからといって抵当権が一部消滅するわけではなく，残り1000万円の被担保債権のために，抵当権の効力は不動産全体に及び続けるということです。

当権を実行する（抵当不動産を競売にかける）ことができます。

　ところが，そうであるとすれば，そんな不動産を買う第三取得者は登場しそうにありません。⇒本章1**2**　せっかくSの不動産を気に入ったAがいるのに，Sは，不動産を売ることはできないでしょう。Sとしては，不動産が必要でなくなった場合でも，その不動産を，所有し続けなくてはならないのです。これでは，Sも困りますし，不動産の有効活用という観点からみても，もったいないことです。

　(b)　**抵当権消滅請求があると……**　　ここで，抵当権消滅請求があれば，このような状態を解消し，SはAに不動産を売ることができるようになります。つまり，不動産の流通が促進され，不動産を有効に活用することができます。

　抵当権消滅請求制度は，不可分性に反していて許されないと思われるかもしれませんが，不可分性は，あくまで原則で，例外が認められないものではありません。不動産の流通促進・有効活用という目的のために，不可分性の例外が認められたのが，抵当権消滅請求制度なのです。

2　抵当権と賃借人

1　抵当不動産の賃貸借

抵当不動産を貸すことはできるか？

　次に，抵当権と抵当不動産の賃借人との関係について学びます。

　そもそも，抵当権の設定された不動産を誰かに貸すことはできるのでしょうか。まずは，CASE **5-4** を考えてみましょう。

CASE 5-4

　Sは，G銀行からお金を借り，Sが所有する甲建物に抵当権を設定し，登記をしました。その時は，Sが甲建物に住んでいたのですが，その後，Sは海外に転勤することになり，甲建物を友人Aに賃貸したいと考えています。

抵当権者

①抵当権
（登記）

被担保債権

S
抵当権設定者

甲
抵当不動産

②賃貸

A
賃借人

CASE 5-4 のような場面で，抵当権が設定されている不動産（抵当不動産）を貸すことはできるでしょうか。

第2章14で学んだように，抵当権は，非占有担保です。つまり，抵当不動産の所有者は，不動産を使用・収益することができるのが原則です。抵当不動産を賃貸して，その賃料を得ることは，抵当不動産を収益することですから，抵当不動産の所有者は，原則として，抵当不動産を賃貸することができます。CASE 5-4 に当てはめて考えれば，Ｓは，Ａに甲建物を貸すことができます⑨。

抵当権の実行前の賃借人の立場

CASE 5-5

CASE 5-4 で，Ｓから甲建物を借りたＡは，無職でお金がなく，Ｓに対する毎月の賃料の支払も遅れがちでした。Ｓが手にするはずのお金がきちんと入ってこないことから，Ｓが借金を返してくれるか不安に思ったＧ銀行は，Ａに出て行ってほしいと思うようになりました。では，Ｇ銀行は，Ａを甲不動産から追い出すことができるでしょうか。

前の項目で学んだように，抵当権が設定されていたとしても，抵当権設定者は，抵当不動産を使用・収益することができます。使用・収益の1つとして，抵当権設定者は，抵当不動産を誰かに賃貸することもできますし（賃貸借），ただで貸すこともできます（使用貸借）。抵当権者は，これに口出しできないのが原則です。

ですから，CASE 5-5 のように，抵当権者Ｇ銀行が不安をもっていたとしても，Ａを追い出すことはできません。反対からいえば，賃借人Ａは，抵当不動産に住み続けることができます⑩。

---

note

⑨ 発展　ただし，抵当権者（Ｇ銀行）と抵当権設定者（Ｓ）との間で結ばれた抵当権設定契約の中で，「抵当不動産を無断で他人に貸すことはできない」という定めが置かれていることもあります。このような定めがある場合に，それに違反して，抵当権者（Ｇ銀行）に無断で賃貸借契約を締結すると，抵当権設定者（Ｓ）は契約違反をしていることになります。この場合，抵当権設定契約の内容によっては，分割払だった被担保債権の弁済期が一気に到来して，抵当権設定者（Ｓ）がとても苦しい立場（すぐに被担保債権全額を支払わなくてはならない立場）に陥ることもあります。

⑩ 説明　ただし，第6章で学ぶことになるのですが，賃借人による抵当不動産の占有が抵当権侵害となる場合には，賃借人が不動産を明け渡さなくてはならないこともあります（⇒第6章3 3）。

2　抵当権の実行と賃貸借 ————————————————●

　以上のように，抵当権が実行される前の段階では，賃借人は，原則として抵当不動産を使い続けることができます。しかし，抵当権が実行される段階になると，賃借人の立場に変化が生じます。賃借人の立場には，以下のように2つのタイプがあります。

▌抵当権者に対抗できない賃貸借 ▌

(1)　賃貸借を抵当権者に対抗できない場合

　1つめは，CASE 5-4 のような賃貸借です。CASE 5-4 では，抵当権が設定され登記がされた後に，賃貸借契約が締結されています。このように，抵当権の設定登記より後にされた賃貸借は，抵当権者に対抗できない賃貸借です。

　また，抵当権設定登記より先に行われていたけれども，民法605条や借地借家法10条1項・31条1項に定められた対抗要件を備えていなかったり，対抗要件を備えるのが抵当権設定登記の後になったりした賃貸借も，抵当権者に対抗できない賃貸借です。

(2)　「対抗できない」とは？

　では，抵当権に対抗できない賃貸借はどうなるのでしょうか。CASE 5-4 のように，抵当権が設定された後に，賃貸借契約が締結されたという場面で，その後，抵当権の実行として抵当不動産が競売された場合を考えてみましょう。

　ここでの賃貸借は，抵当権に対抗できない賃貸借です。したがって，抵当権者は，「賃借人のいない不動産」として甲建物を競売にかけることができます。つまり，賃借人は，競売の買受人に対して，賃借権を主張することができません。

▌抵当権者に対抗できる賃貸借 ▌

(1)　賃貸借を抵当権者に対抗できる場合

　2つめは，CASE 5-4 とは異なり，先に賃貸借契約が締結され対抗要件が備えられた後に，抵当権が設定され登記がされた場合です。この賃貸借は，抵当権者に対抗できる賃貸借です。CASE 5-6 をみてみましょう。

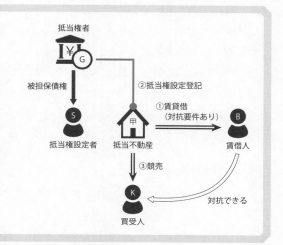

CASE 5-6

Bは，Sから甲建物を賃借し，引渡しを受けて，そこに住み続けていました。その後，Sは，G銀行からお金を借り，G銀行のために甲建物に抵当権を設定し，登記をしました。SがG銀行から借りたお金を返すことができなかったため，G銀行は，抵当権の実行として甲建物を競売にかけ，Kが甲建物を買い受けました。

抵当権者

被担保債権

②抵当権設定登記

①賃貸借
（対抗要件あり）

S
抵当権設定者

甲
抵当不動産

B
賃借人

③競売

K
買受人

対抗できる

CASE 5-6において，甲建物にG銀行の抵当権が設定されたときには，すでに，賃借人Bが建物の引渡しを受けています。借地借家法31条1項によれば，建物の賃貸借は，その登記がなくても，建物の引渡しがあったときは，対抗要件を備えたことになります。したがって，Bの賃貸借は，抵当権者G銀行に対して，対抗できる賃貸借です。

(2) 「対抗できる」とは？

このような場面では，G銀行は，甲建物にBという賃借人がいることを覚悟した上で，抵当権の設定を受けました。違う言い方をすれば，G銀行は，「賃借人がいる不動産」である甲建物を担保にとったということです。

そのため，抵当権を実行して甲建物をお金に換える段階でも，甲建物は「賃借人がいる不動産」として評価され，売却されることになります。CASE 5-6に当てはめていえば，甲建物は，賃借人Bがいることを前提として競売にかけられるので，その買受人であるKに対しても，Bは賃借権を主張することができます。このことを，買受人による賃借権の引受けといい，買受人が新たな賃貸人となります。つまり，抵当権の実行としての競売が行われたあとも，賃借人Bは，甲建物を使い続けることができるのです。

3 賃借人保護の制度

2で学んだように，抵当権者に対抗できない賃貸借における賃借人は，抵当不

動産が競売されると，その買受人に対して自らの賃借権を主張できなくなってしまいます。したがって，買受人から不動産の明渡しを求められれば，出ていかなくてはならないのが原則です。

しかし，不動産の賃借人にとって，これまで使い続けてきた不動産をすぐに明け渡すのが難しいことも少なくありません。たとえば，代わりの不動産を見つけて，引っ越しするのに時間がかかる，といった事情が考えられます。

このような賃借人を保護するために，民法には2つの制度が定められています。

建物の明渡猶予

1つは，建物の明渡猶予の制度です。抵当権者に対抗できない建物の賃貸借の賃借人のうち，抵当権の実行手続が始まる前から建物を使用・収益していた者は，買受人が建物を買い受けた時から6か月間は，その建物を使い続けることができます（395条1項）。この制度には，2つのポイントがあります。

(1) 明渡猶予が認められる賃借人

第1のポイントは，この制度によって保護される賃借人は，建物の賃借人に限られていることです。反対からいうと，土地の賃借人は保護されません。

なぜなら，建物を所有するために土地を借りている人にとって，6か月という短期間だけ明渡しを猶予されてもあまり意味がないからです。また，実際，抵当権が設定された土地を借りる人がほとんどいないことも理由の1つです。

(2) 対抗できる賃貸借との違い

第2のポイントは，2で学んだように，抵当権者に対抗できない賃貸借は，抵当不動産の競売における買受人に引き受けられないという点です。つまり，抵当不動産の競売のあと，もとの賃貸借契約が続くわけではありません。あくまで，民法の定めによって明渡しを猶予されているだけなのです。そのため，もとの賃借人は，もはや賃借人ではなく，「建物使用者」と呼ばれます。もちろん，建物使用者は，ただで建物を使い続けることができるわけではなく，買受人に対して建物の使用料を支払う必要があります。

抵当権者の同意の登記

もう1つは，抵当権者の同意の登記の制度です。

CASE 5-7

S会社は，不動産業を営んでおり，オフィスビル甲建物を所有しています。S会社は，G銀行からお金を借り，G銀行のために甲建物に抵当権を設定し，登記をしました。その後，大手企業B会社が甲建物に支店を置くことになり，Sと賃貸借契約を締結して甲建物に入居しました。B会社は，毎月，高額の賃料をきちんと支払っています。

(1) 収益物件とは

この CASE 5-7 に登場するオフィスビルのような不動産を「収益物件」と呼ぶことがあります。収益物件とは，所有者みずからが不動産を使用するわけではなく，他人に賃貸して収益を上げることが期待される不動産です。

収益物件である不動産は，賃借人がいないよりも，CASE 5-7 のようにきちんと賃料を払ってくれる賃借人がいるほうが高く売れます。つまり，収益物件に抵当権が設定されていて，その抵当権が実行される場面でも，賃借人が使い続けて賃料を払い続けてくれるという期待があるほうが，抵当不動産が高く売却できるのです。

(2) 抵当権者の同意の意義

CASE 5-7 では，抵当権設定登記のあとに賃貸借契約が締結されているので，この賃貸借は，抵当権者に対抗できないものです。しかし，上で説明したような事情があるため，CASE 5-7 のG銀行は，抵当権が実行されたとしても，賃貸借が継続することを望むでしょう。このような抵当権者の意思を尊重しつつ，賃借人を保護するための制度が抵当権者の同意の登記の制度です。

抵当権者が賃貸借の継続に同意し，そのことが登記されていれば，抵当権が実行されたあとも，賃貸借を継続することができます。

(3) 賃貸借継続の要件

①賃借権の登記があること，②賃借権の登記の前に登記したすべての抵当権者の同意があること，③②の同意がすべて登記されていること，以上の3つの要件を満たした賃貸借は，抵当権者に対抗することができます（387条1項）。つまり，抵当権が実行されたとしても，賃貸借が抵当不動産の買受人に引き受けられ，買受人が新たな賃貸人となります。

CASE 5-7 についてみれば，①B会社が賃借権の登記をし，②G銀行が同意し，③その同意の登記を備えれば，B会社の賃貸借が抵当権者に対抗できるものとなり，抵当権が実行されたとしても，B会社は甲建物を使い続けることができます。

1 抵当不動産を譲り受けた者を第三取得者と呼びます。抵当権の設定が登記されていれば，抵当権者は，第三取得者に抵当権の設定を受けたことを対抗することができます。このような抵当権の効力を追及効といいます。

2 第三取得者は，抵当権者に対して，抵当権消滅請求をすることができます。第三取得者が一定の金額を申し出て，抵当権者が承諾しその金額を支払うと，抵当権が消滅します。反対に，抵当権者が承諾しない場合には，抵当権者は抵当権を実行しなくてはなりません。

3 抵当権が設定され登記がされる前に契約が締結され，対抗要件を備えた賃貸借は，抵当権者に対抗できる賃貸借です。抵当権者に対抗できる賃貸借の賃借人は，抵当権が実行され抵当不動産が競売されたあとも，その不動産を使い続けることができます。

4 抵当権が設定され登記がされた後に契約が締結された賃貸借は，抵当権者に対抗できない賃貸借です。また，抵当権設定登記より先に契約が締結されたけれども，民法 605 条や借地借家法 10 条 1 項・31 条 1 項に定められた対抗要件を備えていなかったり，対抗要件を備えるのが抵当権設定登記の後になったりした賃貸借も，抵当権者に対抗できない賃貸借です。

5 抵当権者に対抗できない賃貸借の賃借人は，抵当権の実行として抵当不動産が競売された場合，買受人に対して，賃借権を主張することができません。ただし，建物の賃借人は，買受人が建物を買い受けた時から 6 か月間は，建物を使い続けることができます（明渡猶予）。

6 抵当権設定登記の後に賃貸借契約が締結された場合であっても，①賃借権の登記があること，②賃借権の登記の前に登記したすべての抵当権者の同意があること，③②の同意がすべて登記されていること，以上の 3 つの要件を満たした賃貸借は，抵当権者に対抗することができます。

第6章

抵当権の実行前の効力②
——抵当権侵害

第5章では，抵当権の実行前の効力について学びましたが，この章でも，別の角度から，抵当権の実行前の効力について学んでいきます。

この章で学ぶのは，抵当権の目的物が壊されてしまったり，持ち去られてしまったりといったトラブルが生じたとき，抵当権者に何ができるかです。つまり，この章のテーマは，抵当権の侵害とそれに対する抵当権の効力です。

抵当権侵害にならない行為・なる行為

まずは，どのような行為が抵当権侵害に当たるのかを整理します。

物理的な抵当権侵害

次に，抵当権の目的物が壊されたり，持ち去られたりした場合について学びます。どのような行為が抵当権侵害なのか，そして，それに対して抵当権者は何ができるのかをみていきます。

占有による抵当権侵害

最後に，抵当不動産を占有することが抵当権侵害に当たる場合について学びます。このとき，抵当権者は，占有者に対して，どのような主張をすることができ

るのでしょうか。

1 抵当権侵害にならない行為・なる行為

1 抵当権侵害にならない行為 ────────────────●

▌抵当権の性質（復習）▌

　まず，抵当権の侵害とは一体どのようなものなのか考えてみましょう。ここで，最も重要なのは，抵当権の性質です。第 **2** 章で，抵当権は，非占有担保であることを学びました（369 条 1 項）。非占有担保というのは，抵当権者が，抵当不動産を占有するわけではないという意味です。反対からいえば，抵当権が設定されていたとしても，抵当不動産の所有者が，不動産を占有することができるのです。

　つまり，抵当不動産の所有者には，抵当不動産を使うことや，抵当不動産からの収益を得ることが認められています。そうである以上，その不動産の利用目的に従って通常の使用・収益をすることは，抵当権侵害にはなりません。具体例をみてみましょう。

▌通常の使用・収益▌

CASE 6-1

　S は，建築材料を生産するためのスギの林（甲土地）を所有しており，G 銀行のために，甲土地に抵当権を設定しました。その後，S は，収穫期を迎えたスギ 10 本を切り倒して，甲土地から運び出し，木材の加工会社に売りました。S の行為は抵当権侵害でしょうか。

　このケースを考えるために，まずは，第 **3** 章で学んだことを思い出してください。第 **3** 章では，抵当権の効力は，抵当不動産の付加一体物[1]に及ぶことを学

─── note ──────────────────────────────────●

[1] **用語** 付加一体物とは，抵当不動産に付合した物（242 条）や抵当不動産の従物（87 条）のことです（⇒第 **3** 章 **2** 2）。

びました（370条）。**CASE 6-1** に当てはめれば，甲土地に設定された抵当権の効力は，スギの木にも及びます。そうすると，Sの行為は，抵当権の効力が及んでいる目的物を不動産から切り離して運び出してしまう行為です。

しかし，先ほど説明したように，抵当不動産の所有者には，不動産を使用・収益することが認められています。**CASE 6-1** についてみると，ここでの抵当不動産は，建築材料を生産するための林です。このような林から収穫期を迎えたスギを切り出して売ることは，抵当不動産の利用目的に従って，通常の使用・収益をしているだけのことです。そのため，Sの行為は抵当権侵害ではありません。

2 抵当権侵害になる行為 ————————————————●

では，次の **CASE 6-2** はどうでしょうか。

> **CASE 6-2**
> Sは，G銀行のためにスギの林（甲土地）に抵当権を設定していましたが，愛犬がスギの花粉症になってしまったため，スギの木をすべて切り倒して運び出してしまいました。Sの行為は，抵当権侵害でしょうか。

スギの木が病気になってしまったといった特別の事情があれば別ですが，**CASE 6-2** のように木材を生産するための林の木を収穫期に関係なくすべて伐採^{ばっさい}するような行為は，通常の使用・収益の範囲内の行為とはいえず，土地の価値を下げてしまいます。このような行為は，抵当権侵害に当たります。

CASE 6-1 と **CASE 6-2** とは，Sが，抵当権の効力が及んでいる付加一体物を土地から切り離して運び出しているという点で共通です。しかし，土地の通常の使用・収益といえるかどうかという点で異なっています。これらのケースを通じて理解してほしいポイントは，抵当不動産の通常の使用・収益の範囲内の行為は，抵当権侵害ではなく，通常の使用・収益の範囲を超えて不動産の価値を下げるような行為は，抵当権侵害になるということです。

なお，何が「通常の使用・収益」なのかは，不動産が何に使われているか，どのような状態かなど，不動産を取り巻く様々な事情によって変わってきます。単純な基準があるわけではないので，具体的な場面に応じて考える必要があります。

以下では，いくつかの場面を取り上げて，何が抵当権侵害に当たるのか，そして，抵当権侵害に対して抵当権者は何ができるのかをみていきます。

2 物理的な抵当権侵害

1 抵当不動産の損壊

第1に，抵当不動産を傷つけたり壊したりする行為について検討しましょう。

抵当権侵害にならない場合

> **CASE 6-3**
> Sは，自宅（乙建物）にG銀行のための抵当権を設定しました。Sが乙建物で生活するうち，乙建物の壁紙が汚れたり，ベランダの手すりが錆びたりしてきました。Sの行為は抵当権侵害でしょうか。

CASE 6-3 のように，抵当不動産が建物である場合には，抵当不動産の所有者が使用・収益をする間に，建物が汚れてしまったり傷んでしまったりすることがあるでしょう。このような状態を指して「損耗」といいます。

損耗によって，たしかに抵当不動産の価値は下がってしまいます。しかし，先ほど説明したように，抵当不動産の所有者には，通常の使用・収益が認められています。したがって，通常の使用・収益によって，抵当不動産が損傷してしまうことがあったとしても（これを「通常損耗」といいます）それは抵当権侵害にはなりません。

抵当権侵害になる場合

反対に，通常の使用・収益とはいえないような行為によって，抵当不動産を損壊すれば，それは抵当権侵害になります。例えば，CASE 6-3 のSが，わざと建物を破壊してしまうといった行為は，抵当権侵害に当たります。抵当不動産の所有者ではない第三者が建物を破壊する場合も同様です。

抵当権者ができること

では，抵当権者は，抵当権を侵害した者に対して，どのような主張ができるのでしょうか。抵当権者は，物権的請求権を使って，侵害を排除することができる

のですが，まずは物権的請求権について簡単に紹介しておきましょう。物権的請求権について詳しくは，物権法の教科書で学んでください。

（1）**物権的請求権とは**

　物権的請求権とは，所有権をはじめとする物権がもつ効力の１つです。第**1**章で学んだように，物権とは，物を直接支配することができる権利です。そのため，物権をもつ者が，物の支配を妨げられた場合や妨げられるおそれがある場合には，物権にもとづいて，それを排除することができます。このような物権の効力のことを，物権的請求権といいます。

　物権的請求権には，３種類のものがあります。所有権が侵害される場合を例にしながら，３種類をみていきましょう。

（a）**返還請求権**　　１つめは，返還請求権です。例えば，Ａが所有する土地をＢが何の権利もないのに占有している場合に，ＡはＢに対して，出ていくよう（占有を返すよう）求めることができます。このように，占有の返還を求めることができる請求権を返還請求権といいます。

（b）**妨害排除請求権**　　２つめは，妨害排除請求権です。例えば，Ａが所有する土地にＢがいらなくなった自動車を放置し，Ａの土地の利用が妨げられているといった場面を思い浮かべてください。このとき，ＡはＢに対して自動車を撤去して妨害をやめるよう請求することができます。このように，占有以外の方法で物の支配が妨げられている場合に，その妨害の排除を求めることができる請求権を妨害排除請求権といいます。

（c）**妨害予防請求権**　　３つめは，妨害予防請求権です。これは，まだ妨害が起こっていない段階で使うことができるものです。例えば，Ａの土地の隣にあるＢの土地に生えている木が今にも倒れそうで，Ａの土地の利用が妨げられるおそれがあるときに，Ａは，Ｂに対して妨害の予防措置（例えば木を切ること）を求めることができます。これを妨害予防請求権といいます。

（2）**抵当権にもとづく物権的請求権**

　抵当権も物権の１つなので，抵当権者は，抵当権にもとづく物権的請求権を行使して，抵当権の侵害に対応することができます。

（a）**抵当権にもとづく返還請求権**　　抵当不動産の付加一体物を切り離し，運び出してしまうことによって，抵当権が侵害された場合には，抵当権者は，抵当権にもとづく返還請求権を行使して，その占有を取り返すことができます。

(b) **抵当権にもとづく妨害排除請求権**　抵当不動産を傷つけたり壊したりすることによって，抵当権を侵害する行為がある場合には，抵当権にもとづく妨害排除請求権を行使して，そのような行為をやめさせることができます。

(c) **抵当権にもとづく妨害予防請求権**　また，抵当権が侵害されるおそれがある場合には，妨害予防請求権を行使して，そのようなことが起こらないように予防措置を求めることができます。

2　抵当不動産からの分離・搬出

抵当権侵害になる場合・ならない場合

　第2に，抵当権の効力が及んでいる物を抵当不動産から分離し搬出する行為について学びます。「分離・搬出」とは，CASE 6-1 と 6-2 でみたように，抵当権の効力が及んでいる物を不動産から切り離し，運び出してしまうことをいいます。分離・搬出のうち，抵当不動産の通常の使用・収益の範囲内の行為は，抵当権侵害ではではありませんが，その範囲を超える行為は，抵当権侵害になることを学びました。

抵当権者ができること

　では，CASE 6-2 のように，通常の使用・収益の範囲を超えて，抵当権の効力が及ぶ物が分離・搬出されてしまう場合，抵当権者は何ができるのでしょうか。
　まず，「スギの木が切られそうだ！　運び出されてしまいそうだ！」ということが事前にわかったときには，抵当権者は，妨害予防請求権を行使して，そのような行為をやめさせることができます。
　また，すでにスギの木が分離・搬出されてしまった場合には，抵当権にもとづく返還請求権を行使して，スギの木を元の土地の上に戻すよう求めることができます（最判昭和57年3月12日民集36巻3号349頁）[2]。

note

[2]　**説明**　この判例は，工場抵当という特別な抵当権に関する判例です。工場抵当とは，工場の土地・建物やその付加一体物に加えて，工場に設置された機械や器具といった動産も含めて，工場全体に抵当権を設定するもので，民法ではなく，工場抵当法という特別法に定められています。判例では，工場に設置されたトラックスケール（大きな秤）が運び出されてしまった事件が扱われました。このように，この判例は，いささか特殊な事件についてのものなのですが，抵当権にもとづき，搬出物を元の場所に戻させることができると述べていて，このことは普通の抵当権にも当てはまると考えられています。

抵当権の効力が及ぶ範囲

次に，抵当権にもとづく返還請求権に関連して，もう一歩進んだ勉強をします。それは，CASE **6**-**1** や **6**-**2** で，G銀行の抵当権の効力は分離・搬出されたスギの木に及ぶのか，という問題です（図6-1参照）。というのも，第**3**章で学んだ370条によれば，抵当権の効力は抵当不動産の「付加一体物」に及ぶというのですから，付加一体物であったスギの木が抵当不動産から分離・搬出されてしまったときには，もはや付加一体物ではなくなっており，抵当権の効力が及ばなくなるようにも思われるからです。

この問題の答えは，単純ではありません。分離・搬出がどのようなものなのかによって，答えが変わってきます。

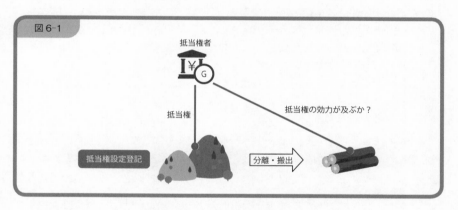

図6-1

抵当権者

G

抵当権

抵当権の効力が及ぶか？

抵当権設定登記

分離・搬出

(1) 通常の使用・収益の範囲内での分離・搬出

まず，CASE **6**-**1** のように，通常の使用・収益の範囲内で，スギの木（付加一体物）が分離・搬出された場合です。この場合には，スギの木に，抵当権の効力は及ばなくなります。

たしかに，抵当権を設定した時には，抵当不動産の付加一体物に抵当権の効力が及んでいました。そして，いったん抵当権が設定された物について，何の理由もなく抵当権が消滅することはないのが原則です。しかし，抵当不動産の所有者には，通常の使用・収益が認められているため，その範囲内で付加一体物を分離・搬出する場合には，その部分についての抵当権は消滅するのです。

(2) 通常の使用・収益の範囲を超えた分離・搬出

これに対して，CASE 6-2 のように，通常の使用・収益の範囲を超えて分離・搬出された物には，抵当権の効力が及び続けると考えられています。

抵当権の効力がスギの木に及んでいるからこそ，抵当権者 G 銀行は，抵当権にもとづく返還請求権を行使して，スギの木を元の場所に戻させることができるのです。このような効力によって，抵当権者は，抵当権侵害から守られています。

┃ 分離・搬出と第三者 ┃

ただし，抵当権の効力が及ぶことを抵当不動産の所有者ではない第三者に対しても主張できるかどうかは，別問題です。CASE 6-2 を発展させた次の CASE 6-4 を考えてみましょう。

> **CASE6-4**
> S は，G 銀行のためにスギの林（甲土地）に抵当権を設定していましたが，スギの木をすべて切り倒して運び出してしまいました。そして，運び出したスギの木のうち 10 本を第三者 A に売りました。

(1) 抵当権の追及効

CASE 6-4 を考えるために，忘れてはならないことがあります。それは，第 **5** 章で学んだように，抵当権の効力の及んでいる物が第三者に譲渡されたからといって，抵当権が消えるわけではないということです。このことを抵当権の追及効というのでした。⇒第5章11 CASE 6-4 にも，このことが当てはまります。前に説明したように G 銀行の抵当権はスギの木に及んでいて，スギの木が売られたとしても消えるわけではありません。

(2) 対抗の問題

しかし，その効力を「第三者に対抗できるか」は別の問題で，それがここで検討しようとしていることです。

対抗の問題について考えるために，抵当権の公示について復習しておきましょう。第 **3** 章では，抵当権は，登記によって公示され，公示がなければ第三者に対抗できないことを学びました（177 条）。また，不動産の登記には，その不動産の所有権がどのように移転したか，誰の抵当権が設定されているかなどが示されていることも見ました。

(3) 搬出物についての公示

CASE **6-4** についてみると，第三者 A は，甲土地に G 銀行の抵当権が設定されていることは登記から知ることができます。では，スギの木に抵当権の効力が及ぶことについてはどうでしょうか。A が現地に足を運んで，スギの木が甲土地に生えている状況や，また，切り倒されたとしても，甲土地に置かれているのをみた場合には，抵当権の効力が及ぶことに気づくことができるでしょう。

しかし，CASE **6-4** のように，運び出された場合は別です。すでに甲土地から分離・搬出されたスギの木については，A は，それがどの土地から来たのか（G 銀行の抵当権が設定されている甲土地に生えていたものか）知ることはできません。

そのため，後になって G 銀行から抵当権を主張され，A がスギの木を返さなくてはいけないとすれば，A が害される可能性があります。例えば，A がさらに別の人に材木を売る約束をしていたような場合を想像してみてください。このような場面で，あとから抵当権の存在が発覚すると，A やその取引相手が取引に寄せていた期待が害されることになります。

(4) 取引の安全の保護

そこで，A のような第三者を保護する観点から，つまり取引の安全の観点から，抵当不動産から分離・搬出された物について第三者が現れた場合には，抵当権者はその物に抵当権の効力が及ぶことを対抗できません。反対に，抵当不動産から分離された物が，まだ抵当不動産上にあるならば，抵当権設定登記によって抵当権の効力が公示されているため，それを第三者に対抗することができます。図6-2 を見て確認しておきましょう。

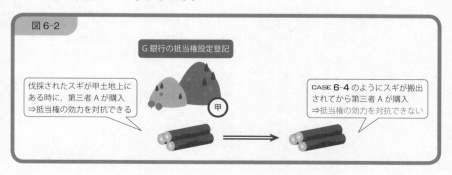

図6-2

G 銀行の抵当権設定登記

伐採されたスギが甲土地上にある時に，第三者 A が購入
⇒抵当権の効力を対抗できる

甲

CASE **6-4** のようにスギが搬出されてから第三者 A が購入
⇒抵当権の効力を対抗できない

抵当権の効力と抵当権侵害の関係

❷の最後に，これまで学んできたことを総合して，もう1つの問題に取り組みます。それは，抵当権の効力と抵当権侵害の関係です。

これまでの説明を読んで，抵当不動産から分離・搬出された物に対しても抵当権の効力が及んでいるのであれば，抵当権者は何も困ることはないのではないか？　つまり，分離・搬出は抵当権侵害ではないのではないか？　という疑問を感じた方はいないでしょうか。

たしかに，CASE 6-2 のような場面で，スギの木が分離・搬出されたからといって，抵当権の効力が及ぶスギの本数は減ってはいません。しかし，抵当権者が困ってしまうことが2つあるのです。

(1) 分離・搬出による対抗力の喪失

1つには，前の項目で学んだように，分離物が運び出されて第三者の手に渡ると，抵当権の効力が対抗できなくなってしまうことがあります。そのため，たとえまだ第三者が登場していないとしても，抵当不動産から付加一体物を分離すること自体が，そのような危険性を高める行為となります。したがって，付加一体物を分離することが，抵当権侵害といえるのです。

(2) 分離・搬出後の抵当権実行

もう1つは，抵当権の実行との関係です。抵当権者が抵当権を実行して，目的物を売り払ってお金に換える場面を考えてみましょう。抵当権の実行は，民事執行法という法律に従って行われるのですが，民事執行法は，抵当不動産から出て行ってしまった物について，出て行ったままの状態で抵当権を実行する方法を定めていません。つまり，抵当権の効力が及ぶといってみても，それをお金に換える方法がないのです。この点からも，付加一体物を分離・搬出することが，抵当権侵害に当たるといえます。

3 占有による抵当権侵害

1 占有が抵当権侵害になるか

不動産の価値を下げる占有

②では，抵当不動産の付加一体物が分離・搬出されてしまう場合など，抵当不動産が物理的に侵害される場合について学びました。しかし，抵当不動産の価値が下がってしまうのは，物理的な侵害に限りません。例えば，抵当不動産にあやしげな人が住み着いている，つまり，抵当不動産を占有している場合にも，そのような不動産を買いたい人はいないでしょうから，不動産の価値が下がってしまいます。

では，そのような占有は，抵当権侵害に当たるのでしょうか。

抵当権侵害の有無

(1) 古い判例の考え方

かつての判例は，占有は抵当権侵害にならないとしていました（最判平成3年3月22日民集45巻3号268頁）。この判例の背景には，抵当権の性質をどのようなものと考えるかという大きな問題があります。

これまでに何回か説明したように，抵当権者は，抵当不動産を占有するわけではありません。他方で，抵当権者は，被担保債権が弁済されない場合に，抵当不動産を売ってお金に換えて，そのお金から弁済を受けることができます。このような抵当権の効力を強調すると，抵当権は，あくまで抵当不動産の「価値」に対する権利なのであって（価値権），抵当権者は抵当不動産の占有に口出しをすることはできないという考え方に行きつきます。抵当権者が占有に口出しをすることができないのですから，抵当不動産がどのように占有されていたとしても，それは抵当権侵害にはならないことになります。かつての判例は，そのように述べていました。

(2) 古い判例に対する疑問

しかし，本当にそれでいいのでしょうか。抵当権は，本当に価値だけに対する

⇒Column 10

権利なのでしょうか。また，次の項目で紹介する実際の事件を適切に解決するためにも，古い判例の考え方は良くないのではないか，という疑問が出てきました。

> ## Column 10　価値権説
>
> 　本文でも説明したように，抵当権者は，抵当権をもっているからといって，抵当不動産を占有することができるわけではありません。では，抵当権をもっている意味は，どこにあるのでしょうか。
>
> 　抵当権者は，被担保債権が弁済されない場合に，抵当不動産を売ってお金と交換し，そのお金を手にすることができます。つまり，抵当権者は，抵当不動産を物理的に支配しているわけではないけれども，抵当不動産をお金と交換したときの価値（交換価値）を支配しているということができるでしょう。
>
> 　このように，抵当権が抵当不動産の価値に対する権利であるととらえる考え方を「価値権説」といいます。価値権説は，かつては，とても有力な考え方でした。その特徴は，「抵当権は価値権である」という考え方にもとづいて，いくつかの実際の問題を解決しようとするところにあります。 ⇒第4章 2 2
>
> 　例えば，第4章で学んだ賃料債権への物上代位の問題です。価値権説からすれば，抵当権は交換価値のみを支配しているので，抵当不動産を何かと交換したわけではない場面，つまり，抵当不動産を貸して賃料を得ているような場面では，物上代位は認められないことになります。
>
> 　また，この章で学んでいる，占有による抵当権侵害が問題となる場面では，本文で紹介した平成3年判決が，価値権説の考え方にもとづいて，占有は抵当権侵害にならないと判断しました。
>
> 　しかし，第4章で説明したように，そして，これから説明するように，現在の判例は，賃料債権への物上代位を認め，占有による抵当権侵害を肯定しています。つまり，価値権説の考え方は，現在の判例では採用されていないのです。

占有による執行妨害

　かつての判例のような立場からすれば，抵当不動産を不法に占有する人がいたとしても，抵当権者は，それを排除することができないということになります。

　このことが悪用されて，以下の CASE 6-5 のような問題が実際に起こってしまいました。

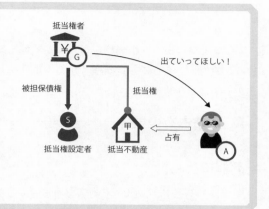

CASE 6-5

Sは，G銀行からお金を借り，Sが所有している甲建物に抵当権を設定し登記をしました。ところがその後，Sはお金に困り，G銀行からの借金を返せなくなってしまいました。また，Sのもとには，別の借金を取り立てる怖そうな人（A）たちが集まるようになりました。その後，Sは行方不明となり，甲建物にはAが居座るようになりました。

このような場面でG銀行が抵当権を実行しようとしても，怖そうな人が居座っている不動産を買う人など現れません。しかも，Aが「不動産から出ていってほしければ，立退料を払え！」などといって，G銀行からお金を巻き上げようとすることもあります。G銀行は，なかなか抵当権を実行できないだけではなく，払う理由のないお金を払わされることになるのです。

このように，抵当権の実行を邪魔することを執行妨害といいますが，抵当不動産を占有することが執行妨害の手段として使われてしまったのです。

現在の判例の考え方

そこで，最高裁はかつての判例を変更して，CASE 6-5 のような占有も抵当権侵害になりうるとしました（最大判平成11年11月24日民集53巻8号1899頁）。新しい考え方は，以下のようなものです。

まず，最高裁は，抵当権が非占有担保であるから，抵当権者は，原則として抵当不動産の所有者が行う使用・収益に口出しすることはできないといいます。この部分は，かつての考え方とあまり変わっていないようにも思われます。

他方で，最高裁は，抵当権は，抵当不動産を売ってお金に換えて，そのお金から優先的に弁済を受ける権利であって，抵当不動産をお金に換えることを邪魔して優先弁済が受けられなくなるような状態にすることは，抵当権侵害であると言いました。

このように，占有による抵当権侵害が認められたので，抵当権者は，抵当権に

もとづいて，占有者を排除することができるようになりました。執行妨害に対処できるようになったのです。

2と**3**では，占有が抵当権侵害となる要件（どのような条件を満たせば抵当権侵害に当たるのか），そして，抵当権者がどのようにして占有者を排除することができるのかをみていきます。

2 不法占有の場合

不法占有とは

まずは，第三者が，抵当不動産を不法占有している場合を検討しましょう。不法占有とは，正当な権原[3]もないのに，物を占有している状態を指します。

不法占有と抵当不動産の所有者

不法占有なのですから，普通は，抵当不動産の所有者が，所有権にもとづく返還請求権を行使して，不法占有者を排除するはずです。しかし，CASE 6-5 のように所有者が行方不明になっている場合や，所有者自身に不法占有者を排除する気がない場合には，所有者に期待することはできません。

不法占有と抵当権侵害

このような占有者をそのまま放っておくと，抵当権者が抵当権を実行しようとしても，買い手が現れなかったり，抵当不動産の値段が下がってしまったりして，抵当権者が困ってしまいます。つまり，抵当権者がもつ，抵当不動産を売ってお金に換えて，そのお金から優先的に弁済を受ける権利が害されているのです。

したがって，抵当権が非占有担保であるといっても，上記のような占有は，抵当権侵害といえるでしょう。前に紹介した平成 11 年判決は，このことを述べています。少し難しい文章なのですが，とても重要な最高裁判例なので，判決がどのような占有を抵当権侵害と言ったのか，覚えておきましょう。

note

[3] **用語** 占有に関する「権原」とは，物を占有する人が，占有を正当化する原因となる権利のことをいいます。例えば，土地を占有するときに，賃貸借契約を結び賃借権にもとづいて占有をしていれば，この賃借権が占有の「権原」となります。

平成 11 年判決

第三者が抵当不動産を不法占有することにより，競売手続の進行が害され適正な価額よりも売却価額が下落するおそれがあるなど，抵当不動産の交換価値の実現が妨げられ抵当権者の優先弁済請求権の行使が困難となるような状態があるとき[4]

抵当権侵害

3　正当な権原のある占有の場合

正当な権原のある占有とは

CASE 6-6

　Ｓは，Ｇ銀行からお金を借り，Ｓが所有している甲建物に抵当権を設定しました。ところがその後，Ｓはお金に困り，Ｇ銀行からの借金を返せなくなってしまいました。また，Ｓのもとには，別の借金を取り立てる怖そうな人（Ａ）たちが集まるようになり，Ｓ

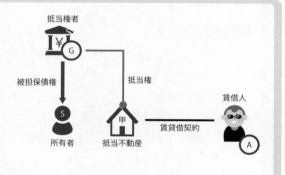

はＡに迫られて，Ａとの間で甲建物について賃貸借契約を締結しました。Ａは，甲建物に出入りして，Ｇ銀行に対して「立退料を払ってくれるなら出ていってもいいぞ」ともちかけています。

---

note

[4]　**用語**　「交換価値」とは，抵当権を売って（お金と交換して）得られる価値のことをいいます。要するに，抵当不動産の価額のことです。「交換価値の実現」とは，抵当不動産の競売によって，抵当不動産が相当額で売れることを指しています。ところが，抵当不動産を不法占有している人がいる場合には，本文で述べたように，競売をしても買い手が現れなかったり，相当額よりも低い値段でしか売れなかったりすることになります。このような状態を，交換価値の実現が妨げられていると表現しているのです。

では，CASE 6-6 のように，占有者 A が，S から家を借りた賃借人だったらどうでしょうか。A は，不法占有者ではなく，正当な権原にもとづいて不動産を占有しています。それなのに，S から不動産を賃借した A の占有が抵当権侵害になるのでしょうか。

正常な賃貸借の場合

不動産の所有者が，自分の不動産に抵当権を設定した後，抵当不動産を誰かに貸すことができるかについては，第 5 章で学びました。

抵当不動産の所有者は，抵当権を設定した後も，不動産を使用・収益することができるのが原則です。抵当不動産を賃貸して，その賃料を得ることは，抵当不動産を収益することですから，抵当不動産の所有者は，原則として，抵当不動産を賃貸することができるのです。

したがって，正当な権原にもとづき，賃借人が抵当不動産を占有していたとしても，そのことは抵当権侵害にならないのが原則です。

抵当権侵害になる場合

しかし，CASE 6-6 のように，抵当権の実行を妨害するために賃貸借契約の形式が用いられた場合はどうでしょうか。

たしかに，抵当不動産の所有者には，使用・収益が認められています。だからといって，使用・収益にあたって何をしてもいいというわけではありません。所有者は，抵当権者のために，不動産を適切に維持管理しなくてはならず，抵当権の実行を妨害するような利用権を設定することは許されないのです（最判平成17年3月10日民集59巻2号356頁）。

そこで，最高裁は，正当な権原にもとづく占有であっても，以下のような場合には，抵当権侵害となることを認めました。

平成17年判決

① 占有権原の設定に抵当権の実行としての競売手続を妨害する
目的が認められ

② 占有により抵当不動産の交換価値の実現が妨げられて抵当権者
の優先弁済請求権の行使が困難となるような状態があるとき

主観的要件

客観的要件

抵当権侵害

⇒107頁

　上記の平成17年判決が示した基準を，不法占有者に関する平成11年判決と比較してみてください。

　①の部分が付け加えられていることがわかります。①の部分では，権原にもとづく占有が抵当権侵害となるためには，抵当権の実行を妨害する「目的」が必要であるといっています。例えば，CASE 6-6 のように，賃借人が甲建物を使う気もないのに立退料をねらって賃貸借契約を締結しているような場合には，抵当権の実行を妨害する目的があるといえるでしょう。ここでは，所有者や占有者の主観が要件になっていることから，これを主観的要件と呼びます。

　平成11年判決は，「抵当不動産の交換価値の実現が妨げられ抵当権者の優先弁済請求権の行使が困難となるような状態」という客観的な「状態」のみを要件としていましたが（客観的要件），平成17年判決は，抵当権の実行を「妨害する目的」という主観的要件を追加して，厳格な判断をしているのです。

　以上のように，正当な権原ある占有は，原則として抵当権侵害にならないけれども，例外的に①・②の要件が満たされる場合には，抵当権侵害になります。ここでは，一方で，所有者の使用・収益が尊重され，他方で，抵当権者が保護され，両者のバランスが図られています。

4　抵当権者ができること

抵当権にもとづく妨害排除請求

　では，占有が抵当権侵害に当たる場合，抵当権者は，何をすることができるの

でしょうか。判例は，抵当権にもとづく妨害排除請求として，占有者に対して不動産を明け渡すよう求めることができるとしています。つまり，CASE 6-5 や CASE 6-6 の抵当権者 G 銀行は，占有者 A に「不動産から出ていけ」と言うことができるのです。

┃ 抵当権者への明渡し ┃

本来であれば，A が出て行った結果，抵当不動産は所有者である S に明け渡されることになります。しかし，CASE 6-5 や CASE 6-6 のように，抵当不動産の所有者 S がお金に困っていて，不動産をきちんと管理することができなくなっている場面ではどうでしょうか。S へ明け渡したとしても，また同じことが繰り返されるかもしれません。

そこで，判例は，所有者に抵当不動産を適切に維持管理することが期待できない場合には，抵当権者への明渡しも認められるとしました（前で紹介した平成 17 年判決）。CASE 6-5 や CASE 6-6 の S は，借金に追われて A の言いなりになったり行方不明になったりしており，抵当不動産を適切に維持管理することが期待できないといえるでしょう。このような場合には，A から G 銀行へ不動産の明渡しが行われるのです。

以上のように，抵当権は，非占有担保なのですが，抵当権者への明渡しも認められる点は，とても重要なポイントです。

POINT

1 抵当不動産の所有者には，抵当不動産を使うことや，抵当不動産からの収益を得ることが認められています。したがって，その不動産の利用目的に従って通常の使用・収益をすることは，抵当権侵害にはなりません。

2 通常の使用・収益の範囲を超えて不動産の価値を下げるような行為は，抵当権侵害になります。

3 抵当権も物権の 1 つなので，抵当権者は，抵当権にもとづく物権的請求権を行使して，抵当権の侵害に対応することができます。

4 抵当不動産からの分離・搬出のうち，抵当不動産の通常の使用・収益の範囲内の行為は，抵当権侵害ではありません。反対に，その範囲を超える行為は，抵

当権侵害です。

5 通常の使用・収益の範囲内で，抵当不動産から付加一体物が分離・搬出された場合には，その物に抵当権の効力は及ばなくなります。これに対して，通常の使用・収益の範囲を超えて分離・搬出された物には，抵当権の効力が及びます。

6 抵当不動産から分離・搬出された物について第三者が現れた場合には，抵当権者はその物に抵当権の効力が及ぶことを対抗できません。反対に，抵当不動産から分離された物が，まだ抵当不動産上にあるならば，抵当権の効力が及ぶことを対抗することができます。

7 第三者が抵当不動産を不法占有することにより，競売手続の進行が害され適正な価額よりも売却価額が下落するおそれがあるなど，抵当不動産の交換価値の実現が妨げられ抵当権者の優先弁済請求権の行使が困難となるような状態があるときは，その占有は，抵当権侵害です。

8 正当な権原にもとづく占有は，原則として抵当権侵害になりません。例外的に，①占有権原の設定に抵当権の実行としての競売手続を妨害する目的が認められ，②占有により抵当不動産の交換価値の実現が妨げられて抵当権者の優先弁済請求権の行使が困難となるような状態があるときには，抵当権侵害になります。

9 抵当権者は，抵当権にもとづく妨害排除請求として，占有者に対して不動産を明け渡すよう求めることができます。所有者に抵当不動産を適切に維持管理することが期待できない場合には，抵当権者への明渡しも認められます。

第 **7** 章

抵当権の実行前の効力③
── 抵当権の処分

　第 **5** 章，第 **6** 章に続いて，この章でも，抵当権の実行前の効力について学びます。ここで学ぶのは，抵当権自体を譲渡したり担保にしたりする場面です。抵当権自体を譲渡したり担保にしたりすることを指して，「抵当権の処分」といいます。処分とは，財産に関する権利を移転したり，消滅させたりすることを指します。所有権の処分には，目的物自体を壊してしまったり捨ててしまったりすることも含みますが，抵当権の処分とは，目的物をどうにかすることではなく，抵当権という権利を移転したりすることです。

抵当権の処分とは

　まずは，抵当権の処分とは何かを学びましょう。ポイントは，抵当権の処分と，被担保債権の譲渡とともに抵当権が移る場合とを区別することです。

転抵当　　📖 376 条，377 条

　抵当権の処分には，①転抵当，②抵当権の譲渡・放棄，③抵当権の順位の譲渡・放棄の 3 種類があります（376 条 1 項）。この章では，3 種類それぞれを学びますが，1 つめは，①の転抵当です。転抵当とは，抵当権自体を担保にすることです。

抵当権の譲渡・放棄　 📖 376条

2つめに，②抵当権の譲渡・放棄について学びます。「抵当権を譲渡する」「抵当権を放棄する」とはどのような意味なのか，しっかり理解しましょう。

抵当権の順位の譲渡・放棄　📖 376条

3つめとして，③抵当権の順位の譲渡・放棄を取り上げます。ここでのポイントは，②と③がどのように違うのかを知ることです。

抵当権の順位の変更　📖 374条

最後に，376条に定められた抵当権の処分とは違うけれども似ているものとして，抵当権の順位の変更について学びます。抵当権の順位の譲渡・放棄との違いを理解することがポイントです。

1 抵当権の処分とは

1 被担保債権の処分と抵当権 ──────────●

この章では，抵当権の処分について学びます。抵当権の処分とは，抵当権を譲渡したり担保にしたりすることです。抵当権の処分について学ぶ前に，1つ注意しなくてはならないことがあります。それは，抵当権の処分と似ていて，混乱しやすい，被担保債権の譲渡（債権譲渡）の場面があるということです。CASE 7-1をみてみましょう。

CASE 7-1

Gは，Sに対して，1000万円を貸し付け，その担保のために，Sが所有する甲建物に抵当権の設定を受けました。その後，Gは，Sに対してもっている1000万円の債権を，Aに譲渡しました。

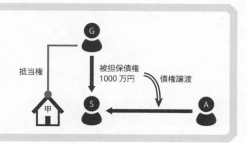

CASE **7-1** では，Gが，Sに対して有している債権をAに譲渡しています[1]。では，このとき，Gの抵当権は，どうなるのでしょうか。

この抵当権は，Gがもっていた債権（被担保債権）を担保するためのものです。そのため，被担保債権が移転し，Aが債権者になったときには，抵当権も債権とともに移転し，Aが抵当権者となります。このように，被担保債権の移転に伴って，抵当権も一緒に移転するという抵当権の性質を，随伴性 といいます。⇒第2章3 2

2 抵当権の処分

1で学んだように，抵当権は，被担保債権の譲渡とともに移転します。しかし，これとは別に，抵当権のもつ優先弁済権のみが処分されることがあります。これが，この節で学ぶ「抵当権の処分」です。もともと抵当権者がもっていた優先弁済権が別の人に移る点では共通ですが，被担保債権が一緒に移るわけではないという点で，被担保債権の譲渡とは異なっています。

	被担保債権の移転	優先弁済権の移転
被担保債権の譲渡	○	○ （随伴性による移転）
抵当権の処分	×	○

では，抵当権の処分とは，具体的にどのようなものでしょうか。抵当権の処分には，①転抵当，②抵当権の譲渡・放棄，③抵当権の順位の譲渡・放棄の3種類があります（376条1項）。

まずは，①の転抵当からみていきます。転抵当の「転」とはどういう意味なのかについては，本章の最後にある **Column 11** を読んでみてください。

---

note

[1] 説明 債権譲渡について，詳しくは，第14章2を参照してください。また，債権譲渡については，4巻第11章，第12章に詳しい解説があります。こちらもぜひ参照してみてください。

2 転抵当

1 転抵当とは

転抵当が登場する場面

転抵当とは，抵当権をさらに担保にすることをいいます。まず，次の **CASE 7-2** を考えてみましょう。

> **CASE 7-2**
> Ｇは，Ｓに対して，1000 万円を貸し付け，担保のために，Ｓが所有する甲建物に抵当権の設定を受けました。その後，今度は，ＧがＡからお金を借りたいと考えています。Ａは，「何か担保がなければお金を貸すことはできない」と言っているのですが，Ｇは，担保にできるような不動産をもっていません。

このような場面で，Ｇは，Ａからお金を借りることはできないでしょうか。たしかに，Ｇは，不動産をもっていませんが，Ｓに対する債権や甲建物の抵当権をもっています。これらを活用して，Ａからお金を借りることができないか，考えてみましょう。

債権を担保にする場合（転抵当ではない場合）

まず，ＧがＳに対してもっている債権を担保にすることが考えられます（図7-1 参照）。Ｇが，Ａから借りたお金を返さなかった場合，ＧがＳに対してもっている債権をＡが取り立てて[2]，貸したお金を回収することができるという仕組みです。債権を担保にする方法は，まだ学んでいませんが，「質権（債権質）」や「譲渡担保」といった方法があります。第 **11** 章と第 **14** 章で学びましょう。
⇒本章❶1

債権を担保にすると，抵当権は債権に随伴するため，その影響は抵当権にも及びます。ＡがＳから 1000 万円を取り立てようとしても，Ｓにお金がなく 1000 万円を払えない場合には，Ａが，抵当権を実行して甲建物を競売にかけることが

---

[2] **用語** 「取り立てる」というのは，ＡがＳに対して，「直接，自分（Ａ）に 1000 万円を払ってください」と言えるということです。

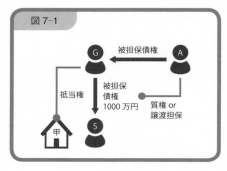

図7-1

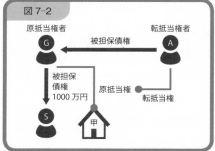

図7-2

できるのです。つまり，Gが担保にした被担保債権は，それを担保する抵当権がついていることで，より安心なものになっていることがわかります。

抵当権を担保にする場合（転抵当の場合）

これとは別に，抵当権を直接に担保にする方法があります。これが，この節で学ぶ転抵当です。抵当権にさらに担保権を設定するのです。図7-2をみてみましょう。

図7-2のように，AがGに対して有する債権を担保するために，Gの抵当権に担保権を設定することができます。これを，転抵当といいます。転抵当権が設定された場合，もとの抵当権を原抵当権と呼びます。Gが原抵当権者，Aが転抵当権者です。

2 転抵当の効果

転抵当権者の優先弁済権

では，転抵当は，どうやって転抵当権者Aの債権を担保してくれるのでしょうか。次のCASE 7-3をみてみましょう。

> CASE 7-3
> Gは，Sに対して，1000万円を貸し付け，担保のために，Sが所有する甲建物に抵当権の設定を受けました。その後，今度は，GがAから800万円を借りることになり，甲建物の抵当権について転抵当権の設定を受けました。ところが，Gは，Aに800万円を返しませんでした。

転抵当権の被担保債権（AがGに対してもっている債権）が弁済されない場合，転抵当権者（A）は，原抵当権（Gがもっている抵当権）を実行して，抵当不動産（甲建物）を競売にかけることができます[3]。例えば，甲建物が2000万円で売却されたとすれば，原抵当権の優先権の範囲内（1000万円）で，転抵当権者（A）は，優先弁済を受けることができます[4]。

原抵当権への影響

(1) 原抵当権の被担保債権の弁済

ところが，ここで，ある問題が生じます。もし，SがGに原抵当権の被担保債権1000万円を弁済してしまったらどうでしょうか。第**10**章で学びますが，被担保債権が弁済されると，その役割を終えた抵当権は消滅します。原抵当権が消滅してしまうと，転抵当権は，その対象がなくなってしまうことになります。これでは，AがGからお金を返してもらえなかった場合に，転抵当は何の役にも立たなくなってしまいます。

(2) 377条2項

このような問題が生じるのを避けるために，民法は，原抵当権（Gがもっている抵当権）の被担保債権の債務者（S）は，転抵当権者（A）の承諾なしに，被担保債権を弁済しても，それを転抵当権者（A）に対抗することができないと定めています（377条2項）。この条文の「対抗することができない」とは，もし被担保債権を弁済してしまったとしても，原抵当権が消滅したことを転抵当権者に対して主張することができないということです。

(3) 377条1項

ただし，Sが何も知らないところで転抵当権が設定され，「被担保債権を弁済

note ───

[3] 説明 なお，ここでは原抵当権を実行することになるため，原抵当権が実行できる状態になっている必要があります。つまり，原抵当権の被担保債権が債務不履行になっている状態（SがGに返すべきお金を返していない状態）が必要です。

[4] 説明 転抵当権者（A）のもつ債権は800万円なので，Aは，800万円の優先弁済を受けます。優先弁済により，Aが原抵当権者（G）に対してもっている800万円の債権が消滅します。原抵当権の設定者（S）の負担により，GがAに対して負う債務がなくなり，Gが800万円分の利益を受けることから，GがSに対してもっている債権（原抵当権の被担保債権）も800万円減少し，残り200万円となります。Gは，この200万円について，甲建物の売却代金から優先弁済を受けることができます。そして，AとGに配当をしたあとに残る1000万円は，Sの他の債権者に配当されます。他の債権者がいなければ，Sに支払われることになります。

しても抵当権の消滅を主張できない」という重大な効果が生じるのでは、Sが困ります。そこで、転抵当権を設定する場合には、原抵当権の被担保債権の債務者（S）に転抵当権を設定したことをGが通知するか、債務者（S）から承諾をもらう必要があります（377条1項）[5]。

3 転抵当権の優先順位

転抵当が複数あったら？

CASE 7-3 では、1つの抵当権について1つの転抵当権が設定された場合を学びました。しかし、1つの抵当権について、2つの転抵当権が設定されることがあるかもしれません。そのような場合、どの転抵当権が優先するのでしょうか。通常の物権変動と同じように、優先順位を決めるのは、登記です。転抵当などの抵当権の処分は、原抵当権の抵当権設定登記に付記登記をすることで公示され、その順番で優先順位が決まります（376条2項）。

付記登記とは、すでにされた登記（主登記）に付け加えて記される登記です。主登記の内容を変更する場合（登記名義人の住所が変わった場合など）にも用いられます。転抵当の場面では、原抵当権の登記と一体でないと転抵当権の内容がわからないことから、付記登記の形で転抵当権が公示されます（不登4条2項）。

次の頁にある転抵当の付記登記の例をみてみましょう。上に原抵当権の設定が登記されており、その下に、転抵当権の付記登記があるのを確認してください。

転抵当以外の抵当権の処分

なお、付記登記によって優先順位を決めるのは、転抵当だけではありません。これから 3 と 4 で学ぶ、抵当権の譲渡・放棄、抵当権の順位の譲渡・放棄も、付記登記によって公示され、付記登記の順番で優先順位が決まります（376条2項）。

---

note

[5] 説明 ここでの「通知または承諾」の方法について、377条1項は、債権譲渡の対抗要件に関する467条を準用しています。債権譲渡の対抗要件について詳しくは、第14章 2 2 を参照してください。

権利部（乙区）（所有権以外の権利に関する事項）			
順位番号	登記の目的	受付年月日・受付番号	権利者その他の事項
1	抵当権設定	昭和50年9月28日 第1056号	原因　昭和50年9月28日金銭消費貸借同日設定 債権額　金2,500万円 利息　年1.2% 損害金　年18% 債務者　豊島区西池袋三丁目46番12-202号 　　山　田　太　郎 抵当権者　千代田区麹町36番地2の10 　　株式会社花子銀行 　　（取扱店　麹町支店）
付記1号	1番抵当権転抵当	平成23年7月24日 第3235号	原因　平成23年5月24日金銭消費貸借同日設定 債権額　金2,000万円 利息　年1.2% 損害金　年18% 債務者　千代田区麹町26番地2の11 　　株式会社花江銀行 抵当権者　千代田区麹町16番地2の12 　　株式会社花美銀行

③ 抵当権の譲渡・放棄

1 抵当権の譲渡

抵当権の譲渡とは

(1) 抵当権者のもつ優先弁済権

抵当権の譲渡は，CASE 7-4 のように抵当権者と無担保債権者がいる場面で使^{⇒10頁}われます。

⇒10頁

> **CASE 7-4**
>
> S は，債権者 G_1 から 1000 万円，G_2 から 2000 万円，G_3 から 3000 万円のお金を借りていました。S は，3000 万円の価値がある甲建物を所有していて，甲建物に，G_1 のために 1 番抵当権を，G_2 のために 2 番抵当権を設定しました。G_3 は，担保権の設定を受けていない債権者（無担保債権者）です。

CASE 7-4 で，抵当権が実行され，甲建物が 3000 万円で売却された場合，まず，1 番抵当権者 G_1 の被担保債権全額の弁済のために 1000 万円，続いて，2 番抵当権者 G_2 の被担保債権全額の弁済のために 2000 万円が配当されます。無担保債権者 G_3 は，1 円も配当を受けることができず，G_1，G_2，G_3 の配当額は，【表

1-A】のようになります。このように，無担保債権者よりも先に配当を受けることができるのが，抵当権者がもつ優先弁済権の意味です。

(2) 優先弁済権の譲渡

抵当権者がもつ優先弁済権を無担保債権者に譲り渡すのが，抵当権の譲渡です。CASE 7-5 をみてみましょう。

> **CASE 7-5**
>
> CASE 7-4 で，G_3 が G_1 に頼み込んで，抵当権の譲渡を受けました。その後，G_2 が抵当権を実行し，甲建物は 3000 万円で売却されました。

抵当権の譲渡があると，G_3 が，G_1 に代わって優先弁済を受けることになります。つまり，CASE 7-5 のように，G_1 から G_3 に対して抵当権を譲渡した場合，甲建物の売却代金 3000 万円の配当は，【表 1-B】のように変化することになります[6]。

なお，G_3 は，あくまで G_1 の優先弁済権を譲り受けただけであって，1 番抵当権者になれるわけではありません。したがって，G_3 は，3000 万円の債権をもっていますが，優先弁済を受けられるのは，G_1 の優先弁済権の範囲である 1000 万円分だけになります。

【表 1-A】

CASE 7-4		
	債権額	配当額
G_1	1000 万円	1000 万円
G_2	2000 万円	2000 万円
G_3	3000 万円	0 円

抵当権の譲渡

【表 1-B】

CASE 7-5		
	債権額	配当額
G_1	1000 万円	0 円
G_2	2000 万円	2000 万円
G_3	3000 万円	1000 万円

| 抵当権の譲渡と被担保債権 |

以上のように，抵当権の譲渡があると，抵当権の実行に際して，いくら配当を

---

note ────────────────────────────────●

[6] 発展 なお，抵当権の譲渡とは，あくまで，G_1 が G_3 に対して優先権を認めるものなので，G_1 が抵当権を失うわけではありません。そのため，例えば，CASE 7-5 において，G_3 の債権額が 800 万円であったとすると，G_1 がもともと有していた優先弁済権が，200 万円分余ることになりますが，その 200 万円は，G_1 に配当されます。

受けられるかが変わってきますが，抵当権の譲渡があったからといって，G_1，G_2，G_3がもっている債権の額が変わるわけではないということには注意してください。

抵当権の譲渡と被担保債権の譲渡との違い

この点から，もう１つの注意点が明らかになってきます。抵当権の優先弁済権が意味をもつのは（「優先弁済権がほしい」と思うのは），被担保債権を有している者に限られます。したがって，抵当権の譲渡の相手方は，もともとＳに対して債権をもっていた者に限られます。この点が，CASE 7-1（被担保債権の譲渡にともなって抵当権が移転する場面）と CASE 7-5（抵当権の譲渡）との大きな違いです。

2 抵当権の放棄

抵当権の放棄とは

抵当権の譲渡と似たものとして，抵当権の放棄があります。抵当権の放棄も，CASE 7-4 のような場面で用いられます。以下の CASE 7-6 をみてみましょう。

> **CASE 7-6**
>
> CASE 7-4 で，G_1 と G_3 との間で，G_1 が，自分がもつ優先弁済権を，G_3 との関係で主張しないという取引をしました。その後，G_2 が抵当権を実行し，甲建物は 3000 万円で売却されました。

CASE 7-6 で，G_1 と G_3 がしている取引を抵当権の放棄といいます。抵当権の放棄があると，G_1 は G_3 との関係では優先弁済権をもたなくなるので，G_1 と G_3 とが，平等に（債権の額に応じて按分で）配当を受けることになります。他方，G_2 との関係でみれば，G_1 は，第１順位の抵当権を放棄したわけではありません。

このように，抵当権者がもつ優先弁済権を，無担保債権者との関係で主張しないことを，抵当権の放棄といいます。

抵当権の放棄の効果

CASE 7-6 では，甲建物の売却代金 3000 万円は，次のように配当されます。

まず，抵当権の放棄がなかった場合の配当額（【表 2-A】）を見てください。こ

こでは，G_1 は 1000 万円を受け取るはずでした。抵当権の放棄があると，この1000 万円が，G_1 と G_3 との間で被担保債権額に応じて按分で配当されます。それぞれの被担保債権額が 1000 万円と 3000 万円なので，1：3の割合で配当を受けるということです。つまり，1000 万円の配当額を，G_1 と G_3 が，1：3の割合で分け合い，G_1 が 250 万円，G_3 が 750 万円受け取ります。

その後，残った額 2000 万円が，G_2 に配当されます。その結果，3人の取り分は，【表2-B】のようになります。

【表2-A】

CASE 7-4		
	債権額	配当額
G_1	1000 万円	1000 万円
G_2	2000 万円	2000 万円
G_3	3000 万円	0 円

抵当権の放棄

【表2-B】

CASE 7-6		
	債権額	配当額
G_1	1000 万円	250 円
G_2	2000 万円	2000 万円
G_3	3000 万円	750 万円

4 抵当権の順位の譲渡・放棄

1 抵当権の譲渡・放棄と抵当権の順位の譲渡・放棄との違い ──●

次に，抵当権の順位の譲渡・放棄について学びましょう。これは，先ほど学んだ抵当権の譲渡・放棄とどのように違うのでしょうか。

抵当権の譲渡・放棄は，CASE 7-5・CASE 7-6 のように，抵当権者（G_1）と無担保債権者（G_3）との間で行われる取引です。

これに対して，抵当権の順位の譲渡・放棄は，抵当権者どうしの間で（先順位の抵当権者と後順位の抵当権者との間で），その順位を譲渡したり放棄したりすることを指します。つまり，譲渡・放棄の相手方が違うということです。CASE 7-7 をみてみましょう。

CASE 7-7
　Sは，債権者 G_1 から 1000 万円，G_2 から 2000 万円，G_3 から 3000 万円のお金を借りていました。Sは，4000 万円の価値がある甲建物を所有しており，甲建物に，G_1 のために1番抵当権を，G_2 のために2番抵当権を，G_3 のために3番抵当権

を設定しました。

ここでの G_1 と G_3 のように，両当事者が抵当権者である場合に，抵当権の順位の譲渡・放棄が行われます。

2 抵当権の順位の譲渡

では，抵当権の順位の譲渡とは，どのようなものなのでしょうか。次の CASE 7-8 をみてみましょう。

CASE 7-8

CASE 7-7 で，G_3 が G_1 に頼み込んで，抵当権の順位の譲渡を受けました。その後，G_2 が抵当権を実行し，甲建物は 4000 万円で売却されました。

CASE 7-7 の状態で抵当権が実行された場合，G_1・G_2・G_3 の配当額は，【表 3-A】のようになります。抵当権の順位に従って，優先弁済を受けます。

ところが，CASE 7-8 のように G_1 から G_3 へと抵当権の順位の譲渡があると，先順位抵当権者 G_1 がもつ抵当権の優先弁済権が，後順位抵当権者 G_3 に移ります。抵当権が実行された場合には，G_1 が受け取るはずだった 1000 万円が，G_1 の代わりに G_3 に配当されることになるのです。さらに，G_3 は，もともと 1000 万円の配当を受けられる立場でした。この 1000 万円に G_1 から譲り受けた 1000 万円を加えて，G_3 は，2000 万円の配当を受けます。抵当権の順位の譲渡によって，配当額は，【表 3-B】のように変化します。

【表 3-A】

CASE 7-7		
	債権額	配当額
G_1	1000 万円	1000 万円
G_2	2000 万円	2000 万円
G_3	3000 万円	1000 万円

抵当権の順位の譲渡

【表 3-B】

CASE 7-8		
	債権額	配当額
G_1	1000 万円	0 円
G_2	2000 万円	2000 万円
G_3	3000 万円	2000 万円

3 抵当権の順位の放棄

次は，抵当権の順位の放棄についてです。抵当権の順位の放棄は，先順位抵当

権者 G_1 が，後順位抵当権者 G_3 との関係で，自分がもっている優先弁済権を主張しないことを指します。他方，G_2 との関係では，G_1 は，第 1 順位の地位を放棄したわけではありません。**CASE 7-9** をみてください。

> **CASE 7-9**
> **CASE 7-7** で，G_3 が G_1 に頼み込んで，抵当権の順位の放棄を受けました。その後，G_2 が抵当権を実行し，甲建物は 4000 万円で売却されました。

CASE 7-9 のような抵当権の順位の放棄の場合，G_2 に配当される額に変化はありません。そして，G_1 に配当されるはずだった 1000 万円と G_3 に配当されるはずだった 1000 万円，あわせて 2000 万円は，G_1 と G_3 との間で，被担保債権額に応じて按分で配当されます。G_1 のもつ抵当権は，順位の放棄により，G_3 との関係では優先弁済権をもたなくなるからです。G_1 と G_3 の被担保債権額は，1000 万円と 3000 万円なので，その比は，1：3 です。G_1 と G_3 が受け取る 2000 万円は，1：3 の割合で分けられます。つまり，G_1 が 500 万円，G_3 が 1500 万円の配当を受けることになります（【表 4-B】参照）。

【表 4-A】

CASE 7-7		
	債権額	配当額
G_1	1000 万円	1000 万円
G_2	2000 万円	2000 万円
G_3	3000 万円	1000 万円

抵当権の順位の放棄

【表 4-B】

CASE 7-9		
	債権額	配当額
G_1	1000 万円	500 万円
G_2	2000 万円	2000 万円
G_3	3000 万円	1500 万円

4　まとめ

以上のまとめとして，これまで学んできた，「抵当権の譲渡・放棄」そして，「抵当権の順位の譲渡・放棄」についての下の表を見てください。

「抵当権の譲渡・放棄」と「抵当権の順位の譲渡・放棄」との違いは，処分の当事者が，抵当権者と無担保債権者なのか，抵当権者どうしなのか，という点にあります。

また，「譲渡」と「放棄」の違いは，「譲渡」の場合には，譲渡人の優先弁済権が譲渡を受けた人に移るのに対して，「放棄」の場合には，放棄した人と放棄を

受けた人とが被担保債権額に応じて按分で優先弁済を受けるという点にあります。

抵当権の処分の種類	処分の当事者			効果
抵当権の譲渡	抵当権者	⬌	無担保債権者	抵当権者の優先弁済権を無担保債権者に譲り渡す
抵当権の放棄				抵当権者と無担保債権者とが抵当権者の優先弁済権の範囲内で按分で弁済を受ける
抵当権の順位の譲渡	先順位抵当権者	⬌	後順位抵当権者	先順位抵当権者の優先弁済権を後順位抵当権者に譲り渡す
抵当権の順位の放棄				先順位抵当権者と後順位抵当権者とが両者の優先弁済権の範囲内で按分で弁済を受ける

 抵当権の順位の変更

1 抵当権の順位の変更とは

当事者の合意による抵当権の順位の変更

④では抵当権の順位の譲渡・放棄について学びましたが，そもそも，抵当権の順位は，当事者の合意があれば，入れ替えることができます（374条1項）。次のCASE 7-10をみてみましょう。

> **CASE 7-10**
>
> Sは，債権者G₁から1000万円，G₂から2000万円，G₃から3000万円のお金を借りていました。Sは，4000万円の価値がある甲建物を所有しており，甲建物に，G₁のために1番抵当権を，G₂のために2番抵当権を，G₃のために3番抵当権を設定しました。
> ところが，その後，G₃が1番抵当権者になりたいといって，G₁とG₂に頼み込み，G₁とG₂がこれに同意しました。

CASE 7-10のように，三者の合意があれば，G₃を1番抵当権者に，G₁を2番抵当権者に，G₂を3番抵当権者に，というふうに抵当権の順位を変更することができます。これを抵当権の順位の変更といいます。抵当権の順位の変更は，

登記をすることによって効力を生じます（374条2項）。

抵当権の順位の変更の効果

CASE **7-10** で，抵当権の順位の変更をする前に，抵当権が実行されて甲建物が 4000 万円で売れたとすれば，$G_1 \rightarrow G_2 \rightarrow G_3$ の順で優先弁済を受けることになります。それぞれの配当額は，【表 5-A】のようになります。

CASE **7-10** のように，抵当権の順位の変更があった後，抵当権が実行されて甲建物が 4000 万円で売れたとすると，1 番抵当権者である G_3 が被担保債権全額（3000 万円）の弁済を受けます。その後，2 番抵当権者である G_1 が被担保債権全額（1000 万円）の弁済を受けます。売却代金は，これでおしまいなので，3 番抵当権者である G_2 は，1 円も弁済を受けられないことになります。それぞれの配当額は，【表 5-B】のようになります。

【表 5-A】

抵当権の順位の変更前		
	債権額	配当額
G_1	1000 万円	1000 万円
G_2	2000 万円	2000 万円
G_3	3000 万円	1000 万円

抵当権の順位の変更 →

【表 5-B】

抵当権の順位の変更後		
	債権額	配当額
G_3	3000 万円	3000 万円
G_1	1000 万円	1000 万円
G_2	2000 万円	0 円

2 抵当権の順位の譲渡・放棄との違い

このように，抵当権の順位の変更という制度があるので，4 で学んだ抵当権の順位の譲渡・放棄の制度はなくてもいいと思うかもしれません。

しかし，1 でも説明したように，抵当権の順位の変更は，抵当権者全員が同意する必要があります。CASE **7-10** では，G_1 も G_2 も G_3 の願いをきいてあげていましたが，普通は，自分が損をするような変更には同意しないものです。CASE **7-11** をみてみましょう。

CASE 7-11

S は，債権者 G_1 から 1000 万円，G_2 から 2000 万円，G_3 から 3000 万円のお金を借りていました。S は，4000 万円の価値がある甲建物を所有しており，甲建物に，G_1 のために 1 番抵当権を，G_2 のために 2 番抵当権を，G_3 のために 3 番抵当権

を設定しました。

　ところが，その後，G₃がSに追加でお金を貸すことを条件に1番抵当権者になりたいといって，G₁とG₂と交渉しました。G₁は，G₃の提案に同意しましたが，G₂は断りました。

　CASE 7-11のように，G₂が拒否している場合には，G₁とG₃との合意だけで，抵当権の順位の変更をすることはできません。なぜなら，抵当権の順位とは，抵当権が実行された場合にいくらもらえるかを決めるとても重要なものだからです。本人の同意もないのに，勝手に順位を入れ替えることはできないのです。

　このように，G₂が拒否している場合に，G₂の優先弁済権の範囲を変えることなく，G₁とG₃との間でだけ優先弁済権の範囲を変えることができるのが，抵当権の順位の譲渡・放棄です。先ほど学んだ，表3（抵当権の順位の譲渡）や表4（抵当権の順位の放棄）をふりかえってみてください。抵当権の順位の譲渡・放棄では，G₂の配当額に変化はなく，G₁とG₃のみ配当額が変化していることがわかります。

Column 11　「転」の字の意味，「原」の字の意味

　本文で紹介したように，抵当権にさらに抵当権を設定した場合，その抵当権のことを「転」抵当権といいます。なぜ「転」の字が付くのでしょうか。

　「転」の字には，ころがる，ころがすという意味があります。さらに，場所を移す，立場を変わるといった意味もあります。転校，転職といった言葉では，「転」の字はこの意味で使われています。

　そのため，民法でも，売買の目的物をさらに売ることを「転売」といい，賃貸借の目的物をさらに貸すことを「転貸借」といいます。これと同じように，抵当権にさらに抵当権を設定することを「転抵当」というのです。

　反対に，転抵当のもととなる抵当権のことを「原」抵当権といいます。「原」の字には，物事の始まりの意味があります。原因，原点といった言葉では，「原」の字はこの意味で使われています。また，「原」の字には，前の形，もとの状態という意味があります。原料，原作といった言葉を思い浮かべてください。

　民法でも，もとの状態に戻すことを「原状回復」といいます。これと同じように「原」の字を使って，転抵当のもととなる抵当権のことを「原抵当権」といいます。

1 　抵当権の処分とは，抵当権を譲渡したり担保にしたりすることです。抵当権を処分しても，被担保債権が一緒に移るわけではないという点で，抵当権の処分と被担保債権の譲渡とは異なっています。

2 　転抵当とは，抵当権をさらに担保にすることです。転抵当権の被担保債権が弁済されない場合，転抵当権者は，原抵当権を実行して，抵当不動産を競売にかけ，その売却代金から優先弁済を受けることができます。

3 　抵当権の処分は，原抵当権の抵当権設定登記に付記登記をすることで公示され，その順番で優先順位が決まります（376条2項）。付記登記とは，すでにされた登記（主登記）に付記される登記です。

4 　抵当権の譲渡とは，抵当権者がもつ優先弁済権を無担保債権者に譲り渡すことです。抵当権の放棄とは，抵当権者がもつ優先弁済権を，無担保債権者との関係で主張しないことです。

5 　抵当権の順位の譲渡とは，先順位抵当権者がもつ抵当権の優先弁済権を，後順位抵当権者に譲り渡すことです。抵当権の順位の放棄とは，先順位抵当権者が，後順位抵当権者との関係で，自分の優先弁済権を主張しないことです。

6 　抵当権の順位は，当事者の合意によって入れ替えることができます（374条1項）。これを抵当権の順位の変更といいます。抵当権の順位の変更は，登記をすることによって効力を生じます（同条2項）。

第**8**章

抵当権の実行①
——優先弁済権の実現・共同抵当

抵当権の実行

　第2章では，抵当権の設定から消滅までを解説しましたが，そこでも少しふれた「抵当権の実行」について，この章で詳しく学びましょう。

　抵当権者からお金を借りた人（被担保債権の債務者）が，期限がきても借金を返さない場合，抵当権者は，抵当権を実行して，借金を回収することができるのでした。では，抵当権の実行は，どのような手続で行われるのでしょうか。この章では，まず，抵当権の実行とは何か，そして，抵当権の実行の手続がどのようなものなのかを学びます。

共同抵当

　次に，抵当権の実行に関連した応用問題に入ります。「共同抵当」というテーマです。共同抵当とは，1つの債権を担保するために，複数の不動産に抵当権を設定することをいいます。共同抵当において抵当権が実行されると，複数の不動産のうち，どの不動産からいくらのお金を回収するのか？　という問題が出てきます。この問題を解決するためのいくつかのルールを学びます。

1 抵当権の実行

1 強制執行と担保権実行

抵当権をもたない債権者の債権回収

抵当権の実行について学ぶ前提として，そもそも，抵当権をもたない債権者がどのようにして債権を回収するのかをみておきましょう。

> **CASE 8-1**
>
> Gは，Sに100万円を貸していました。ところが，返済の期日が過ぎても，Sはお金を返してくれず，Gが何度も返してほしいと言っても，知らん顔をしています。どうも，自分からお金を返す気はないようです。頭にきたGは，裁判所の手を借り，Sから強制的にお金を取り立てることにしました。

CASE 8-1のような場面で，Gは，どのような手続をすればいいのでしょうか。GがSから強制的にお金を取り立てるためには，Gは，大きく分けて2つのステップをふむ必要があります。

第1のステップは，Gが権利（債権）をもっているのか，そして，それはどれくらいの権利（債権）なのかを確定する手続です。第1のステップをふむことで，Sがお金を借りてもいないのに財産を奪われることがないよう，Sが保護されています。第1のステップを経た後，第2のステップでは，Gは，Sから強制的にお金を取り立てることができます。

(1) 第1のステップ：債務名義の取得

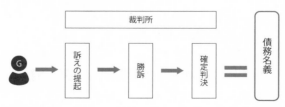

(a) **債務名義とは？** 第1のステップは，お金の取立てのスタートラインに立つためのものです。Gは，債務名義を手に入れる必要があります。債務名義と

は，強制的な権利の実現（強制執行）のために必要とされている文書のことで，債務名義についてのルールは，民事執行法に定められています。民事執行法 22条によれば，債務名義には，確定判決，仮執行宣言付判決などなど，いろいろなものがありますが，ここでは，債務名義の代表例である確定判決についてみていきます。それ以外の債務名義については，民事執行法の教科書で学んでください。

(b) **債務名義を手に入れるには？** CASE **8-1** の G が確定判決を手に入れるためには，裁判所に行き，S を訴えなくてはなりません。しかも，裁判で S に勝つ必要があります（G が契約書をなくしてしまっていて，お金の貸し借りの証拠をそろえることができなければ裁判に負けてしまうこともあります）。G が裁判に勝てば，裁判所は，「S は，G に対して○○円を支払え」という判決を下します。この勝訴判決が確定すると，確定判決となります[1]。

確定判決により，G が S に対して債権をもっていること，その債権の額などが，公的に明らかにされました。このように，強制執行により実現される権利の存在や範囲を示す文書のことを債務名義というのです。債務名義があって初めて，G は，裁判所の手を借りて，S から強制的にお金を取り立てることができるようになります。

(2) **第 2 のステップ：強制執行**

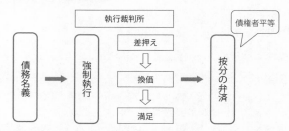

債務名義を手に入れた G は，第 2 のステップに進むことができます。第 2 のステップは，強制的にお金を取り立てる手続です。

G は，債務名義をもって，もう一度，裁判所に行きます。そして，強制執行という手続に取りかかります。債権回収のための強制執行の手続では，裁判所が債

---

note

[1] **説明** 裁判所の判決に不満がある場合には，当事者は，上級の裁判所に不服申立てをすることができます。不服申立ての手段がなくなると，判決がくつがえせないものとなり，確定します。詳しくは，民事訴訟法の教科書で勉強してください。

務者Sの財産を差し押さえて（差押え[2]），それをお金に換え（換価），得られたお金を債権者に配ります（配当）。これによって，Gは，Sに貸したお金を回収することができます。これらの手続について詳しくは，あとで説明することにして，
⇒本章12
先へ進みましょう。

　強制執行による債権の回収について，注意しておかなくてはいけないことがあります。CASE 8-1のSが，G以外の債権者からもお金を借りていた場合，Gは，換価によって得られたお金を，他の債権者と分け合わなくてはなりません。第1章で勉強した「債権者平等の原則」を思い出してください。CASE 8-1のGは，Sに100万円を貸しているのですが，GのほかにG2も900万円を貸していて，強制執行の手続に参加していたとしましょう。このとき，Gは，Sの財産を売って得られたお金を，1：9の割合でG2と分け合うことになります。

　（3）　まとめ

　ここで，「抵当権をもたない債権者の債権回収」についてまとめておきましょう。債権者（G）は，債務者（S）からお金を取り立てるために，第1のステップ（債務名義の取得）と第2のステップ（強制執行）という，めんどうな手続を行わなくてはなりません。それにもかかわらず，債務者に他にも債権者がいる場合には，債権者平等の原則により，ほんの少しの弁済しか得られないこともあります。

抵当権者の債権回収

　次に，抵当権をもつ債権者（抵当権者）の債権回収についてみてみましょう。

> **CASE 8-2**
>
> 　Gは，Sに100万円を貸していました。100万円の債権を担保するために，Gは，Sが所有する甲土地に抵当権の設定を受けていました。その後，返済の期日が過ぎても，Sはお金を返してくれず，Gが何度も返してほしいと言っても，知らん顔をしています。どうも，自分からお金を返す気はないようです。頭にきたGは，裁判所の手を借り，Sからお金を取り立てることにしました。

　CASE 8-2のGは，抵当権を実行して，100万円（被担保債権）の弁済を受けることができるのですが，そのためにどのような手続が必要なのでしょうか。

---

note

[2]　**説明**　裁判所が差押えを宣言すると，Sは，差し押さえられた財産の処分（財産を売ったり，財産に担保権を設定したりすること）を禁じられます。このことを，差押えの処分禁止効といいます。

(1) 簡単な抵当権の実行手続

最も重要なポイントは，抵当権者Gは，先ほど紹介した第1のステップをふむ必要がないということです。Gは，いきなり不動産を差し押さえる手続に入ることができるのです。一体どういうことなのか，以下でみていきましょう。

抵当権の実行の手続も，強制執行の手続と同じように，民事執行法に定められています。

民事執行法によれば，抵当権の実行を始めるために，債務名義は必要とされていません。つまり，CASE 8-1 のGとは異なり，CASE 8-2 のGは裁判をして確定判決を得る必要がないということです。代わりに，Gは，民事執行法に定められた文書（法定文書）を提出する必要があるのですが，この文書は，比較的簡単に用意することができます。抵当権者（G）は，法定文書として，抵当権の登記事項証明書（民執181条1項3号）を提出して，担保権実行手続を開始させることができます。登記事項証明書は，法務局（登記を所管しているところ）に行けばすぐに手に入れることができます。

抵当権実行の手続の進み方は，先ほど紹介した強制執行の手続とほとんど同じです[3]。抵当不動産を差し押さえて（差押え），それをお金に換え（換価），得られたお金を債権者に配ります（配当）。これによって，抵当権者は，被担保債権の回収を行うことができます。

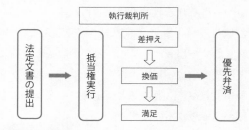

(2) 抵当権者の優先弁済権

さらに，もう1つの重要なポイントがあります。それは，抵当権者は，他の債権者に優先して弁済を受けることができるという点です。第1章で勉強したように，抵当権者Gが抵当権を実行した場合，債務者Sに他の債権者がいたとし

---

note ●

[3] 説明　抵当権の実行について定めている民事執行法188条は，不動産に対する強制執行の規定を準用しています。

ても，抵当権実行によって得られたお金は，まず，Gに配当されます。Gが被担保債権全額の弁済を受けて初めて，他の債権者も弁済を受けることができるのです。

このように，抵当権者は，一般の債権者に比べて簡単な手続で債権を回収することができます（下表参照）。その上，一般の債権者に優先して弁済を受けることができます。より簡単で，より安心。これが，抵当権が用いられる理由なのです。

	手続開始に債務名義が必要か	優先弁済権があるかどうか
強制執行	必要	無
抵当権実行	不要	有

2 抵当権を実行するための2つの方法 ───────●

抵当権を実行するためには，どのような手続を行う必要があるのでしょうか。詳しくみていきましょう。

民事執行法には，2種類の実行方法が定められています（民執180条）。

第1に，抵当不動産を強制的に売却[4]し，その売却代金を債権者に配る方法があります。この手続を，担保不動産競売といいます。

第2に，抵当不動産の所有者に替えて，裁判所から選ばれた管理人に不動産の管理をさせ，不動産から得られる収益を債権者に配る方法があります。この方法を，担保不動産収益執行といいます。第2章で勉強したように，抵当不動産は，所有者が占有しており，抵当権者は，抵当不動産の収益を得ることはできないはずです。しかし，民法371条は，被担保債権について不履行があった後は，抵当権の効力が抵当不動産の収益にも及ぶことを定めています。これにもとづいて，担保不動産収益執行が認められるのです[5]。

以下では，これらの2つの手続の流れを順番に勉強していきます。

note ─────────────────────────────────●

[4] **説明** 不動産の売却の方法には，いくつかのものがありますが，入札によるのが一般的です。入札では，一定の期間内に，買受希望者が不動産の入札価額を書いた入札書を提出します。最も高い金額を書いた買受希望者が不動産の買受人となることができます。

3 担保不動産競売

担保不動産競売の流れとポイント

担保不動産競売の流れとポイントは，次の図のようになっています。

担保不動産競売開始の申立て

Gは，裁判所に行って，担保不動産競売の手続を開始するよう，申立てをします。

担保不動産競売開始決定

手続開始の要件が満たされている場合，裁判所は，担保不動産競売開始決定をします。

売却準備手続　　　　　　　　　　　　**不動産の差押え**

不動産を売るための準備を行います。Sにどのような債権者がいるのか調べたり，不動産にどれくらいの価値があるか評価したりして，売却の条件を決めます。｜開始決定と同時に，裁判所は，抵当不動産の差押えを宣言します。

売却手続

入札などの方法により，不動産が売却されます。裁判所は，これまでの手続をふりかえって，適正であると認められれば，売却許可決定を出します。

買受人がいない場合には，裁判所は，さらに売却を実施します。それでも買受人が出てこない場合には，抵当権の実行手続が停止されることもあります。

代金納付　所有権の移転 → **抵当権の消滅**

配当手続

不動産の売却代金を，債権者に支払います。

---

note

[5] **説明**　抵当権者が不動産の賃料から債権回収できるという点で，担保不動産収益執行は，第4章で学んだ賃料債権への物上代位とよく似ています。抵当権者には，賃料から債権を回収するために，2つの手段が用意されているのです。

　ただし，担保不動産収益執行と物上代位とには違いもあります。収益執行の管理人は，収益を受け取るだけではなく，新たに賃貸借契約を締結することもできます。さらに，所有者が不動産を占有している場合には，それをやめさせて，自らが占有することも認められています。つまり，管理人は，所有者が不動産を使用している場合に，それをやめさせて，新たな賃貸借契約を締結し，収益をあげるようにすることもできるのです。この点は，賃料債権への物上代位とは異なる担保不動産収益執行のメリットです。

抵当不動産の所有権の移転

担保不動産競売において，裁判所が売却許可決定を出すと，買受人は，一定の期日までに，裁判所に不動産の代金を納めます。これを，代金納付といいます。この時点で，不動産の所有権は，買受人に移転します。

売却代金の配当

不動産の売却代金の配当は，民法などの法律に定められた優先順位に従って行われます。売却代金は，まず，競売手続の費用，次に，第三取得者の費用償還請求（391条）[6]に対して配当されます。その後，競売によって消滅する担保権の担保権者に配当が行われます。担保権者間の中で誰が先に配当を受けるかは，基本的には登記の先後によって決まります。担保権者に配当をした後，売却代金に残額があれば，手続に参加した一般債権者にも配当がされます。それでもなお残額があれば，残額は，抵当不動産の所有者に支払われます。

抵当権の消滅

担保不動産競売によって不動産が売却されると，その不動産に設定されていたすべての抵当権は消滅します。もちろん，抵当権者は，売却代金の配当を受けることができます。しかし，被担保債権全額について弁済を受けられない場合であっても，抵当権は消滅します。このように，担保権の実行があると，目的物に設定されていたすべての担保権が消滅するという立法上の考え方を，消除主義といいます。消除主義があることによって，不動産の買受人は，抵当権の負担のない不動産を手に入れることができます。買受人が保護されることで，不動産をより高い金額で売ることができるのが消除主義のメリットです。

---

note

[6] 説明 抵当不動産の第三取得者が，抵当不動産にかかる費用を払った場合には，抵当不動産が競売された際に，その売却代金から他の債権者に優先して費用の償還を受けることを求めることができます。これを，第三取得者の費用償還請求といいます。

4 担保不動産収益執行

担保不動産収益執行の流れとポイント

次に，担保不動産収益執行の流れとポイントをみていきましょう。

担保不動産収益執行の申立て

Gは，裁判所に行って，担保不動産収益執行の手続を開始するよう，申立てをします。

> 担保不動産競売と同じように，担保不動産収益執行の申立てをするために，Gは，民事執行法に定められた文書（法定文書）を提出する必要があります。

担保不動産収益執行開始決定

手続開始の要件が満たされている場合，裁判所は，担保不動産収益執行開始決定をします。

> 不動産の差押えに加えて，2つの命令が出されます。まず，不動産の所有者に対して，不動産の収益を処分することを禁じる命令が出されます。次に，収益給付義務者（不動産の賃借人のように，収益を誰かに支払う〔給付する〕義務を負う者）に対して，収益を管理人に渡すよう義務づける命令が出されます。

管理人の選任

開始決定がされると同時に，裁判所により管理人が選任されます（管理人には，裁判所の職員である執行官や弁護士が選任されることが多いようです）。

不動産の差押え

開始決定がされると同時に，抵当不動産の差押えも宣言されます。

管理人による管理

管理人は，抵当不動産を管理し，そこから上がる収益を受け取ります。

配当手続

管理人が収取した収益を，債権者に支払います。

収益のゆくえ

担保不動産収益執行において，管理人が収取した収益は，まず，不動産に対して課される税金等，次に，管理人の報酬や管理費用に対して支払われます。残った収益が，配当に回されます。

担保不動産収益執行の配当は，裁判所が定める期間ごとに行われます。配当を受けられる債権者は，担保不動産収益執行の開始申立てをした抵当権者，手続に参加した一般債権者や先取特権者です。

担保不動産競売の場合と異なり，抵当権者だからといって当然に配当を受けられるわけではない点には注意が必要です。このような違いは，担保不動産競売と担保不動産収益執行との効果の違いから生まれてきます。

担保不動産収益執行では，不動産が売却されるわけではないため，不動産に設定されていた抵当権が収益執行によりすべて消滅するということはありません。そこで，自ら手続に参加した抵当権者だけが配当を受けられるとしても，抵当権者が害されることはないのです。

② 共同抵当

ここまで，抵当権の実行の基本を勉強してきました。ここからは，抵当権の実行の応用問題に入っていきます。

先ほど勉強した抵当権実行手続の流れを思い出してください。抵当権が実行されると，最後に，債権者にお金を配る（配当する）ことになります。どのようにお金を配るかをめぐって，複雑な問題が生じる場面があります。それが，共同抵当という場面です。

1 共同抵当とは何か

まずは，共同抵当とは何かをみていきましょう。以下のような場面を考えてみてください。

CASE 8-3

　G銀行は，S会社に1億円を貸そうとしています。1億円を確実に回収するため，G銀行は，S会社の不動産に抵当権の設定を受けようとしました。ところが，S会社の本社ビルは，9000万円の価値しかありません。また，S会社は，工場も所有していますが，工場は，6000万円の価値しかありません。

G銀行は，S会社が借金を返せなかっ
た場合に備えて，被担保債権の額に十分
な担保をとっておきたいと考えています。
ところが，S会社の不動産は，どれも1
億円を超える額にはなりません。では，
G銀行は，1億円貸すことをあきらめな
くてはならないのでしょうか。

　ここで，G銀行は，共同抵当を用いる
ことができます。共同抵当とは，1つの

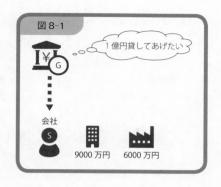

図8-1

1億円貸してあげたい

会社

9000万円　6000万円

債権を担保するために，複数の不動産にそれぞれ抵当権を設定することをいいま
す。**CASE 8-3**では，G銀行は，1億円の貸金債権を被担保債権として，本社ビル
（9000万円）と工場（6000万円）の両方に抵当権を設定すればいいのです。2つ
の不動産を合わせると1億5000万円になりますから，G銀行は，安心して1億
円を貸すことができます[7]。

　そして，S会社が借金を返済してくれなかった場合には，G銀行は，本社ビル
の抵当権と工場の抵当権とを同時に実行することもでき，また，どちらか一方の
抵当権を先に実行することもできます。

　というのも，共同抵当は，抵当権者を保護することによって，債務者がお金を
借りやすくするための制度です。このような制度趣旨から，抵当権の実行の順番
についても，抵当権者の自由が認められているのです。

2　共同抵当の配当の仕方

共同抵当が抱える問題

　このように，共同抵当とは，抵当権者にとって便利なものなのですが，抵当権
の実行の際に，どのように配当をするのかという問題が生じます。この問題は，

note

[7]　**説明**　このほかにも，共同抵当には，いくつかのメリットがあります。
　　1つには，リスクを分散することができるというメリットがあります。例えば，1つの建物が滅失してし
　まったとしても，別の建物が残っていれば，抵当権者は，完全に抵当権を失うということにはなりません。
　このようにして，事故や災害によって抵当権を失うリスクを軽減することができるのです。
　　もう1つには，土地とその上に建っている建物のように，セットで価値をもつ不動産に，併せて抵当権を
　設定しておくことができるというメリットがあります。

こうじゅんい
後順位抵当権者がいる場合に，特に重要になってきます。CASE **8-4** を考えて
みましょう。

CASE 8-4

G₁ 銀行は，S 会社に
5000 万円を貸しました。
この債権を担保するために，
G₁ 銀行は，S 会社が所有
する甲建物（6300 万円）
と乙建物（4200 万円）
について，抵当権の設定を
受けました。その後，S 会
社は，G₂ 銀行からも
4000 万円を借りました。
この債権を担保するために，
G₂ 銀行は，甲建物に第 2
順位の抵当権の設定を受け
ました。さらに，S 会社は，
G₃ からも 3000 万円を借りました。この債権を担保するために，G₃ は，乙建物に第
2 順位の抵当権の設定を受けました。

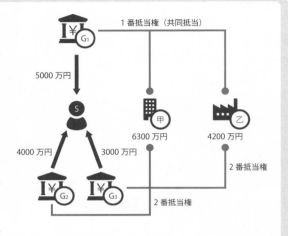

結局，S 会社は，G₁ 銀行，G₂ 銀行，G₃ 銀行から借りたお金を返すことができなく
なってしまいました。そこで，G₁ 銀行は，抵当権を実行し，不動産を競売にかけよう
としています。では，競売が行われた場合，G₂ 銀行，G₃ 銀行は，いくらの配当を受
けることができるのでしょうか。

　この問いに答えるためのポイントは，1 番抵当権をもっている G₁ が，甲建物
と乙建物の売却代金から，それぞれいくらの配当を受けるかです。なぜなら，2
番抵当権者である G₂，G₃ は，G₁ が配当を受けた残額から配当を受ける立場にい
るため，G₁ の配当額が G₂，G₃ の配当額を左右するからです。

　もし，G₁ が甲建物でも乙建物でも好きなほうから好きなだけ配当を受けられ
るとしたら，どうなるでしょうか。例えば，G₁ が，乙建物の売却代金の全部を
受け取ることにしたとしましょう。このとき，乙建物の 2 番抵当権者 G₃ は，ま
ったく配当を受けられなくなってしまいます。反対に，G₁ が，甲建物の売却代
金の全部を受け取ることにすれば，今度は，甲建物の 2 番抵当権者 G₂ の配当が
減ってしまいます。

　このように，共同抵当の場面では，どの不動産からどれだけの配当を受けるか

をあらかじめ決めておかないと，後順位抵当権者が一体いくらの配当を受けられるのか，予測することができなくなってしまいます。そうすると，お金を貸す時点でも，いくらお金を貸してよいのかわからなくなり，債務者がお金を借りづらくなってしまいます。この問題を解決するため，民法には，共同抵当における配当に関するルールが定められています。

同時配当の場合

　まずは，G_1 銀行が，甲建物の抵当権と乙建物の抵当権とを同時に実行した場合です。このとき，これらの不動産の売却代金は同時に配当されることになります。これを，同時配当と呼び，民法 392 条 1 項が，配当のルールを定めています。

　392 条 1 項によれば，G_1 がどの不動産からいくらの配当を受けるかは，不動産がいくらで売れたかによって決まります。不動産の売却代金の額に応じて，被担保債権額が按分されるのです。「売却代金の額に応じて按分」とは，売却代金の額に比例して，被担保債権が割り振られることです。以下のような計算をします。

　CASE **8-4** で，甲建物が 6300 万円，乙建物が 4200 万円で売却されたとしましょう。金額の比は，3：2 です。そこで，G_1 銀行の被担保債権 5000 万円を 3：2 の比で割り振って，甲建物から 3000 万円，乙建物から 2000 万円の配当が行われることになります（図 8-2 参照）。

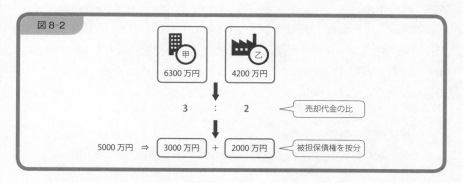

図 8-2

6300 万円　4200 万円

3　：　2　← 売却代金の比

5000 万円 ⇒ 3000 万円 ＋ 2000 万円　← 被担保債権を按分

　結果として，G_1 銀行は，被担保債権 5000 万円全額について，2 つの不動産から配当を受けます。そして，G_2 銀行は，甲建物の売却代金 6300 万円から，G_1 銀行の取り分 3000 万円を引いて，3300 万円の配当を受けることができます。G_3 銀行は，乙不建物の売却代金 4200 万円から，G_1 銀行の取り分 2000 万円を引いて，

2200 万円の配当を受けることができます[8]。

同時配当の場合の配当額

	甲建物（6300 万円）	乙建物（4200 万円）	合計
G₁	3000 万円	2000 万円	5000 万円
G₂	3300 万円	—	3300 万円
G₃	—	2200 万円	2200 万円

異時配当の場合

では，G₁銀行が，先に甲建物についてだけ，抵当権の実行としての競売を行ったらどうなるでしょうか。そして，その後，乙建物についても，抵当権の実行としての競売が行われるとしましょう。このような場面では，甲建物の売却代金の配当と，乙建物の売却代金の配当とが，異なる時期に行われることになります。この場面を，異時配当と呼びます。

(1) 異時配当の問題

G₁銀行が，先に甲建物の抵当権実行を行った場合，392 条 2 項によれば，G₁銀行は，甲建物の売却代金から債権全額の回収を行うことができます（392 条 2 項前段）。つまり，G₁銀行は，甲建物の売却代金 6300 万円のうち，5000 万円の配当を受けます。

ところが，これでは，G₂銀行が困ってしまいます。同時配当であれば，3300 万円の配当を受けられたはずが，異時配当では，甲建物の売却代金（6300 万円）から G₁銀行の取り分（5000 万円）を引いた残額は 1300 万円だけなのです。1300 万円の配当しか受けられないとすれば，後順位抵当権者 G₂銀行の期待が害されることになるでしょう。

(2) 後順位担保権者の代位

そこで，392 条 2 項後段は，G₂の期待を保護するためのルールを用意していま

note ───●

[8] **説明** G₂銀行は，貸したお金 4000 万円のうち 3300 万円しか配当を受けていません。そのため，依然として，S に対して 700 万円の債権をもっています。ただし，抵当権は実行により消滅しているので（消除主義⇒本章 **1** **3**）この 700 万円の債権は，抵当権によって担保されていない債権です（一般債権・無担保債権）。G₃銀行についても，同じことがいえます。貸したお金 3000 万円のうち 2200 万円しか配当を受けていないので，残りの 800 万円は，一般債権となります。

す。それは，乙建物の抵当権に関するルールです。

　本来，G_2 は甲建物の抵当権者なのですから，乙建物とは何の関係もないはず
です。しかし，共同抵当の異時配当の場合には，G_2 が期待していた甲建物から
の配当が，G_1 にもっていかれてしまうため，G_2 は，G_1 がもっていた乙不動産の
抵当権を，G_1 に代わって行使すること（代位）を認められています。

　つまり，G_2 は，G_1 に代わって乙建物の抵当権を実行することができ，乙建物
の売却代金のうち，G_1 の取り分になるはずだった 2000 万円の配当を受けること
ができるのです。以下の表を同時配当の表と見比べてほしいのですが，配当の合
計額は，変わっていません。

異時配当の場合の配当額

	甲建物（6300 万円）	乙建物（4200 万円）	合計
G_1	5000 万円	0 円	5000 万円
G_2	1300 万円	2000 万円	3300 万円
G_3	—	2200 万円	2200 万円

　このように，共同抵当に関するルールでは，後順位抵当権者の期待を保護する
ことが重要なポイントになっています。

> ポイントは，後順位抵当権者の期待の保護

3　物上保証人が関係する場合

物上保証人とは

(1)　物上保証人の立場

　ところが，後順位抵当権者を保護してばかりはいられない事態が生じることが
あります。それは，物上保証人が登場してくる場面です。では，物上保証人とは，
どのような人なのでしょうか。21 頁で学んだことをふりかえっておきます。

CASE8-5

　G_1 銀行は，S に 5000 万円を融資しようとしています。5000 万円を確実に回収
するために，G_1 銀行は，S が所有する甲建物に抵当権の設定を受けましたが，甲建物

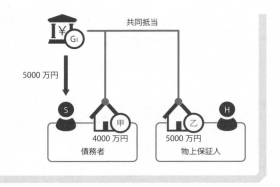

は，4000万円の価値しかありませんでした。担保の不足を補うため，Sの親戚であるHが協力することになりました。Hが所有する乙建物は，5000万円の価値があります。G₁銀行は，乙建物についても抵当権の設定を受けました。

この場面では，Hは，G₁銀行からお金を借りている（債務を負っている）わけではありません。Sの債務を担保するために，Hが所有する不動産に抵当権が設定されているのです。このような立場の人を，物で保証しているという意味で物上保証人といいます。

(2) 物上保証人の不動産についての抵当権の実行

物上保証人Hは，G₁銀行から，債務の返済を迫られることはありません。しかし，もしSが借りた5000万円を返せない場合には，G₁銀行は，乙建物の抵当権を実行し，債権を回収することができます。抵当権の実行として競売がされれば，Hは乙建物の所有権を失い，G₁銀行が5000万円を手にすることになります。

(3) 物上保証人保護の制度

Hは，自分が債務を負っていたわけではないのに，乙建物を失ってしまうのですが，そのまま泣き寝入りしなくてはならないのでしょうか。そんなことはありません。民法は，Hのために，2つの手段を用意しています。

第1に，Hには，求償権という権利があります（372条，351条）。Hは，債務者であるSに対して，5000万円を返すよう請求することができます。

第2に，Hには，代位が認められています。Hは，G₁銀行に代わって，G₁銀行がSに対してもっていた債権を行使することができるのです（499条）[9]。この場面では，Hは，G₁銀行が甲建物についてもっていた抵当権も行使することができます（501条）。つまり，Hは，甲建物の抵当権を実行することができます。

note ―――

[9] 説明　この代位については，4巻第13章①で詳しく学びましょう。

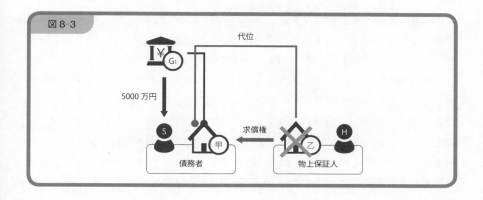

図 8-3

代位

5000 万円

求償権

S
債務者
甲

乙
物上保証人
H

共同抵当と物上保証人

　では，債務者が所有する不動産と物上保証人が所有する不動産とが共同抵当の目的となっている場合に，抵当権不動産が競売されたら，不動産の代金は，どのように配られるのでしょうか。それぞれの不動産に後順位抵当権者がいる場面を考えてみましょう。

CASE 8-6

　G₁ 銀行は，S に 5000万円を貸しました。この債権を担保するために，G₁ 銀行は，S の所有する甲建物（6300 万円）と H の所有する乙建物（4200 万円）について，抵当権の設定を受けました。その後，S は，G₂ 銀行からも 4000万円を借りました。この債権を担保するために，G₂銀行は，甲建物に第 2 順位の抵当権の設定を受けま

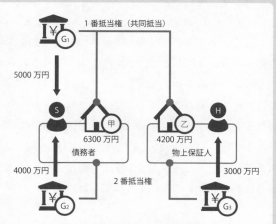

1 番抵当権（共同抵当）

5000 万円

S
債務者
甲
6300 万円

乙
4200 万円
物上保証人
H

4000 万円

2 番抵当権

3000 万円

G₂

G₃

した。他方，H は，G₃ 銀行からも 3000 万円を借りました。この債権を担保するために，G₃ 銀行は，乙建物に第 2 順位の抵当権の設定を受けました。

　このケースは，**2** で勉強したような共同抵当の対象となる不動産すべてを債務

者が所有している場合と同じように考えることはできません。なぜなら，債務者所有の不動産の共同抵当の場面では，後順位抵当権者の保護を中心に考えていましたが，今度は，物上保証人の立場も考えなくてはならないからです。

前項で学んだように，物上保証人は，自らが所有する不動産に設定された抵当権を実行された場合，債務者に求償をすることができる立場にあります。さらに，債権者に代位できる立場でもあります。つまり，物上保証人は，自分の負担で被担保債権を弁済しなくてはならない立場にあるわけではありません。このような物上保証人の立場を考えれば，**CASE 8-6** のような共同抵当の場面では，債務者Ｓが所有する甲建物と物上保証人Ｈが所有する乙建物とを比べると，被担保債権は，まずは甲建物の売却代金から払われるべきではないかと考えられるのです。

$$\boxed{\text{後順位抵当権者}} \quad \text{VS.} \quad \boxed{\text{物上保証人}}$$

同時配当の場合

(1) 392条1項の適用肯定説

このような考え方をもとにして，甲建物と乙建物の売却代金が同時に配当される（同時配当の）場合について考えてみましょう。**CASE 8-6** のような共同抵当において，甲建物の抵当権と乙建物の抵当権とが同時に実行された場合，被担保債権の按分の負担を定めた 392 条 1 項 ^{⇒141頁} が適用されるのでしょうか。

もし適用されるとすれば，G_1 銀行がＳに対して有する被担保債権 5000 万円は，甲建物と乙建物の価格に応じて按分され，それぞれの不動産の売却代金から支払われることになります。つまり，被担保債権 5000 万円は，不動産の売却代金の額の比 3：2 に分けられ，甲建物から 3000 万円，乙建物から 2000 万円が支払われます。そして，残額が，2 番抵当権者である G_2 銀行と G_3 銀行に配当されます。まとめると，以下の表のようになるはずです。

392 条 1 項の適用肯定説

	甲建物（6300 万円）	乙建物（4200 万円）	合計
G_1	3000 万円	2000 万円	5000 万円
G_2	3300 万円	—	3300 万円
G_3	—	2200 万円	2200 万円

(2) 392 条 1 項の適用否定説

　しかし，前項で述べたように，物上保証人 H は，債務者に求償したり，債権者に代位したりすることができる立場，つまり，自分が被担保債権を弁済する負担を負うわけではない立場にあります。したがって，抵当権の実行の場面でも，被担保債権の負担は，まずは債務者 S が所有する甲建物が負うべきであり，それでも足りないときには，物上保証人 H が所有する乙建物から配当が行われると考えるべきでしょう。

　つまり，CASE 8-6 のように，債務者所有の不動産と物上保証人所有の不動産とが共同抵当の対象となっている場合には，按分の負担を定める 392 条 1 項を適用するべきではないのです。

　CASE 8-6 の共同抵当における同時配当の場合の配当額は下の表のようになります。まずは，債務者 S が所有する甲建物が被担保債権 5000 万円を負担します。これで被担保債権の全額がカバーされたので，物上保証人 H が所有する乙建物から，S が負う借金のために配当がされることはありません。そして，甲建物の売却代金の残額 1300 万円は，甲建物の後順位抵当権者 G2 銀行に配当されます。乙建物の売却代金は，H 自身が負う借金の返済のために，後順位抵当権者 G3 銀行に配当されます。なお，G3 銀行に配当したあとに残る 1200 万円は，乙建物の所有者である H に支払われます。

392 条 1 項の適用否定説

	甲建物（6300 万円）	乙建物（4200 万円）	合計
G_1	5000 万円	0 円	5000 万円
G_2	1300 万円	—	1300 万円
G_3	—	3000 万円	3000 万円

残額 1200 万円は H へ

以上のように，債務者所有の不動産と物上保証人所有の不動産とが共同抵当の目的となっている場合には，まずは，債務者所有の不動産から，配当が行われます。その結果，債務者所有の不動産の後順位抵当権者が受け取ることができる配当額は，同一所有者の不動産が共同抵当の目的となっている場合よりも少なくなります。つまり，債務者所有不動産の後順位抵当権者よりも，物上保証人の立場が尊重された配当が行われているのです。

甲建物が先に売却される異時配当の場合

次に，異時配当の場合はどうでしょうか。甲建物について先に抵当権の実行としての競売が行われた場合，売却代金はどのように配当されるのでしょうか。

ここでは，まず，甲建物の1番抵当権者である G_1 が，被担保債権5000万円全額について配当を受け，残額の1300万円を2番抵当権者 G_2 が受け取ります。

その後，乙建物の競売が行われた際には，392条2項に定められた代位は認められません。なぜなら，2番抵当権者 G_2 は，すでに同時配当の場合と同じだけの配当を受けており，代位の必要性がないからです。債権者たちが最終的に受け取る金額は，前頁の表（392条1項の適用否定説）と同じようになります。

乙建物が先に売却される異時配当の場合

では，乙建物が先に競売された場合はどうでしょうか。まず，G_1 銀行が乙建物について1番抵当権者をもっているのですから，G_1 銀行がその売却代金4200万円を受け取ります。

続いて，甲建物につき競売が行われた場合，解決しなくてはならない問題が2つ生じてきます。

(1) 抵当権者と物上保証人との関係

第1は，1番抵当権者 G_1 と物上保証人 H との関係です。G_1 は，被担保債権5000万円のうち，一部（4200万円）しか弁済を受けていませんから，甲建物の売却代金からも残額（800万円）を回収したいと考えています。他方，H は，乙建物の競売によって4200万円を負担したので，G_1 に代位して，甲建物の抵当権を行使したいと考えています。このとき，G_1 と H とは，どちらが優先することになるのでしょうか。

これは，弁済による代位の応用問題，「一部代位」の問題です（502条）。判例

は，抵当権者と物上保証人とでは，抵当権者が優先するという立場に立っています（最判昭和53年7月4日民集32巻5号785頁）。つまり，甲建物の売却代金6300万円のうち，まず，G_1 が800万円の配当を受けます。その後に，Hが G_1 に代位して，4200万円の配当を受けることができそうです。

(2) 後順位抵当権者と物上保証人との関係

ところが，ここで，第2の問題が出てきます。それは，物上保証人Hと乙建物の後順位抵当権者 G_3 との関係です。同時配当の場合であれば，乙建物から3000万円の配当を受けられたはずの G_3 は，どうなってしまうのでしょうか。

判例は，乙建物の2番抵当権者 G_3 は，Hが G_1 に代位して取得するはずの4200万円から，Hに優先して配当を受けることができると判断しました。なぜなら，G_3 は，4200万円に対して，「あたかも物上代位[10]するように」権利を行使することができるからです（最判昭和60年5月23日民集39巻4号940頁）。「あたかも物上代位するように」とは，とても難しい言いまわしですが，CASE **8-6** に当てはめていえば，G_3 が乙建物についてもっていた抵当権が，甲建物の抵当権（配当を受ける権利）に姿を変えているというふうに考えるのです。そのため，G_3 が，甲建物の配当から優先弁済を受けられます。

つまり，4200万円のうち，まず，G_3 が3000万円の配当を受け，その後に，Hが残額の1200万円の配当を受けます。

そして，G_1，G_3，Hが配当を受けた残額の1300万円が，甲不動産の2番抵当権者 G_2 に配当されることになります。最終的な配当は，下表のとおりです。G_1，G_2，G_3，Hのそれぞれが最終的に受け取る金額が，同時配当の場合（前表参照）と同じになっていることに注目してください。

	甲建物（6300万円）	乙建物（4200万円）	合計
G_1	800万円	4200万円	5000万円
G_2	1300万円	—	1300万円
G_3	3000万円（物上代位）	0円	3000万円
H	1200万円（代位）	—	1200万円

以上のように，債務者所有の不動産と物上保証人所有の不動産とが共同抵当の

note

[10] **説明** 物上代位については，第**4**章を復習してください。

目的となっている場合には，異時配当の場面でも，物上保証人（と物上保証人所有不動産の後順位抵当権者）が尊重された配当が行われます。

Column 12　3つの代位

　この章の **2** では，共同抵当について学びました。共同抵当における配当の問題を解決するために，3種類の「代位」が登場したので，混乱している人もいるかもしれません。ここで，代位について整理しておきます。

　代位とは，他人の地位に代わりに入ることをいいます。本来はAがお金を受け取るはずだったところ，BがAの地位に代わりに入って，Bがお金を受け取ることになる。このような場面を指して，代位というのです。とはいえ，なぜBがお金を受け取れるのか，つまり，なぜ代位が認められるのかは，それぞれの場面によって異なっています。**2** に登場した3種類の代位をふりかえってみましょう。

　1つめは，共同抵当の異時配当についての規定，392条2項後段に登場する「代位」です。共同抵当の目的となった不動産のうち，先に売却された不動産の後順位抵当権者が，先順位抵当権者に代位することができます。この代位は，同時配当の場合と，異時配当の場合とで，各抵当権者の配当額が異ならないようにするために認められています。後順位抵当権者の期待が保護されるので，抵当権設定者が後順位抵当権者からもお金を借りやすくなります。

　2つめは，弁済による「代位」です（499条，501条）。弁済による代位について，詳しくは，4巻第 **13** 章で学んでください。他人が負担する債務を弁済した人は，債権者に代位して，債権や担保権を行使することができます。この代位は，他人のために債務を弁済した人がもつ求償権を強める役割をもっています。これによって，他人のために債務を弁済した人が損をしないことになり，債務の弁済が促進されます。

　3つめは，物上「代位」です（372条，304条）。本書の第 **4** 章で学んだように，担保権者は，担保目的物の滅失や損傷の場面で，担保目的物の所有者に代わって，所有者が受け取るはずだったお金を受け取ることができます。物上代位があることで，担保権者は，不測の損害を心配することなく，安心してお金を貸すことができます。また，担保権者と担保目的物の所有者とのバランスが図られています。

　2 の **3** のように物上保証人が共同抵当に関わる場合には，①同時配当と異時配当とのバランス，②物上保証人の求償権の保護，③抵当権者と抵当不動産の所有者（物上保証人）とのバランスという3つの問題を全部解決しないといけない

ので，3つの代位が登場することになるのです。

1　抵当権をもたない債権者は，債務者からお金を取り立てるために，第1のステップ（債務名義の取得）と第2のステップ（強制執行）をふまなくてはなりません。債務者に他にも債権者がいる場合には，債権者平等の原則により，ほんの少しの弁済しか得られないこともあります。

2　抵当権の実行の際，抵当権者は，第1のステップをふまずに，いきなり不動産を差し押さえる手続に入ることができます。その上，抵当権者は，一般の債権者に優先して弁済を受けることができます。

3　抵当権には，2種類の実行方法があります（民執180条）。第1に，抵当不動産を強制的に売却し，その売却代金を債権者に配る方法があります。この手続を，担保不動産競売といいます。第2に，抵当不動産の所有者に替えて，裁判所から選ばれた管理人に不動産の管理をさせ，不動産から得られる収益を債権者に配る方法があります。この手続を，担保不動産収益執行といいます。

4　共同抵当とは，1つの債権を担保するために，複数の不動産にそれぞれ抵当権を設定することをいいます。

5　共同抵当の同時配当の場合に，先順位抵当権者がどの不動産からいくらの配当を受けるかは，不動産の売却代金によって決まります。不動産の売却代金の額に応じて，被担保債権額が按分されるのです（392条1項）。

6　共同抵当の異時配当の場合に，先順位抵当権者は，1つの不動産の売却代金から債権全額の回収を行うことができます（392条2項前段）。その不動産の後順位抵当権者には，先順位抵当権者に代わって，共同抵当の目的となっている別の不動産の抵当権を行使すること（代位）が認められています（同項後段）。

7　債務者所有の不動産と物上保証人所有の不動産とが共同抵当の対象となっており，同時に競売により売却された場合，按分の負担を定める392条1項は適用されません。被担保債権の配当には，まず，債務者所有の不動産の売却代金があてられます。債務者所有の不動産の後順位抵当権者よりも，物上保証人の地位が尊重されているのです。

CHAPTER

第**9**章

抵当権の実行②
──法定地上権

═══════════ INTRODUCTION ═══════════

　第8章では，抵当権の実行というテーマを取り上げました。この章では，その応用問題として，抵当権の実行のときに登場する法定地上権という制度について学びます。

土地と建物との関係

　法定地上権について学ぶために，その基礎となる知識を確認します。まずは，土地と，その上に建っている建物との関係です。

抵当権の実行と土地・建物

　次に，土地に設定された抵当権を実行したら，その上に建っている建物はどうなるか，反対に，建物に設定された抵当権を実行したら，土地がどうなるかを学びます。

法定地上権の意義　　📖 388条

　以上の基礎をふまえて，法定地上権とは何かを学びます。

法定地上権の４つの要件　📖 388条

法定地上権が成立するための要件は，388条に定められています。388条に定められた４つの要件を学びます。

法定地上権の応用問題

最後に，法定地上権の応用問題を取り上げ，法定地上権についての理解を深めていきます。

1 土地と建物との関係

INTRODUCTION で説明したように，この章では，法定地上権について学びます。まずは，法定地上権とは何かを知りたいところですが，その前に，前提となる知識を復習しておきましょう。

1 土地と建物の所有者

第2章で，土地と建物とは，別個の物であることを学びました。ある土地の上に建物が建っている場合，その土地と建物とは一体のようにも思えるのですが，法的には，別々の不動産です。

したがって，ある土地の上に建物が建っているとき，①土地の所有者と建物の所有者とが同じ場合もあれば (3)，②土地の所有者と建物の所有者とが異なっている場合もあります (2)。

2 他人の土地の上に建物を建てるためには

具体例を考えてみましょう。まずは，②の土地の所有者と建物の所有者とが異なっている場合についてです。CASE 9-1 と CASE 9-2 とを比較してみてください。

CASE 9-1

　Aは，甲土地を所有しています。あるとき，B
が勝手に甲土地の上に乙建物を建てて，そこに住
み始めました。

CASE 9-2

　Aは，甲土地を所有しています。Bは，Aとの間で，建物
を所有する目的で甲土地を使うことを内容とする賃貸借契約
を締結しました。その後，Bは，甲土地の上に乙建物を建て
て，そこに住み始めました。

　CASE 9-1と9-2の両方の場面において，Bは，自ら建物を建てたので，建
物の所有権をもっています。CASE 9-1では，勝手に建物を建てたBが所有権
をもつのはおかしいように思うかもしれませんが，あくまで，土地と建物の所有
権は別のものなので，建物はBの所有物であって，土地所有者Aのものになる
わけではありません。しかし，Bは，建物に住み続けることはできません。

　CASE 9-1のBは，土地を使う権利（土地利用権）をもっていない，つまり，
土地を不法占有している状態にあります。したがって，Aが自分の土地所有権
にもとづいてBを訴えれば，Bは，乙建物を取り壊して，土地を明け渡さなけ
ればならないのです[1]。

　これに対して，CASE 9-2では，Bは，土地利用権をもっています。AとB
との間の賃貸借契約にもとづく賃借権です。賃貸借契約が続く限り，Bは，甲土
地の上に乙建物を所有し続けることができます[2]。

3　自分の土地の上に建物を建てるためには

　このように，他人の土地の上に建物を建てるためには，賃借権のような土地利

---

note

[1]　**説明**　第6章2で学んだ物権的請求権を思い出してください。Aは，所有権にもとづく返還請求権を行使
して，Bから土地を明け渡してもらうことができます。

[2]　**説明**　賃貸借契約が終了すると，Bはもはや土地の利用権をもっていない状態になるので，Aに土地を明け
渡さなくてはなりません。

用権が必要なのですが，自分の土地の上に建物を建てる場合はどうでしょうか。

CASE **9-3** では，Aは土地の所有者です。土地の所有者は，自分の土地を自由に使用することができます（206条）。したがって，Aは，所有権にもとづき，甲土地の上に建物を建てて，住むことができます。このとき，所有権以外に，賃借権のような土地利用権は必要ではありません。

賃借権のような土地の利用権は，土地と建物の所有者が別々の場合にだけ必要なものなのです。

2 抵当権の実行と土地・建物

1では，土地の利用権が必要な場面についてみてきました。次に，抵当権の実行が関わるとどうなるのかを考えてみましょう。

1 土地と建物の所有者が異なる場合

先ほど，土地と建物は，別個の物であることを復習しました。それによると，土地の上に建物が建っている場合に，どちらか一方のみに抵当権を設定することが可能です。次の CASE **9-4**，**9-5** を考えてみましょう。

土地に抵当権が設定されている場合

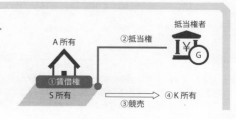

登記を備え，そこに住み始めました。

　その後，Ｓは，Ｇ銀行からお金を借りました。この債権を担保するため，Ｓは，甲土地に抵当権を設定し，登記をしました。しばらくして，Ｓは，Ｇ銀行からの借金を返せなくなり，Ｇ銀行は，抵当権を実行しました。競売の結果，Ｋが甲土地を買い受けました。

　このとき，Ａは，乙建物に住み続けることができるのでしょうか。

　この問題については，第5章②で扱いました。①抵当権設定登記前に対抗要件を備えた賃借権は，抵当権者に対抗することができ，反対に，②抵当権設定登記後に対抗要件を備えた賃借権は，原則として，抵当権者に対抗することができません[3]。

　CASE 9-4は，①の場合に当てはまります。Ａの賃借権は，土地の抵当権者Ｇに対抗することができるものであり，したがって，土地の買受人Ｋにも対抗することができます。Ａは，Ｋに対しても，賃借権を主張し，土地を使い続けることができるのです。

┃ 建物に抵当権が設定されている場合 ┃

次に，建物のほうに抵当権が設定されていた場合を考えてみます。

CASE 9-5

　Ａは，甲土地を所有しています。Ｓは，Ａとの間で，建物を所有する目的で甲土地を使うことを内容とする賃貸借契約を締結しました。その後，Ｓは，甲土地の上に乙建物を建てて，そこに住み始めました。

　その後，Ｓは，Ｇ銀行からお金を借

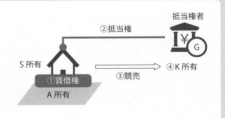

りました。この債権を担保するため，Ｓは，乙建物に抵当権を設定し，登記をしました。しばらくして，Ｓは，Ｇ銀行からの借金を返せなくなり，Ｇ銀行は，抵当権を実行しました。競売の結果，Ｋが乙建物を買い受けました。

note

[3] **発展** なお，②の抵当権に対抗できない賃借権が守られる場合もあります。賃借権が登記されていて，その登記より前に登記をした抵当権者が全員同意し，かつ，その同意の登記があるときは，同意をした抵当権者に対して賃借権を対抗することができます（387条1項）。詳しくは，第5章②を復習してください。

CASE 9-5 の K は，乙建物に住み続けることができるのでしょうか。この問題については，第3章22で学びました。抵当権の効力は，従たる権利である賃借権にも及ぶとされています。つまり，K が買い受けたのは，建物の所有権プラス賃借権なのです。したがって，K は，甲土地を使い続けることができ，乙建物を撤去する必要はありません。

まとめ

ここでは，土地と建物の所有者とが異なる場面で，抵当権が実行されたらどうなるかについて学びました。

土地についての抵当権が実行された場合には，抵当権設定登記前に対抗要件を備えた土地利用権があれば，その利用権にもとづいて，抵当権の実行後も建物所有者は土地を使い続けることができます。

また，土地利用権にもとづいて建てられた建物について，抵当権が実行された場合には，抵当権実行前の土地利用権にもとづいて，抵当権の実行後も建物所有者が土地を使い続けることができます。

2 土地と建物の所有者が同じ場合

では，土地と建物の所有者が同じ場合ではどうでしょうか。次の CASE 9-6 をみてみましょう。

CASE9-6

S は，甲土地を所有しています。あるとき，S は，甲土地の上に乙建物を建てて，そこに住み始めました。

❶S は，G 銀行からお金を借り，G 銀行のために甲土地に抵当権を設定しました。その後，S が借金を弁済しなかったので，G 銀行が抵当権を実行し，競売の結果，K が甲土地を買い受けました。

❷S は，G 銀行からお金を借り，G 銀行のために乙建物に抵当権を設定しました。その後，S が借金を弁済しなかったので，G 銀行が抵当権を実行し，競売の結果，K が乙建物を買い受けました。

CASE 9-6 は，自分の土地に建物を建てた場合です。S は，自分の所有権にもとづいて土地を利用することができるので，賃借権のような土地利用権の必要はありません。そのため，抵当権の実行によって，土地の所有者と建物の所有者と

が別人になると，土地利用権がないのに，土地の上に別人所有の建物が建っている状態になってしまいます。つまり，建物所有者が土地を不法占有している状態の CASE 9-1 のようになってしまうのです。

	土地の所有者	建物の所有者
❶甲土地に抵当権が設定されていた場合	S → 買受人 K	S
❷乙建物に抵当権が設定されていた場合	S	S → 買受人 K

CASE 9-1 では，土地所有者が訴えれば，建物の所有者は，建物を撤去して土地を明け渡さなくてはなりませんでした。では，抵当権の実行によって土地と建物とが別人所有になってしまった場合にも，同じように考えてよいのでしょうか。

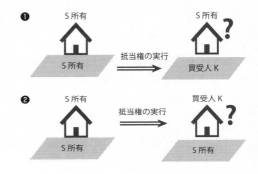

そうだとすれば，同一人が土地と建物を所有している不動産において，一方についてだけ抵当権が実行された結果，土地の所有者と建物の所有者とが別人になった場合には，建物を撤去しなくてはいけないことになります。これは，とてももったいないことです（このように，価値のあるものが壊されてしまうことを指して，「社会経済的損失」といいます。世の中全体にとっての損になるという意味です）。

また，❷の場合には，どうせ撤去しなくてはいけないのであれば，そもそも，建物を買い受けようとする人は現れないでしょう。そうすると，建物に抵当権の設定を受ける人が現れないということになりそうです。建物の価値を利用してお金を借りることができなくなるのです。

反対に，❶の場合には，抵当権が実行された場合に建物を撤去しなくてはいけないとすれば，Sは，土地に抵当権を設定することをためらうでしょう。土地の価値を利用してお金を借りることができなくなります。

③ 法定地上権の意義

1 法定地上権のメリット

　この問題を解決するために，民法は，法定地上権という土地の利用権を定めています。CASE 9-6 のように，もともと同一人が所有していた土地と建物とが，抵当権の実行としての競売によって別人所有になった場合，地上権が設定されたことにするのです。地上権とは，他人の土地において建物などを所有するために，その土地を使用する権利のことをいいます（265条）。通常の地上権は，土地の所有者と地上権者との契約によって設定されるのですが，ここでの地上権は，法の定めによって成立するので，「法定地上権」という名前がついています。

　法定地上権によって，建物所有者は，土地利用権を手に入れたことになるので，建物を撤去する必要はなくなります。建物が壊されてしまうという社会経済的損失も避けることができ，また，土地のみ，建物のみに抵当権を設定することもできるようになります。

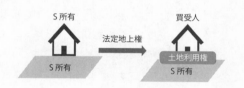

2 法定地上権のデメリット

┃ 土地の価値の低下 ┃

　前項で説明したように，法定地上権は，建物の所有者にとってはありがたいものなのですが，他方，抵当権の実行後の土地の所有者にとっては，あまりうれしくない存在です。

　なぜなら，法定地上権がなければ，土地の所有者は，最終的には更地の土地を手に入れることができます。更地とは，建物が建っておらず，また，土地利用権の負担も付いていない土地のことです。

　これに対して，法定地上権が成立した場合，土地は，利用権の負担が付いた土地，すなわち，底地になってしまいます[4]。底地をもっていても，その土地を自由に使えるわけではありませんから，底地の価値は，更地よりも，ずっと低いも

のになります。更地から，土地利用権の価値を引いたものが，底地の価値であるとも言えるでしょう。

法定地上権のデメリットを補う制度

(1) 地　代

以上のように，法定地上権が成立すると，土地の価値は下がってしまうのですが，土地所有者は，土地の使用料（地代）を手に入れることができます。地代の額は，土地所有者と建物所有者とが交渉して決めることもできますし，交渉がまとまらなければ，裁判所が決定することになります（388条）。

(2) 法定地上権の存続期間

また，土地所有者は，永遠に法定地上権の負担を負わなくてはいけないというわけではありません。当事者の交渉により法定地上権の存続期間を定めることができます。ただし，借地借家法3条にもとづき，最短の存続期間は30年となります（最長の存続期間の定めはないので，土地所有者が同意すれば，無期限の法定地上権とすることもできます）。当事者の特段の合意がないときは，同条にもとづき，30年の法定地上権が成立します。

4 法定地上権の4つの要件

では，法定地上権は，どのような要件を満たせば成立するのでしょうか。388条の条文を見てみましょう。条文からは，4つの要件が読み取れます。以下では，この4つの要件がどのようなものなのかを学びます。

---

note ─────────────────────────────●

[4] **用語** 土地の所有権をもっていても，その土地を利用することができないことから，そのような土地のことを「底地」といいます。

条文

土地及びその上に存する建物が同一の所有者に属する場合において，その土地又は建物につき抵当権が設定され，その実行により所有者を異にするに至ったときは，その建物について，地上権が設定されたものとみなす。（以下略）

要件

① 抵当権設定時に土地の上に建物が存在すること
② 抵当権設定時に土地と建物とが同一所有者に帰属すること ┐
③ 土地または建物に抵当権が設定されたこと ┘→ 抵当権設定時の要件
④ 土地・建物の所有者が競売により異なるようになったこと ── 抵当権実行時の要件

1 建物の存在時期（①の要件）

①の要件の意義

1つめの要件として，法定地上権が成立するためには，抵当権を設定した時点で，土地の上に建物が存在することが必要とされています。388条に「土地及びその上に存する建物」，「その土地又は建物につき抵当権が設定され」と書いてあるので，この部分から，土地の上に建物があることが要件であると読み取れます。

では，なぜこのような要件が定められているのでしょうか。このことは，反対の場合を考えてみることで明らかになります。

CASE9-7

　G銀行は，Sに8000万円のお金を貸し，Sが所有する甲土地（更地）に抵当権の設定を受けました。甲土地を更地で売ると1億円で売れます。
　ところが，その後，Sは，甲土地の上に乙建物を建てました。しばらくして，SがG銀行から借りたお金を返さないため，G銀行は，抵当権を実行しました。このとき，法定地上権は成立するでしょうか。法定地上権が成立するものとして，甲土地を競売すると，甲土地は2000万円でしか売れません。

CASE 9-7では，G銀行は，更地の甲土地に1億円の価値があると期待して，抵当権の設定を受け8000万円のお金を貸しました。ところが，いざ抵当権を実

行してみたら，甲土地が法定地上権の負担を負い，2000万円でしか売れないとすれば，G銀行は，貸したお金を返してもらえないという損失を負います。当初の期待が裏切られてしまうのです。

反対に，抵当権を設定した時点で建物が建っていれば，抵当権者は，法定地上権が成立するという覚悟ができています。このような場合にだけ，法定地上権の成立が認められるのです。

┃ 抵当権者の同意 ┃

なお，更地に抵当権を設定した後，抵当権者が建物の建築に同意したのであれば，その場合には，法定地上権の成立を認めてもいいのではないかという議論もあります。CASE 9-7のG銀行が，Sが建物を建てることに同意していたような場合です。

確かに，この場合には，抵当権者の期待が害されることはありません。しかし，法定地上権が成立することで，期待を害されるのは，抵当権者だけではないのです。抵当権の実行により土地を買い受ける買受人の立場に立ってみましょう。

新たに土地の所有者となる買受人にとって，法定地上権が成立するかどうかは，土地の価値を左右する大問題です。しかし，抵当権者が建物の建築に同意したかどうかは，外部からはうかがい知れない事実です。買受人には，登記の日付から，土地の抵当権設定登記の後に，建物が建築されたという事実がみえているだけですから，法定地上権は成立しないと思って土地を買い受けるのが普通です。それにもかかわらず法定地上権が成立するとすれば，買受人の期待が害されることになります。

したがって，たとえ抵当権者が建物建築に同意していたとしても，もともと更地だった土地については，法定地上権の成立は否定されるべきでしょう。

2 同一の所有者（②の要件）─────────────●

┃ ②の要件の意義 ┃

2つめの要件として，法定地上権が成立するためには，「抵当権設定時に土地と建物とが同一の所有者に帰属すること」が必要であるとされています。なぜなら，②で学んだように，土地と建物とが別人に帰属する場合には，法定地上権が

なくても，土地の利用権があるはずだからです。

②の要件の適用範囲

では，抵当権設定時には土地の所有者と建物の所有者が同一であったものの，その後，所有者が変わった場合はどうでしょうか。

> **CASE9-8**
>
> Sは，甲土地と，その上に建っている乙建物を所有しています。Sは，G銀行からお金を借り，その担保のために，甲土地だけにG銀行のための抵当権を設定し，登記をしました。その後，Sは，乙建物をAに売りました。このとき，Aは，乙建物を所有するためにSから甲土地を借りることを内容とする賃貸借契約を締結しました。

CASE 9-8 で，Sが借金を返済できずGが抵当権を実行した場合，法定地上権は成立するでしょうか。

確かに，抵当権を実行するときには，土地と建物とは別人の所有になっています。また，Aが所有する乙建物のためには土地利用権（賃借権）が存在します。法定地上権が必要ないようにも思われます。

しかし，この賃借権は，抵当権設定登記後のものであるため，抵当権者には対
⇒本章2①
抗することができません。つまり，Aは，抵当権の実行後は，この賃借権にもとづいて甲土地を使い続けることはできません。抵当権の実行後にもAが甲土地を使い続けるためには，やはり，法定地上権が必要なのです。

G銀行としても，甲土地と乙建物の所有者が同じであると思って抵当権の設定を受けたのですから，抵当権が実行されれば，法定地上権が成立することを覚悟していたといえるでしょう。したがって，**CASE 9-8** の場面でも，法定地上権の成立を認めてよいと考えられます。

このように，抵当権の設定を受けた時の抵当権者の期待がポイントとなるので，②の要件は，抵当権設定の時点で満たされていれば十分なのです。

3 競売後の所有者（④の要件）

最後に，3つめの要件と4つめの要件について学びます。ここでは，理解のしやすさのために，条文とは順番を入れ替えて，4つめの要件からみていきます。

4つめの要件は，「土地・建物の所有者が競売により異なるようになったこと」

です。土地と建物の所有者が同一であれば，土地利用権は必要ありませんから（CASE 9-3参照），法定地上権が成立するために，土地と建物の所有者が異なる必要があるというのは，当たり前の要件です。

4　抵当権の対象（③の要件）

④の要件のような状態が生じる前提として，③の要件「土地または建物に抵当権が設定されたこと」があります。

ただし，競売によって，土地の所有者と建物の所有者とが別人になるのは，③の場合に限りません。ほかにも，土地・建物の両方に抵当権が設定されていたものの，片方についてだけ抵当権が実行された場合や，両方の抵当権が実行されたものの，土地・建物を別々の人が買い受けた場合もあります。このような場合にも，法定地上権は成立します。

条文には，「又は」とありますが，法定地上権の趣旨からして，この文言にこだわる必要はないのです。

⑤　法定地上権の応用問題

これまで，法定地上権の基本について説明してきましたが，ここからは基本的な知識を使って3つの応用問題に取り組みます。

1　建物の滅失の場合

第1の応用問題は，建物が滅失してしまった場合です。CASE 9-9 を考えてみましょう。

CASE 9-9

Sは，甲土地と，その上に建っている乙建物を所有しています。Sは，G銀行からお金を借り，その担保のために，甲土地だけにG銀行のための抵当権を設定し，登記をしました。ところが，しばらくして，乙建物が火災で燃えてなくなってしまいました。ちょうどその頃，Sが借りたお金を返済しなかったので，G

銀行は抵当権を実行しました。競売の結果，Ｋが甲土地を買い受けました。Ｓは，甲土地の上に建物を再築したいのですが，再築は認められるでしょうか。

法定地上権の要件

CASE **9-9** では，Ｓが自分の所有する土地に乙建物を建てただけなので，土地利用権は設定されていません。そのため，Ｓが建物を再築（さいちく）するためには，法定地上権が必要です。では，法定地上権は成立するでしょうか。先ほど学んだ４つの要件に当てはめてみましょう。

CASE **9-9** では，①抵当権設定時には甲土地の上に乙建物があり，②両方の所有者は同一（Ｓ）で，③土地のみに抵当権が設定され，④競売によって土地と建物の所有者が異なるようになりました。①〜④すべての要件を満たすので，法定地上権が成立しそうです。

当事者の利害

また，Ｇ銀行の行動をみてみると，抵当権設定時には法定地上権の負担を覚悟していたはずなのに，乙建物が滅失して甲土地が更地になったタイミングで（つまり土地が高額に売却できるタイミングで）抵当権を実行しており，火災という不幸を利用して，偶然の利益を得ようとしているようにもみえます。

Ｓとしても，火災さえなければ，抵当権の実行後も，乙建物を所有し甲土地を使い続けることができると期待していたのではないでしょうか。このような点からも，法定地上権の成立を認めるべきであるようにも思われます。

法定地上権の意義

しかし，ここで，法定地上権の意義をもう一度思い出してください。法定地上権は，建物を壊してしまうという社会経済的損失を防ぐためにあります。そうであるとすれば，守るべき建物がない状態では，法定地上権の成立を認める必要もないはずです。このことは，４つの要件の背後にある大前提です。

したがって，抵当権設定時にあった建物が滅失してしまった場合には，法定地上権の成立を認める必要はないと考えられます。CASE **9-9** において，法定地上権は認められず，Ｓは建物を再築できないのが原則です。もちろん，土地の買受

人KとSとの間で，新たに賃貸借契約を締結するなど，当事者の合意にもとづいて建物を再築できる場合もあります。

2 共同抵当と建物の再築の場合

第2の応用問題は，①の要件に関わるものです。共同抵当が関係するのですが，本題に入る前に，まず，CASE **9-10** をみてみましょう。

| 建物の再築の場合 |

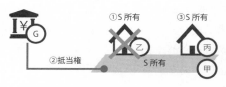

CASE **9-10**

Sは，甲土地と，その上に建っている乙建物を所有しています。Sは，G銀行からお金を借り，その担保のために，甲土地だけにG銀行のための抵当権を設定し，登記をしました。その後，Sは，乙建物を取り壊し，丙建物を建築しました。その後，G銀行は抵当権を実行し，競売の結果，Kが甲土地を買い受けました。

CASE **9-10** のように，抵当権設定時に存在していた建物が取り壊され，別の建物が再築された場面で，G銀行が抵当権を実行すると，法定地上権は成立するでしょうか。④で学んだ4つの要件がそろっているかどうか，当てはめてみてください。

②③④の要件は満たされているのですが，①の要件（抵当権設定時に土地の上に建物がある）が問題となってきます。というのも，確かに，抵当権を設定した時には，土地の上に建物が建っているのですが，抵当権を実行する時には，別の建物になっているからです。

しかし，抵当権者（G銀行）は，もともと法定地上権が成立することは覚悟して抵当権の設定を受けています。建物が変わったからといって，そのことで不利益を受けるわけではありません。そして，先ほどの CASE **9-9** とは異なり，抵当権を実行する時には，再築された建物も存在しています。したがって，CASE **9-10** では，法定地上権が成立します。

共同抵当建物の再築の場合

(1) 共同抵当の特徴

では，土地と建物とが共同抵当の目的となっている場合には，どうなるでしょうか。共同抵当とは，1つの被担保債権を担保するために，複数の不動産に抵当権を設定することをいいます（⇒第**8**章②）。CASE **9-11** を考えてみましょう。

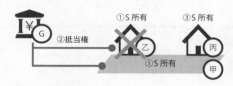

C A S E 9-11

Sは，甲土地と，その上に建っている乙建物を所有しています。Sは，G銀行からお金を借り，その担保のために，甲土地と乙建物にG銀行のための抵当権を設定し，登記をしました。その後，Sは，乙建物を取り壊し，丙建物を建築しました。さらにその後，G銀行は甲土地の抵当権を実行し，競売の結果，Kが甲土地を買い受けました。

CASE **9-11** で，法定地上権は成立するでしょうか。CASE **9-10** と同じように考えれば，法定地上権が成立します。実際，かつては，そのように考えられていました。

ところが，これが，抵当権の実行を妨害する手段として悪用されてしまいました。抵当権が設定された建物をあえて壊して，プレハブ小屋のような簡素な建物を新たに建てるのです。そうすると，抵当権者には，大きなダメージになります。以下の式を見てください。

❶ 抵当権者の期待 ＝ 土地の価値 ＋ 建物の価値

❷ 実際の担保価値 ＝ 更地の価値 － 法定地上権の価値

抵当権を設定した時，抵当権者は，土地と建物とをセットで評価し，その担保価値に期待しています。つまり，抵当権を実行すれば，土地と建物のセットで売ることができ，それだけの売却代金が手に入ると期待しているのです（❶）。

ところが，建物が取り壊され，新しい建物が建った場合には，乙建物に設定されていた抵当権は消滅し，甲土地の抵当権だけが残っています。このとき，法定地上権が成立するとすれば，抵当権を実行した結果，抵当権者が得られるのは，

更地の価格から法定地上権の価格を引いたもの，つまり，底地価格だけなのです（**❷**）。**❶**の売却代金が手に入ると思っていた抵当権者の期待が害されることになります。

（2）　個別価値考慮説

とはいえ，それは，仕方のないことといえるかもしれません。確かに，抵当権者は，土地と建物とをセットで評価したかもしれませんが，土地と建物とは，もともと別々の不動産です。そして，それぞれの個別の価値は，図 9-1 の式のように分析することができます。

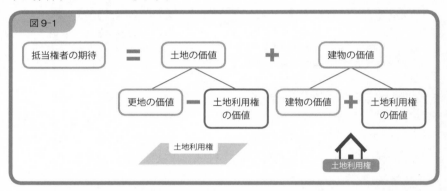

このうち，右半分の建物の価値が滅失してしまったのですから，抵当権者に残されたのが左半分の土地の価値だけになってしまうのも当然であるというわけです。このように，土地と建物の個別の価値をみていることから，この場面で法定地上権を成立させる考え方を，個別価値考慮説といいます。

（3）　全体価値考慮説

しかし，判例は，上記のような個別価値考慮説を否定しました（最判平成 9 年 2 月 14 日民集 51 巻 2 号 375 頁）。

CASE 9-11 のように，共同抵当の対象となっていた乙建物がなくなっている場合には，抵当権者は，甲土地について抵当権を実行するしかありません。しかし，抵当権を設定した際には，抵当権者は，甲土地と乙建物との両方について，抵当権を実行することを期待していました（**❶**）。このような抵当権者の立場を尊重し，せめて土地については，法定地上権の負担のない更地の担保価値を把握できると考えるのです。

したがって，判例の考え方によれば，**CASE 9-11** の場面では，法定地上権の

成立は認められません。

　このように，土地と建物とが共同抵当の目的となっている場合に，抵当権者が土地と建物の全体について担保価値を把握しているととらえる考え方を，全体価値考慮説といいます。判例の立場によれば，土地と建物とを共同抵当にしておいた抵当権者（CASE **9-11** の G 銀行）は，土地だけの抵当権者（CASE **9-10** の G 銀行）よりも，建物の再築の場面で有利になります。

3　複数の抵当権が設定されている場合

　第 3 の応用問題は，②の要件に関わるものです。複数の抵当権が登場する CASE **9-12** を考えてみましょう。

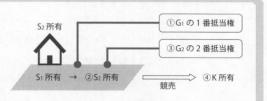

CASE 9-12

　S_1 は，G_1 銀行からお金を借り，自分が所有している甲土地に G_1 銀行のために 1 番抵当権を設定し，登記をしました。このとき，S_1 は，子 S_2 に甲土地を貸しており（使用貸借），S_2 は，甲土地の上に乙建物を建てて所有していました。しばらくして，S_1 が死亡し，甲土地を S_2 が相続しました。S_2 は，G_2 銀行からお金を借り，自分のものになった甲土地に G_2 銀行のために 2 番抵当権を設定しました。その後，G_1 銀行が抵当権を実行し，競売の結果，K が甲土地を買い受けました。K が S_2 に対して，乙建物を収去して土地を明け渡すよう請求した場合，S_2 は，出ていかなくてはならないでしょうか。

問題の所在

　CASE **9-12** では，抵当権が実行された時点で，土地の利用権は存在しません。S_2 は，相続によって甲土地の所有権を取得し，その所有権にもとづいて土地を利用しているからです。したがって，抵当権が実行された後は，法定地上権が成立しない限り，S_2 は土地を使い続けることができません。

⇒161 頁
　法定地上権が成立するためには，先ほど学んだ 4 つの要件が必要なのですが，すべてそろっているでしょうか。①③④の要件は満たされているので，問題となるのは，「抵当権設定時に土地と建物とが同一所有者に帰属する」という②の要件です。下の表を見てください。

	土地所有者	建物所有者	②の要件
1番抵当権を設定した時	S_1	S_2	満たされない
2番抵当権を設定した時	S_2	S_2	満たされる

　このように，1番抵当権が設定された時点では満たされていなかった②の要件が，2番抵当権設定時には，満たされています。では，どちらを基準にして，法定地上権が成立するかどうかを決めればいいのでしょうか。

▌1番抵当権基準▐

　判例（最判平成2年1月22日民集44巻1号314頁）は，1番抵当権者の期待を重視して，法定地上権は成立しないといいます。どういうことなのでしょうか。

　当初，1番抵当権者 G_1 は，法定地上権の負担がないと思って，抵当権の設定を受けています。なぜなら，S_2 は，使用貸借契約にもとづいて甲土地を利用していますが，使用貸借は第三者に対抗することができないので[5]，抵当権を実行する際には，G_1 は，更地として甲土地を売却することができるからです。

　ところが，1番抵当権が設定されたあとに土地と建物の所有者が同一になり，その後，後順位抵当権が設定されたからといって，法定地上権が成立するとすれば，土地の売却価格がそのぶん下がってしまいます。これでは，1番抵当権者の期待を害することになるというのです。

　以上のように，いくつかの抵当権が設定されている場合には，1番抵当権を基準として②の要件を判断します。

▌1番抵当権基準の例外▐

　ただし，このルールには，例外があります。それは，被担保債権が弁済されるなどして，1番抵当権が消滅した場合です。この場合には，2番抵当権（順位 昇

---

note

[5] **説明**　第1章では，物権と債権の違いについて説明しました。物権は，排他性がある強い権利であることから，債権に優越するとされています。物の貸し借り（債権的な関係）に対して，物の売り買い（物権の移転）が優先するのです。つまり，物を借りている人は，のちにその物を買った人に対して，借主としての権利を対抗することができません。ただし，不動産の賃貸借の場合には，賃借人保護の観点から，法律の規定によって，賃借人が不動産の買主に対して賃借権を対抗することが認められています（605条等）。これに対して，使用貸借については，法律の規定がなく，不動産の使用借主は，不動産の買主に使用貸借を対抗することができません。

進の原則により，抵当権実行の時点では1番抵当権になっています）を基準として，法^{⇒27頁}定地上権が成立するかどうかを決めます（最判平成19年7月6日民集61巻5号1940頁）。

CASE 9-12で1番抵当権が消滅していた場合には，2番抵当権が基準となり，②の要件が満たされていることから，法定地上権が成立することになります。この場面では，すでに消滅している1番抵当権の抵当権者の期待を保護する必要がないからです。

Column 13　一括競売

　これまで，法定地上権が成立する場合や抵当権に対抗できる土地利用権がある場合には，抵当権の実行後も，実行前に建っていた建物を撤去して土地を明け渡す必要がないことを学びました。これらの場面では，建物が取り壊されることもなく，安心なのですが，他方で，少し心配な場面もあります。

　それは，法定地上権も成立しないし，抵当権に対抗できる利用権もない場面です。CASE 9-7のように，土地の所有者がその土地に抵当権を設定し，そのあと，土地に建物を建てたという例を考えてみましょう。建物の建築後に，抵当権が実行されたとします。

　この例では，前記の①の要件「抵当権設定時に土地の上に建物が存在すること」が満たされないので，法定地上権は成立しません。また，所有者が自分の土地に建物を建てている場面なので，土地利用権もありません。

　したがって，抵当権の実行のあとには，買受人の請求に応じて，建物を取り壊すことになります。まだ使える建物を取り壊すのはもったいないといえるでしょう（社会経済的損失）。土地を買い受ける側からみても，買受けのあとに，建物を収去させるのに時間や手間がかかることを考えれば，買受けをためらうかもしれませんし，土地と建物とをセットで取得したい人もいるかもしれません。

　このような社会経済的損失を避けるため，民法には，一括競売という制度があ^{いっかつ}ります。土地の抵当権設定後に建物が建築されたため法定地上権が成立せず，また，抵当権者に対抗できる土地利用権もない場合に，抵当権者が，土地と建物とをセットで競売にかけることができるという制度です（389条）。

　とはいえ，抵当権が設定されているのは，土地だけなのですから，抵当権の優先弁済権が及ぶのは，土地の売却代金のみです。つまり，抵当権者は，土地と建物のセットの売却代金のうち，土地の部分からだけ，優先弁済を受けます。

1 他人の土地の上に建物を建てるためには，賃借権のような土地利用権が必要で
  すが，自分の土地の上に建物を建てる場合には，所有権にもとづき土地を利用
  することができるので，賃借権のような利用権は必要ありません。

2 土地についての抵当権が実行された場合には，抵当権設定登記前に対抗力のあ
  る土地利用権があれば，その利用権にもとづいて，抵当権の実行後も建物所有
  者は土地を使い続けることができます。建物についての抵当権が実行された場
  合には，抵当権実行前の土地利用権にもとづいて，抵当権の実行後も建物所有
  者は土地を使い続けることができます。

3 通常の地上権は，土地の所有者と地上権者との契約によって設定されるのです
  が，法定地上権は，法の定めによって成立します。

4 ①抵当権設定時に土地の上に建物が存在し，②その土地と建物とが同一所有者
  に帰属し，③土地または建物に抵当権が設定され，④土地・建物の所有者が競
  売により異なるようになったときには，法定地上権が成立します。

5 土地に抵当権を設定した際に，その土地の上に建物が存在していたものの（①
  の要件を満たしていたものの），後に建物が滅失していまい，その時点で抵当権が
  実行された場合には，法定地上権は成立しません。法定地上権により保護すべ
  き建物が存在しないからです。

6 土地と建物とに共同抵当を設定したあと，共同抵当の対象となった建物が滅失
  し，土地上に新たな建物が建てられ，その後，抵当権が実行された場合，新た
  な建物のために法定地上権は成立しません。抵当権者は，土地と建物の全体に
  ついて担保価値を把握していたととらえ（全体価値考慮説），抵当権者に法定地
  上権の負担を負わせるべきではないと考えられるからです。

7 土地の上に土地所有者とは別の者が所有する建物が存在する時点で1番抵当権
  が設定され，のちに，土地と建物とが同一の所有者に帰属することになり，そ
  の後，2番抵当権が設定され，抵当権が実行された場合，法定地上権は成立し
  ません。1番抵当権者の期待を保護するためです。ただし，1番抵当権が消滅
  したあと，抵当権が実行された場合には，法定地上権が成立します。

第 10 章

抵当権の消滅・根抵当

──── INTRODUCTION ────

抵当権の消滅

これまで，抵当権の設定や抵当権の効力について学んできましたが，最後に，どのように抵当権が消滅するのかをみていきましょう。

根抵当

また，普通の抵当権とは少し違う抵当権「根抵当」についても学びます。根抵当は，消滅のしかたが普通の抵当権とは異なっており，その便利さから実際のお金の貸し借りの場面でよく使われています。

1 抵当権の消滅

1 物権に共通の消滅原因 ────────────────●

第1章で学んだように，抵当権は物権の1つです。したがって，他の物権と同じように，物権共通の消滅原因によって消滅します。具体例をみてみましょう。

目的物の滅失による抵当権の消滅

> **CASE 10-1**
> Sは，G銀行からお金を借りました。そして，Sが所有している甲建物にG銀行のために抵当権を設定しました。ところが，その後，甲建物は，火災により焼失してしまいました。

CASE **10-1** は，物権の目的物の滅失の例です。ここでは，抵当権の目的物である甲建物が滅失したため，目的物を失った抵当権も消滅するのです。

放棄による抵当権の消滅

> **CASE 10-2**
> Sは，親Gからお金を借りました。そして，Sが所有する甲建物にGのための抵当権を設定しました。その後，Sは，甲建物を第三者に売ってお金を得て，そのお金で借金の返済をしようと考えました。Gもこの考えに賛成しました。甲建物を売るにあたって，抵当権の存在が邪魔になるので[1]，Gは，抵当権を放棄しました。

CASE **10-2** は，放棄の例です。物権をもっている者は，その物権を放棄することができ，放棄によって物権は消滅します。ここでは，Gが抵当権を放棄したことによって，抵当権が消滅します。

混同による抵当権の消滅

> **CASE 10-3**
> Sは，親Gから借金をしました。そして，Sが所有する甲建物にGのための抵当権を設定しました。その後，Gは，Sから甲建物を買いました。

CASE **10-3** は，混同の例です。179条1項本文には，「同一物について所有権

---

note

[1] **説明** 抵当不動産を第三者に売る場面については第**5**章 **1** で学びました。不動産に抵当権が設定されたままだと，抵当権者によって抵当権を実行されてしまう可能性があることから，不動産の買い手が現れないという問題があります。

及び他の物権が同一人に帰属したときは，当該他の物権は，消滅する」と定められています。CASE 10-3 では，抵当権者である G が，抵当不動産の所有者である S から甲建物を買ったので，甲建物の所有権と抵当権の両方が G に帰属する状態になり，混同により抵当権が消滅します。

2 担保物権に共通の消滅原因

抵当権は担保物権の1つです。そこで，担保物権の消滅に関する共通のルールが，抵当権の消滅にも当てはまります。

被担保債権の消滅

第1に，被担保債権が消滅すると，担保物権は消滅します。担保物権は，被担保債権を担保するための物権なので，被担保債権が消滅すると，その役割を失い，消滅するのです。このような担保物権の性質を，付従性と呼びます。抵当権にも付従性があり，抵当権の被担保債権が消滅すると，抵当権も消滅します。　⇒第2章3 1

抵当権の被担保債権が消滅するのは，被担保債権が全額弁済される場合などです。また，被担保債権が，消滅時効によって消滅することもあります。消滅時効については，3 でもう少し詳しく学びます。

抵当不動産の競売

第2は，担保物権の目的である不動産の競売です。第8章で，抵当権の実行について学びましたが，実行方法の1つに，担保不動産競売がありました。担保不動産競売について，民事執行法は，消除主義というルールを採用しています。　⇒第8章1 3 このルールは，不動産の競売が行われると，被担保債権が全額弁済されたかどうかにかかわらず，その不動産に設定された抵当権はすべて消滅するというものです。

3 抵当権と時効

以上のように，抵当権の消滅について，難しい問題はほとんどないのですが，1つだけ注意しなくてはならないことがあります。それが，抵当権と時効との関係です。

消滅時効との関係

第 1 に，抵当権が消滅時効によって消滅するかという問題があります[2]。この問題を考える前提として，まずは，下の CASE **10-4** を確認しておきましょう。

(1) 被担保債権の時効消滅と抵当権

C A S E 10-4

　G は，S に対して，1 年後に返してもらう約束で 100 万円を貸しました。そして，この債権を担保するために S の自宅（甲建物）に抵当権の設定を受けました。ところが，お金持ちの G は S にお金を貸したことを忘れてしまい，約束の日を過ぎても何もしないまま 20 年が過ぎてしまいました。その後，お金を貸したことを思い出した G は，抵当権を実行して貸したお金を取り返そうとしました。これに対して，S は，「もう時効だ」と主張しました。

166 条 1 項 1 号によれば，債権は，債権者が権利を行使することができることを知った時から 5 年間行使しないと消滅します。債権者が，自分の権利を守るために努力せず，権利を放置していた場合には，そのような債権者を保護する必要はないと考えられているからです。

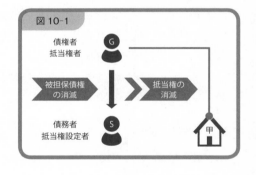

図 10-1

CASE **10-4** では，G が，抵当権の被担保債権（100 万円の債権）を行使しないまま，弁済期（S がお金を返さなくてはいけない日）から 20 年が過ぎています。G は，S にお金を貸した時に，1 年後には「権利を行使することができる」と知っていたわけですから，CASE **10-4** の状況は，上記の 166 条 1 項 1 号に当てはまります。

そして，145 条によれば，時効は当事者が援用する必要がある，つまり，当事者が時効によって利益を受けることを主張しなくてはいけないのですが，S は，

---

note

[2] **用語**　消滅時効とは，CASE **10-4** の後に登場する 166 条のように，時効により権利が消滅する制度のことをいいます。消滅時効について詳しくは 1 巻第 **18** 章を参照してください。

「もう時効だ」と主張しています。したがって，Gがもっている被担保債権は，時効により消滅していることになります。

　そうすると，**2**で学んだ付従性により，抵当権も消滅していることになります（図10-1参照）。つまり，抵当権は，被担保債権の時効消滅にともなって消滅しています。Sの主張のように，Gは，もはや抵当権を実行することはできません。

(2) 抵当権自体の時効消滅

（a）166条2項と抵当権　　では，被担保債権の時効消滅による抵当権の消滅とは別に，抵当権自体の時効消滅はありうるのでしょうか。166条2項は，「債権又は所有権以外の財産権は，権利を行使することができる時から20年間行使しないときは，時効によって消滅する」と定めています。抵当権も「所有権以外の財産権」ですから，この規定によれば抵当権を実行することができる時から20年間実行せずにいたら消滅してしまうようにも思われます。しかし，本当にそれでいいのでしょうか。**CASE 10-5** を考えてみましょう。

CASE 10-5

　Gは，Sに対して1年後に返してもらう約束で100万円を貸しました。そして，その債権を担保するためにSの自宅に抵当権の設定を受けました。ところが，返済期日が来ても，Sは，借金を返そうとしません。Gが返済を求めると，たまに数万円を支払うものの，結局全額を返すことはありませんでした。そのような状態が続き，20年以上がたちました。待ちきれなくなったGが抵当権を実行しようとすると，Sは「抵当権は時効により消滅した」と主張しました。

　この **CASE 10-5** では，**CASE 10-4** とは違って，Gのもっている被担保債権は時効消滅していません。なぜなら，152条1項は，「権利の承認」があったときは，その時から新たに時効が進行すると定めています（時効の更新）。つまり，権利の承認があると，すでに進んでいた時効期間がリセットされ，そこから新たに時効期間のカウントが始まることになります。**CASE 10-5** のSは，たまに数万円を支払うことで借金を一部弁済しており，このことによって被担保債権を承認していることになります。そのため，この場面では，付従性により抵当権が消滅することはなく，抵当権自体が時効消滅するかどうかが問題となります[3]。

---

note ─────────────────────────────────●

[3] **説明** **CASE 10-5** では，抵当権設定者Sは，被担保債権の一部を弁済することにより，被担保債権を承認していますが，このことは，抵当権を承認していることとは別です。

166条2項がこの場面に適用されるとすれば、抵当権を実行できる時（被担保債権の債務不履行の時）から20年がたっているので、抵当権が時効消滅することになります。しかし、GはCASE 10-4とは異なり被担保債権を放置していたわけではありません。それなのに、被担保債権を弁済しなくてはいけない立場のSが、それを担保する抵当権の消滅を主張するのは図々しいといえるでしょう。したがって、166条2項は、Sの立場にある人（債務者および抵当権設定者）との関係では適用されず、特別なルール（396条）があります。

(b) 396条　396条は、抵当権者Gを保護する観点から、「抵当権は、債務者及び抵当権設定者に対しては、その担保する債権と同時でなければ、時効によって消滅しない」と定めています。つまり、Gの抵当権は、被担保債権が時効消滅する場合（CASE 10-4のような場合）でなければ、消滅しないのです。

このルールをCASE 10-5に当てはめれば、前の段落で説明したように抵当権の被担保債権は時効消滅していないので、債務者であり抵当権設定者でもあるSとの関係で、抵当権は消滅していません。Sの「抵当権は時効により消滅した」という主張は認められないということです。

取得時効との関係

第2に、抵当不動産を第三者が時効取得したときに、抵当権がどうなるのか、という問題があります。抵当権と取得時効との関係です。CASE 10-6を考えてみましょう。

CASE 10-6

Gは、Sにお金を貸しました。そして、その債権を担保するために、Sが所有する甲土地に抵当権の設定を受けました。ところが、土地の境界があいまいだったために、甲土地の隣の乙土地を買ったAが、甲土地も自分が所有する乙土地の一部であると思いこんで、甲土地を占有するようになりました。Sも、これに

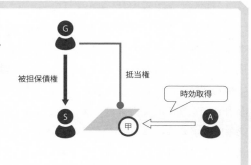

気づかないまま、10年がたちました。その後、Sが借金を返さないので、Gが甲土地の抵当権を実行しようとしたところ、Aが「甲土地を時効により取得した」と主張しました。Aの主張は認められるでしょうか。

(1) 時効取得の要件

162条2項によれば，①10年間，②所有の意思をもって，③平穏かつ公然に，④善意無過失で，他人の物を占有した者は，その所有権を取得するとされています。CASE 10-6 の A は，甲土地を時効により取得するための上記の要件を備えているものとします。A が甲土地を時効取得すると，S はその反射として所有権を失うことになります。では，G の抵当権はどうでしょうか。⇒Column 14

(2) 397条の意義

397条は，「債務者又は抵当権設定者でない者が抵当不動産について取得時効に必要な要件を具備する占有をしたときは，抵当権は，これによって消滅する」と定めています。CASE 10-6 に当てはめれば，A が抵当不動産の時効取得の要件を満たしているので，G の抵当権は消滅することになります。というのも，CASE 10-6 の A は，甲土地に抵当権が設定されているとは思いもよらずに占有しています。そのような占有を保護するという観点から，A は，抵当権の負担のない甲土地の所有権を取得することができるのです。

(3) 397条が規定する例外

なお，397条にあるとおり，債務者や抵当権設定者（S の立場にある人）が，時効取得の要件を満たしたからといって，抵当権の消滅を主張できるわけではありません。なぜなら，抵当権の被担保債権が弁済されていないのに，抵当権が消滅してしまうと，抵当権者は，被担保債権を返してもらえないかもしれないリスクを負います。これに対して，被担保債権について責任を負う立場の者が，被担保債権を弁済してもいないのに抵当権が消滅すると，抵当権の負担がなくなるという意味で，得をすることになります。抵当権者が損をして，債務者や抵当権設定者が得をするのは不公平であると考えられることから，債務者や抵当権設定者が，抵当権の消滅を主張することは認められていないのです。

Column 14　原始取得

　原始取得とは，承継取得と対になる言葉です。承継取得とは，他人の権利にもとづいて権利を取得することをいいます。例えば，売買によって P（売主）のもっていた目的物の所有権が Q（買主）に移るような場面が承継取得の代表例です。

　これに対して，原始取得とは，他人の権利とは無関係に，権利を取得することをいいます。時効取得は原始取得の一種で，物の占有者が162条の要件を満た

すことで，物の所有権を取得することができます。また，第**14**章で登場する即時取得も，原始取得の一種です。これらの場面で所有権を取得する者は，前の所有者から所有権の移転を受けるわけではありません。しかし，1つの物について2つの所有権が存在することはありえないので（一物一権主義），時効取得や即時取得によって物の占有者が所有権を取得すると，前の所有者の所有権が消滅します。このことを，時効取得や即時取得の「反射として」権利が消滅すると表現します。

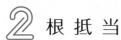

2 根 抵 当

1 根抵当とは

付従性の問題点

① では，抵当権がいくつかの原因によって消滅することを学びましたが，そのうちの1つに，付従性による抵当権の消滅がありました。被担保債権が弁済等の原因により消滅すると，抵当権も一緒に消滅するということでした。

ところが，抵当権を実際に使う場合に，このルールが邪魔になることがあります。以下のような具体例を考えてみてください。

> **CASE 10-7**
> Sは，農業を営んでいます。毎年，春になると野菜の苗や肥料を買うため，まとまったお金が必要になります。そこで，Sは，G銀行からお金を借りて，その担保のために甲土地に抵当権を設定し，野菜を収穫して売却した後，その借金を返済します。そして，次の春が近づくと，またお金を借りて苗や肥料を買います。

SがG銀行から借り入れるお金の額の推移を簡単なグラフにすると，以下のようになります。

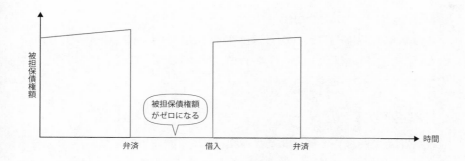

　このような場面で，G銀行が，Sに貸したお金の担保として，Sが所有する不動産に抵当権の設定を受けるとしましょう。このとき，抵当権の付従性が問題になります。付従性の原則によれば，被担保債権が全額弁済されると，抵当権が消えてしまうので，G銀行は，借入れの時期が来るたびに，抵当権を設定し直さなくてはなりません。抵当権の設定につき対抗要件を備えるためには，登記が必要

⇒第3章① ②

ですが，登記には手間や費用がかかるため[4]，毎年のように抵当権を設定することは，お金の貸し手と借り手の両方にとって負担になります[5]。

根抵当の必要性

　そこで，次々に発生する複数の債権をまとめて担保することができるような抵当権が必要とされるようになりました。このような必要性にこたえるのが，この節で学ぶ根抵当です。

　CASE 10-7でいえば，根抵当を使うと，SとG銀行とが根抵当権設定契約を締結する際に，被担保債権を「SとGとの間の銀行取引から生じる一切の債権」などと定めておくことができます。被担保債権をこのように定めて，甲土地に根抵当権を設定しておけば，ある時期にSが被担保債権を全額弁済したとしても，根抵当権が消えることはありません。そして，次の年に再びお金を借りたときには，改めて抵当権を設定しなくても，最初に設定した根抵当権によって新たな被

---

note

[4] 説明　抵当権設定登記には，国に支払う登録免許税（原則として借りたお金の0.4%，1000万円借りたとすれば4万円）が必要なほか，司法書士等に登記手続を依頼した場合には，その報酬（依頼した司法書士，不動産の数，被担保債権額によっても異なりますが，通常は数万円）を支払う必要があります。

[5] 説明　登記の費用を抵当権設定者（ここではS）と抵当権者（ここではG銀行）のどちらが負担するかについては，お金を借りる側である抵当権設定者が負担するのが一般的です。

担保債権がカバーされるのです。

このように，根抵当においては，抵当権の消滅における付従性の原則が適用されないこととされており，それによって，CASE 10-7 のようなお金の貸し借りがしやすくなっています。

根抵当の定義

根抵当は，398 条の 2 第 1 項に，「設定行為で定めるところにより，一定の範囲に属する不特定の債権を」担保できるものであると定義されています。この定義のなかにある「一定の範囲」とはどのような範囲なのか，なぜ被担保債権が「一定の範囲」に限られるのかを次にみていきます。

2　根抵当権の問題とその解決

被担保債権の範囲

(1)　包括根抵当の問題

1 で学んだように，根抵当は，お金の貸し借りにとって便利な抵当権なのですが，一方では，問題が発生する可能性があります。CASE 10-8 のような場面を考えてみてください。

> **CASE 10-8**
> CASE 10-7 の S は，G 銀行からお金を借りました。そして，S が所有する甲建物（5000 万円の価値がある）に G 銀行のために根抵当権を設定しました。なお，S が G 銀行から借りるお金は，毎年，少しずつ違っていますが，1000 万円を超えることはありません。

S の借金は，1000 万円を超えることはないのに，それよりもずっと高額な 5000 万円の不動産に根抵当権が設定されています。根抵当権者である G 銀行にとっては，とても安心な状態ですが，S としては，不動産の残りの価値を活用して[6]，他の銀行からも借入れを行いたいと考えるかもしれません。

note ─────────────────────────────

[6] **説明**　ここで，「不動産の残りの価値を活用する」というのは，他の債権者のために後順位の抵当権を設定することを指します。抵当権の順位については，第 2 章 1 4 を参照してください。

ところが，根抵当権が，「どんな債権であっても担保する」という内容のものであった場合（このような根抵当のことを包括根抵当といいます），思いもよらない債権（例えば，Ｓの車がＧ銀行の支店に衝突して生じた損害賠償債権など）が被担保債権となるかもしれません。これでは，他の銀行が，Ｓにお金を貸して後順位抵当権者となったときに，Ｇ銀行の根抵当権の被担保債権がどのくらいで，自分が一体いくらの配当を受けられるのか，予想することが難しくなってしまいます。他の銀行としては，Ｓにお金を貸すのをためらうかもしれません。また，予想できなかった大きな事故が起こった際などに，包括根抵当を設定していた抵当権者だけが保護されることになり，他の債権者との間に不公平が生じます。

(2) 被担保債権の限定

このような問題を解決するため，民法は，根抵当権の被担保債権を一定の範囲に限定しなくてはならないと定めています（398条の2第1項）。

限定の方法は，5つあります。限定方法とその具体例については，下の表を参照してください。これら5つの中から，債権者と債務者との取引にとって便利な限定方法が選ばれます。

根抵当権の被担保債権の限定方法

条文	被担保債権	具体例
398条の2 第2項	債務者との特定の継続的取引契約によって生じる債権	A工場がB社から継続的に原材料を仕入れているような場面で，原材料の代金債権を被担保債権とする
398条の2 第2項	債務者との一定の種類の取引によって生ずる債権	CASE 10-7 のような場面で，「ＳとＧ銀行との間の銀行取引から生じる債権」というように，取引の種類を限定することで被担保債権を限定する
398条の2 第3項	特定の原因にもとづいて債務者との間に継続して生ずる債権	取引行為によらずに債権が発生する場合に用いる限定方法で，「A工場から生じる騒音被害の損害賠償債権」のように被担保債権を限定する
398条の2 第3項	手形上または小切手上の請求権	
398条の2 第3項	電子記録債権[7]	

▌極度額▐

前項で学んだように，根抵当権の被担保債権の範囲は限定されるのですが，そ

うはいっても，被担保債権額がふくれあがることもあるでしょう。例えば，CASE 10-7 で，Sの作った野菜が災害で全滅してしまったとすれば，Sは，借入金を返すことができずに，借金ばかりが積み重なることになります。

その全部が根抵当権によって担保されるとすれば，やはり，被担保債権が，最終的にいくらになるのかわかりません。これでは，後順位抵当権者は現れないでしょう。

そこで，根抵当においては，被担保債権の範囲を限定するだけではなく，極度額を定めなくてはなりません（398条の2第1項）。極度額とは，根抵当権の優先権の上限額のことです。例えば，CASE 10-8 では，SとGとの根抵当権設定契約の際に極度額を 1000 万円と定めることが考えられるでしょう。この場合，G銀行の被担保債権額が最終的に 1000 万円を超えたとしても，G銀行は，極度額である 1000 万円を超えて優先弁済を受けることはできません（下図参照）。つまり，G銀行が抵当権を実行した場合，甲建物が 5000 万円で売れて，G銀行の被担保債権額が 1200 万円あったとしても，G銀行は，1000 万円までしか優先弁済を受けることができないということです。

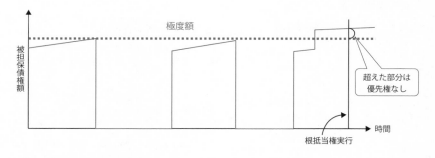

上限額があらかじめわかっていれば，甲建物の残りの価値（4000 万円）は，他の債権者の担保のために活用することができます。

なお，被担保債権の限定も，極度額も，根抵当権設定契約において定められ，根抵当権の登記によって公示されます。

---

note

[7] **用語** 電子記録債権法という法律に定められている金銭債権です。手形や小切手のような紙を使った有価証券には，盗まれたり紛失してしまったりというリスクがあることから，その保管や運搬にはコストがかかります。このようなコストをなくそうと作られた制度が電子記録債権です。電子記録債権は，「電子債権記録機関」というところに電子記録をすることによって発生し，電子記録によって譲渡されます。

元本の確定とは

次に，根抵当権の別の問題を考えてみましょう。この節の始めに説明したように，根抵当権には付従性がなく，被担保債権がゼロになっても根抵当権が消えるわけではありません。別の言い方をすれば，CASE **10-8** のSは，借金を返しても返しても根抵当権を消すことができないのです。そうすると，例えば，Sが引っ越しのため甲建物を売却したいと思っても，根抵当権がついていることから売却が難しくなります[8]。このように，根抵当権には，債務者（抵当権設定者）が財産を処分する自由を制限し，不動産の流通を邪魔してしまうという問題があるのです。

また，前頁のグラフのように，被担保債権額が定まらずフラフラとした状態では，根抵当権者が根抵当権を実行する際にも，いくらの配当を受けることができるのかわからないという問題が生じます。

これらの問題に対応するために，根抵当権には，元本の確定[9]という制度があります。元本の確定とは，根抵当権によって担保される元本債権がどれなのかを決めることをいいます。

元本確定の方法

では，どうやって元本を確定するのでしょうか。CASE **10-9** を例にしてみていきましょう。元本の確定の方法には，以下の(1)〜(3)で紹介する3つの方法があります。

> **CASE 10-9**
> Sは，G銀行からお金を借りました。そして，5000万円の価値がある甲建物に，G銀行のために極度額1000万円の根抵当権を設定しました。設定から4年が過ぎたころ，Sは，甲建物をAに売却したくなり，根抵当権を消滅させようと考えました。この時点で，G銀行がSに対して貸しているお金の元本は，500万円でした。

---

note

[8] 説明 抵当権不動産を抵当権がついたまま売ることが難しいという問題については，第5章①で学びました。
[9] 用語 元本とは，債務者が債権者から最初に借りたお金のことをいいます。利息を発生させる元となる金額なので，元本といいます。47頁の説明を思い出してください。

(1) 元本確定期日による確定

398条の6は，当事者があらかじめ元本確定期日を定めておくことができると規定しています[10]。CASE **10-9** で根抵当権を設定する際に元本確定期日を定めていれば，その期日がきた時に，元本が確定します。

(2) 元本確定請求による確定

(a) 元本確定請求とは

> **CASE 10-10**
>
> CASE **10-9** のSとG銀行は，元本確定期日を定めていませんでした。Sは，元本を確定させて被担保債権を弁済したいと考えています。

では，CASE **10-10** のように，元本確定期日の定めがない場合には，どうなるでしょうか。永遠に元本が確定しないとすれば，根抵当権設定者の財産を処分する自由が害されることから，当事者の一方的な意思表示により，元本を確定する方法があります。これを，元本確定請求といい，①根抵当権者からも，②根抵当権設定者からも，元本の確定を請求することができます（398条の19）。

①根抵当権者からの元本確定請求は，いつでもすることができ，請求の時点で元本が確定します。

これに対して，②根抵当権設定者からの元本確定請求は，根抵当権設定の時から3年がたって初めてすることができます。そして，請求の時から2週間がたって元本が確定します。

CASE **10-10** は，S（根抵当権設定者）のほうが元本を確定させたいと思っている場面なので，②のルールが適用されます。ここでは，根抵当権の設定から3年以上が経過しているので，SがGに対して元本確定請求をすれば，その2週間後に元本が確定します。

(b) 2種類の元本確定請求の違い

このように，①根抵当権者からの元本確定請求と②根抵当権設定者からの元本確定請求との間に違いがあるのは，元本確定請求が根抵当権設定者にとっての利益となる一方，根抵当権者には不利益をも

---

note ──

[10] **発展** 元本確定期日は，設定から5年以内に定める必要があるとされています（398条の6第3項）。例えば，2020年4月1日に根抵当権を設定する場合には，元本確定期日は，2025年3月31日までのどこかの日を選んで定めることになります。

たらすからです。CASE **10-10** のSは，元本確定請求の後，確定した元本にも
とづき算出された被担保債権額を弁済すれば，根抵当権を消滅させることができ
ます。これに対して，G銀行は，元本確定以降にSに貸したお金については，甲
建物によって担保されないという不利な立場になります。このように，元本確定
が根抵当権者の不利益になることを考慮して，①の根抵当権者からの元本確定請
求はいつでもできるのに対して，②の根抵当権設定者からの元本確定請求は，根
抵当権の設定から3年がたって初めてできるとされています。

(3) 元本確定事由による確定

　なお，(1)と(2)のほかにも，民法が定める事由が生じると元本が確定します
(398条の20)。例えば，根抵当権者が根抵当権の実行に着手した場合や，債務者
が破産してしまった場合などです。このような場面では，抵当不動産を売却して
得られたお金を債権者に配当することになりますが，根抵当権の被担保債権額が
確定してないと配当を行うことができないことから，元本を確定させる必要があ
るのです。

┃ 被担保債権の範囲

　次に，元本の確定後，根抵当権によって担保される被担保債権の範囲がどうな
るかをみていきます。

　CASE **10-10** では，Sの元本確定請求から2週間後に元本が確定しますが，
この時点でG銀行がSに貸していたお金の元本が500万円だったとしましょう。
この500万円とその利息や遅延損害金が，根抵当権の被担保債権となります[11]。

　これに対して，元本確定後にG銀行がSにお金を貸したとしても，その債権
は根抵当権によってカバーされることはありません。つまり，Sは，500万円と
その利息や遅延損害金を弁済すれば，被担保債権全額を弁済したことになり，根
抵当権を消滅させることができます。その結果，Sは，根抵当権の負担のない甲
建物をAに売却することができます。

　以上のように，根抵当権は，元本確定後は，普通の抵当権の場合と同じように，

---

note

[11] 発展　普通の抵当権の場合には，利息や遅延損害金は2年分しかカバーされないことを第**3**章 **2 1**で学び
ました（375条）。これに対して，根抵当権の場合には，極度額の範囲内であれば，利息や遅延損害金は2
年分に限られず全額カバーされます。この違いは，根抵当権には極度額の定めがあり，登記により，それが
後順位抵当権者にも公示されていることからきています。

被担保債権全額を弁済すれば消滅させることができます。これによって，根抵当権設定者が自分の財産を処分する自由が守られています。

1 　抵当権は物権の1つです。したがって，他の物権と同じように，物権共通の消滅原因（目的物の滅失，放棄，混同等）によって消滅します。

2 　被担保債権が消滅すると，担保物権は消滅します。担保物権は，被担保債権を担保するための物権なので，被担保債権が消滅すると，その役割を失い，消滅するのです。このような担保物権の性質を「付従性」と呼びます。

3 　抵当権は，債務者および抵当権設定者との関係では，被担保債権と同時でなければ，時効によって消滅しません（396条）。

4 　債務者または抵当権設定者でない者が抵当不動産について取得時効に必要な要件を具備する占有をしたときは，抵当権は，これによって消滅します（397条）。

5 　根抵当権とは，設定行為で定めるところにより，一定の範囲に属する不特定の債権を担保することができる抵当権です。

6 　根抵当権の被担保債権は，一定の範囲に限定しなくてはなりません（398条の2第1項）。

7 　根抵当においては，被担保債権の範囲を限定するだけではなく，極度額を定めなくてはなりません（398条の2第1項）。極度額とは，根抵当権の優先弁済権の上限額のことです。

8 　根抵当権には，元本の確定という制度があります。元本の確定とは，根抵当権によって担保される債権の元本がいくらなのかを決めることです。

9 　当事者が定めた元本確定期日がくれば，元本の確定が生じます（398条の6）。当事者が元本確定期日を定めていなかった場合には，根抵当権者からも根抵当権設定者からも，元本の確定を請求することができます（398条の19）。これらのほかにも，根抵当権者が根抵当権の実行に着手した場合など，民法が定める事由が生じると元本が確定します（398条の20）。

CHAPTER

第11章

質　権

━━━ INTRODUCTION ━━━

　第2章で学んだように，民法には，抵当権，質権，留置権，先取特権の4つの担保物権が定められています。第3章～第10章では，抵当権について詳しく学びました。この章では，質権について学びます。

　質権は，抵当権とは異なり，不動産だけではなく，動産や債権などの権利にも設定することができる担保物権です。質権を設定する財産が，動産なのか，不動産なのか，それとも債権なのかによって，ルールは大きく違ってきます。そこで，この章では，財産の種類ごとに，質権の説明をします。

⇒第2章 2 2

動産質 　📖 352条～355条

　第1に，動産を対象とした質権，動産質について学びます。動産質について学びながら，質権とはどのような権利なのかについても説明します。

不動産質 　📖 356条～361条

　第2に，不動産を対象とした質権，不動産質について学びます。

権利質 　📖 362条～366条

　第3に，権利を対象とした質権，権利質について学びます。権利質の中でも，

債権を対象とした質権，債権質が重要です。

1 動 産 質

1 動産質とは

動産質の具体例

まずは，動産を対象とした質権，動産質についてです。動産質の具体例として，第2章で学んだケースにもう1度登場してもらいましょう。

CASE 11-1

S は生活費に困って，G から 10 万円を借りました。この 10 万円を担保するために，祖父の形見である高級時計（甲時計）を質に入れました。「質に入れる」とは，甲時計を G に預ける代わりに 10 万円を借り，その後，借りたお金を返したら，甲時計を返してもらえるということです。S がお金を返せなかった場合には，G は，甲時計をお金に換えて，それを受け取ることができます。

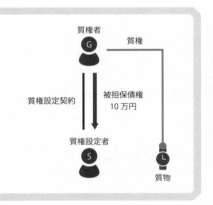

CASE 11-1 では，「質に入れる」とありますが，法律用語では，「S は G のために質権を設定した」といいます。S が質権設定者，G が質権者です。質権の目的物である甲時計は，質物と呼ばれます。

質権の特徴

(1) 約定担保物権

CASE 11-1 でいえば，質権は，S と G とが，S の時計に G のために質権を設定することを合意することによって成立します。この合意のことを質権設定契約といいます。つまり，質権は，契約によって設定される担保物権です。質権は，⇒第2章2 1
約定担保物権の1つなのです。

第 **10** 章まで勉強してきた抵当権も，質権と同じく，約定担保物権でした。この点では，抵当権と質権とは共通しています。

(2) 占有担保物権

しかし，抵当権と質権には，大きく違うところがあります。それは，目的物の占有です。

抵当権においては，抵当権設定者が抵当不動産の占有を続けていて，抵当権者は占有をもっていません（非占有担保）。

これに対して，質権においては，CASE 11-1 のように，質権者（G）が質物を占有します。そのため，質権は，占有担保といわれます。

2 動産質の設定および対抗 ─────────────────────●

┃ 設 定 ┃

(1) 質権設定契約

1 で学んだ質権の特徴は，質権の設定のしかたにも影響しています。動産質における質権の設定をみていきましょう。先ほど紹介したように，質権を設定するためには，質権者 G と質権設定者 S との間で，質権設定契約を締結する必要があります。

(2) 目的物の引渡し

しかし，質権の設定には，質権設定契約だけでは十分ではありません。S は，G に目的物（CASE 11-1 では時計）を引き渡さなくてはならないとされています（344 条）。では，目的物を引き渡すとは，どのようなことなのでしょうか。

(a) 178 条の「引渡し」

178 条によれば，動産の譲渡は，動産の引渡しがなければ，第三者に対抗することができません。例えば，A が自分の所有する自転車を B に売って，自転車の所有権を B に移す場面を思い浮かべてください。このように，物の売買などによって所有権を移転することを「譲渡」といいますが，自転車を譲渡したことを第三者に対して主張するには，自転車の引渡しが必要なのです。

引渡しとは，物の占有を移転することですが，占有を移転する方法には 4 つのタイプがあります。

第 1 は，自転車を現実に A から B に渡す場合で，これを現実の引渡しといい

ます（182条1項）。

　第2に，すでに自転車がBの手元にある状態で譲渡が行われたような場合に，AとBの意思表示のみで引渡しがあったものとすることができます。これを簡易の引渡しといいます（182条2項）。

　第3に，AがBに自転車を譲渡したものの，Bの家に置き場所がないなどの理由から，しばらくAが預かることとしたといった場合があります。Aが「これからはBのために自転車を占有します」という意思表示をした場合，それだけで引渡しがあったものとすることができます。これを占有改定といいます（183条）。

　第4に，Aが自転車をCに預けていて，その状態のまま，自転車をBに譲渡する場合があります。AがCに対して「今後はBのために自転車を預かってください」と指示して，Cが承諾した場合には，それで引渡しがあったことになります。これを指図による占有移転といいます（184条）。

　178条の「引渡し」には，これらの4つのタイプがすべて含まれます。第2，第3，第4の方法は，引渡しの前と後とで，動産の状況がまったく変わっていません。それにもかかわらず，引渡しがあったものと考える（観念する）ことから，これらの引渡方法を，観念的な引渡しと呼びます。

　(b)　344条の「引渡し」　(2)の最初に紹介したように，質権の設定について定めた344条にも，引渡しが出てきます。

　しかし，ここで気をつけてほしいことがあります。それは，344条の「引渡し」は，178条の「引渡し」よりも，限定されたものだということです（次図参照）。

　(a)で説明したように，178条は，動産を譲渡したことを第三者に対抗するためには「引渡し」が必要であると定めており，この「引渡し」には占有改定も含まれていました。これに対して，344条が定める質権の設定のために必要な「引渡し」には，占有改定が含まれません。

　その理由は，344条の趣旨にあります。このあと説明するとおり，質権の効力の中で最も重要なのは，留置的効力です。留置的効力の意義は，質権者が質物を占有することによって，質物を返してほしい質権設定者に，被担保債権を弁済するよう促すことにあります（詳しくは，すぐ後の**3**をみてください）。

　では，占有改定によって引き渡された場合はどうでしょうか。(a)の占有改定の

説明を思い出してください。**CASE 11-1** のような質権の設定の場面で，質物（時計）を占有改定によって引き渡したとしたら，質物は質権設定者（S）の手元にあるままです。Sは，特に不便を感じることもなく，被担保債権を弁済する必要を感じないでしょう。占有改定では，留置的効力が生じないのです。以上の理由から，344条の「引渡し」には，占有改定は含まれません[1]。

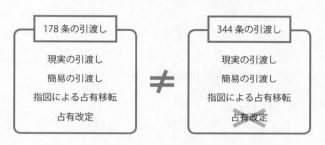

178 条の引渡し		344 条の引渡し
現実の引渡し		現実の引渡し
簡易の引渡し	≠	簡易の引渡し
指図による占有移転		指図による占有移転
占有改定		~~占有改定~~

動産質の対抗

以上のようにして質権が設定されるのですが，質権を第三者に対して主張するためには，対抗要件を備える必要があります。動産質については，質物の占有を続けることが対抗要件です（352条）。

3 動産質の効力

留置的効力

次に，動産質の効力について学びましょう。

質権の最も重要な効力は，留置的効力です。質権者は，被担保債権全部の弁済を受けるまで，質物を留置する（占有し続ける）ことができます（347条，350条→296条）。**CASE 11-1** でいえば，Gは，Sから10万円を返してもらうまでは，時計を占有し続けることができます。大事な時計を取り戻したいSは，一生懸命10万円を返そうとするでしょう。このように，留置的効力には，債務の弁済

---

note

[1] **発展** 質権の設定の場面だけではなくそれ以降も，質権者は，質権設定者に質物を代理占有させることができません（345条）。「代理占有」とは，他人（占有代理人）の所持を通じて，本人が物の占有を有することです。

を促すという意義があります。

しかし，占有しているからといって，Gは時計を自分の腕にはめて使うことができるわけではありません。Gは，あくまで被担保債権の担保のために，時計を占有しているだけなのです。ですから，Gは，質物を「善良な管理者の注意をもって」占有しなくてはなりません（善管 注 意義務。350条→298条1項）。他人の所有物である質物を，自己の所有物を占有する場合よりも高いレベルの注意を払って，保管しなくてはならないという意味です。このような義務のあらわれとして，質権者Gは，所有者Sの承諾なしに，質物を使用したり賃貸したりすることはできないとされています（350条→298条2項）。

占有を失った場合の効力

では，質権者が占有を失ってしまった場合はどうでしょうか。質権の効力として，占有を回復することはできるのでしょうか。

> **CASE 11-2**
> CASE 11-1の場面で，GとSは，Sの時計についての質権設定契約を締結し，時計の引渡しも済ませました。ところが，後日，Gの家に空き巣Aが入り，Sの時計を盗み出しました。Gは，Aに対して，時計の返還を求めることができるでしょうか。

> **CASE 11-3**
> CASE 11-1の場面で，GとSは，Sの時計についての質権設定契約を締結し，時計の引渡しも済ませました。ところが，その後，Gは，時計を運んでいる途中，電車の駅に置き忘れてしまいました。時計を拾ったBが時計を占有しています。Gは，Bに対して，時計の返還を求めることができるでしょうか。

(1) 353条

353条には，動産質権者（G）が，質物（時計）の占有を奪われたときは，占有回収の訴えのみによって，質物の返還を求めることができると定められています。占有回収の訴えとは，物を占有する人に認められる権利の1つです。もともと物を占有していた人が，それを奪われた場合に，占有を返すよう求めることができる権利です（200条）[2]。

この条文には，注意しなくてはいけないポイントが2つあります。

(2)　**占有を奪われた場合**

　1つ目のポイントは，353条が，占有回収の訴えを「占有を奪われたとき」に限定していることです。

　CASE 11-2のように，質権者Ｇが，空き巣Ａに占有を奪われた場合には，Ｇは，占有回収の訴えによって，時計の占有を回復することができます。

　ところが，CASE 11-3では，Ｇが時計を置き忘れてしまったのであって，占有を奪われたわけではありません。そのため，Ｇは，占有回収の訴えによって，Ｂから時計の占有を回復することはできません。

(3)　**質権にもとづく物権的請求権**

　353条の規定からすれば，以上のようになりますが，ある疑問が生じます。質権も物権の一種なので，CASE 11-3のような場面で，質権者Ｇは，質権にもとづく物権的請求権（返還請求権）を行使して，質物である時計の返還を求めることはできないのか，という疑問です[3]。

　これが2つ目のポイントです。353条は，わざわざ，質物の回復は「占有回収の訴えのみ」によると定めており，物権的請求権を否定しています。なぜなのでしょうか。

　先ほど説明したように，動産質においては，被担保債権全部の弁済を受けるまで，質権者が質物を占有し続けることがポイントでした。質権者が質物を占有していると，質権が設定されたことが（少なくとも質権者が何らかの権利をもっているらしいことが）外から見てわかります。つまり，占有が公示の役割を果たしているのです。

　ところが，質権者が占有を失うと，その公示も失われてしまいます。第三者から見て，質権が設定されていたことがわからなくなってしまうのです。そのため，質権者が，自らの意思や過失で占有を失った場合には，第三者に対して質権の効力を主張することはできなくなると考えられています。このような考え方から，質権にもとづく返還請求は認められず，(2)でみたように，占有回収の訴えも占有を奪われた場合に限定されているのです。

---

note

[2]　**説明**　物を占有する人（占有者）には，占有訴権という権利があります。占有訴権とは，占有者が占有を侵害された場合や侵害されるおそれがある場合に，侵害をやめさせるよう，侵害者を訴えることができる制度です。占有回収の訴えは，占有訴権の1つです。

[3]　**説明**　物権的請求権については，第6章21を参照してください。

4 動産質の実行

流質禁止

最後に，動産質の実行について学びます。債務者が被担保債権を弁済しなかった場合，質権者は，質物を換価して優先弁済を受けることができます。では，質権者は，どのようにして，優先弁済を受けるのでしょうか。

(1) 流質とは何か

この点に関して最も重要なのは，「流質禁止」という原則です。流質とは何か，なぜそれが禁止されるのかを知るために，次の CASE 11-4 をみてみましょう。

> **CASE 11-4**
> Sは，急病で入院することになりましたが，お金がなく，友人Gに相談しました。Gは，「自分もお金に余裕はなく，10万円ならすぐに貸せるが，返してもらえるか心配だ」といいます。そこで，Sは，大切にしている50万円の価値がある時計をGに渡し，約束の日に借金を返せなかった場合には，時計をGのものにすると約束しました。

被担保債権の弁済のために，質権者に質物の所有権を取得させること（CASE 11-4 のGに時計の所有権を取得させること）を流質といいます[4]。そして，CASE 11-4 で交わされた約束のような，流質の合意を流質契約といいます。流質契約を使えば，改めて時計のやりとりをする必要がなく，とても簡単に質権の実行が終わるので，便利なようにも思われます。

(2) 流質契約の危険性

しかし，CASE 11-4 のような流質契約を認めてしまうと，質権設定者の不利益になることがあります。第1に，Sのように急いでお金を用意しなくてはならない人は，

必要に迫られて，10万円しか借りていないのに50万円の時計を失うという，不利な契約を結んでしまう可能性があります。第2に，「約束の日に借金を返せな

---

note

[4] **説明** 民事執行法などの法律によらない方法で質物を第三者に売却し，その代金を被担保債権の弁済にあてることも流質に含まれます。

ければ時計をGが取得する」というような合意によれば，借金の返済がほんの少し遅れただけで，Sは時計を失うことになります。

　質権設定者をこのような不利益から守るため，質権設定前に，または，被担保債権の弁済期前に，流質契約を結ぶことは禁止されています（349条）[5]。**CASE 11-4** のような流質契約が締結されたとしても，それは無効なのです[6]。

動産質の実行方法

(1) 通常の実行方法

　では，動産質は，どのように実行するのでしょうか。原則は，民事執行法が定める動産競売の方法です（民執190条）。民事執行法の手続に従って，質物を換価し，質権者は，換価金から配当を受けます[7]。

(2) 簡易な弁済充当

　ただし，例外的に，簡易な実行方法が認められています。動産質権者は，正当な理由がある場合に限り，質物を鑑定し，鑑定人の評価に従って質物を弁済にあてることを裁判所に請求することができます（354条）。競売をする必要がないので，通常の実行方法より簡単な手続です。

　354条の「正当な理由」とは，質物の価値が低すぎて，民事執行法の手続によると，費用のほうが高額になってしまうようなことを指しています[8]。動産は，価値が低いことが多いため，動産質について，このような例外が認められています。

---

note

[5] **発展**　なお，質屋（⇒第**2**章note⑬）については，質屋営業法という特別法があります。質屋営業法によれば，質屋は，営業をするために都道府県公安委員会の許可を得る必要があり，また，同法の定める様々な規制に従わなくてはなりません。代わりに，質屋には，流質契約が認められています（同法1条，18条1項）。ただし，流質契約に定められた流質期限（その日までに借りたお金を返さないと質物の所有権が質権者のものになる）を過ぎたとしても，質権設定者が被担保債権を弁済すれば，質屋は，質物を第三者に処分していない限り，質物を返還するよう努めなくてはならないとされています（同項ただし書）。

[6] **説明**　反対に，質権を設定してお金を受け取った後であれば，お金ほしさに不利な契約を強いられることもありません。また，弁済期経過後であれば，借金の返済はすでに遅れているわけですから，借金返済の機会がないまま質物を失うおそれもありません。そのため，質権設定後，弁済期経過後に結ばれた流質契約は有効です。

[7] **説明**　配当の残額がある場合には，手続に参加した他の債権者に配当されたり，質権設定者に返還されたりします。

[8] **説明**　動産競売にかかる費用は，目的物の価値によっても異なりますが，例えば，1〜2万円の価値の動産を競売に付し，そこから配当を受けるとすれば，手続費用を支払うと，債権者に配当される分はほとんど残りません（執行官の手数料及び費用に関する規則参照）。

② 不動産質

次に，質物が不動産である質権，すなわち，不動産質について学びます。動産質と共通の点も多いので，異なる点を詳しくみていきましょう。

1 不動産質の設定および対抗 ―――――――――――――●

┃ 動産質との共通点 ┃

不動産質を設定するために，質権設定契約が必要である点，そして，質権が効力をもつために質物の引渡しが必要な点は，動産質と共通です。

┃ 動産質と違う点 ┃

ただし，対抗要件は，動産質と異なっています。動産質は，質権者が質物を占有し続けることで質権を第三者に対抗することができます。これに対して，不動産質については，不動産物権変動の原則どおり，登記が対抗要件となります^{⇒第1章②3}（177条）。登記が対抗要件であるところは，抵当権と同じです。

2 不動産質の効力 ―――――――――――――――●

┃ 質物の使用収益権 ┃

動産質と不動産質の大きな違いは，その効力にあります。まず，不動産質権者は，質物を使ったり，質物から得られる利益を受け取ったりすること（使用・収益）ができます（356条）。例えば，質物が田畑だった場合，質権者は，田畑を耕（たがや）し，作物を収穫し，収穫物を手に入れることができます。

この点をみると，質権者がとても有利な立場にあるように思われます。しかし，民法は，質権者と質権設定者の利益のバランスをとるルールを定めています。質権者は，質物の使用・収益をすることができる代わりに，本来は不動産の所有者（質権設定者）が負担するはずの管理費用（土地に柵（さく）を設置する費用など）を支払い，不動産に関する負担（固定資産税など）を負うことになります（357条）。

また，質権者は，質権の被担保債権の利息を請求することもできません（358

条）。お金を貸す人のメリットは，貸したお金の利息を受け取れることにありますが，不動産質の場合には，質権者は，利息ではなく不動産の収益を受け取ることで利益を上げるのです。

物権的請求権

　動産質と不動産質は，物権的請求権についても，大きく違っています。動産質においては，質権者が占有を失った場合に物権的請求権が認められませんでした（353条）。これに対して，不動産質には，353条のような条文がありません。不動産質は，登記によって公示されているので，質権者が占有を失ったとしても，第三者に対して，質権の効力を主張することができるのです。つまり，質権者は，質権にもとづく物権的請求権により，質物の占有を回復することができます。

3　不動産質の実行

　不動産質においても，動産質と同じ理由から，事前の流質契約は禁止されています（349条）。不動産質を実行するには，抵当権と同じく，民事執行法の手続（担保不動産競売，担保不動産収益執行）による必要があります。手続については，第8章❶を参照してください。

③　権利質

1　権利質とは

　質権は，動産や不動産といった形ある物（有体物）だけではなく，権利にも設定することができます（362条）。これを権利質といいます。

債権質

　権利質の代表的なものは，債権質です。例えば，Sが，第三者Dに対して，100万円の金銭債権を有していた場合，Sの債権者Gは，この100万円の債権に質権の設定を受けることができます（CASE11-5の図参照）。

ほかにも，地上権，永小作権といった用益物権，特許権，著作権といった知的財産権，株式などにも，質権を設定することができます[9]。

2 債権質の設定から実行まで

債権質の設定

権利質の中で最も重要な債権質について，設定から実行までを学びましょう。まずは，以下の CASE 11-5 をみてください。

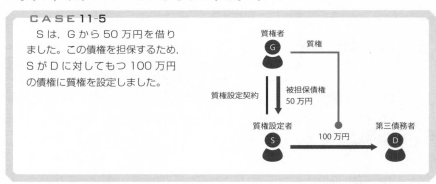

CASE 11-5

Ｓは，Ｇから 50 万円を借りました。この債権を担保するため，ＳがＤに対してもつ 100 万円の債権に質権を設定しました。

債権に質権を設定するためには，動産質や不動産質と同じように，Ｓ（質権設定者）と質権者（Ｇ）との間で，質権設定契約を結びます。

動産質と不動産質においては，質権が効力をもつためには，目的物を引き渡す必要がありました。では，債権質ではどうでしょうか。

債権は，動産や不動産とは違って，形のない財産です。そのため，債権質については，「目的物を引き渡す」といったことはありえません[10]。

債権質の対抗

債権質について対抗要件を備えるためには，①質権設定者（Ｓ）が第三債務者

note

[9] 発展 知的財産権を目的とした質権については，法律に特別なルールが定められています（特許 95 条，著作 66 条など）。

200 ● CHAPTER 11 質 権

（D）に対して質権の設定を通知するか，②第三債務者（D）が質権の設定を承諾するかのどちらかが必要です（364条）。

①か②のどちらかがあれば，第三債務者（D）は，質権が設定されたことを，必ず知ることになります。そのため，G以外のSの債権者などの第三者は，Dに問い合わせをすれば，100万円の債権に質権が設定されていることを知ることができます。

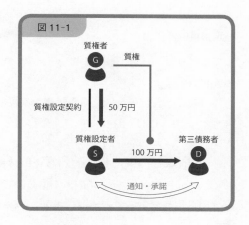

図11-1

Dが債権質の公示の役割を果たしているわけです。

┃ 債権質の効力 ┃

債権質の効力の中で，特に重要なのが，第三債務者（D）との関係です。

CASE 11-5で，Dが，Sから借りた100万円をSに返してしまったらどうなるか考えてみてください。債権は，債務者が弁済すると消滅します（473条）。したがって，DがSに100万円を返すと，Gの質権の対象である債権が消滅してしまうことになるのです。これでは，Gが質権の設定を受けた意味がなくなってしまいます。

そこで，債権質については，第三債務者が弁済したとしても，そのことを質権者との関係で主張することはできないと考えられています（481条類推適用）。つまり，DがSに100万円を返したとしても，Gとの関係では，返していないものとして 扱 われるということです。

---

note

10 [発展] ただし，有価証券については，違ったルールがあります。有価証券については，520条の2以下に定められています。有価証券とは，財産権を紙にのせたもので，そうすることによって，多額のお金，多数の物，目に見えない権利などを円滑に安全に流通させることができます。有価証券を譲渡するためには，紙を渡す（「証券を交付する」といいます）必要があります（520条の2，520条の13，520条の19，520条の20）。質権を設定する場合も同じで，有価証券に質権を設定する場合には，質権者に証券を交付する必要があります（520条の7，520条の17，520条の19，520条の20）。

債権質の実行

　では，Dは，一体，誰にお金を払えばいいのでしょうか。その答えが，債権質の実行方法にあります。

　質権者は，質権の目的である債権を直接に取り立てることができます（366条1項）。つまり，Gは，Dに対して，Gに対して直接お金を払うよう請求できるのです。

　なお，CASE 11-5では，Gの質権の被担保債権額が50万円しかないのに対して，SがDに対してもつ債権の額は100万円です。このような場面では，Gは，自分の債権額に対応する範囲，つまり，50万円だけDに請求することができます（366条2項）。

POINT

1　質権を設定するためには，質権者と質権設定者との間で，質権設定契約を締結する必要があります。また，質権設定者は，質権者に目的物を引き渡さなくてはなりません（344条）。ここでの「引渡し」には，占有改定は含みません。

2　質権の最も重要な効力は，留置的効力です。質権者は，被担保債権全部の弁済を受けるまで，質物を留置する（占有し続ける）ことができます（347条，350条→296条）。

3　質権者は，善良な管理者の注意をもって，質物を占有しなければなりません（善管注意義務，350条→298条）。

4　動産質権者が，質物の占有を奪われたときは，占有回収の訴えのみによって，質物の返還を求めることができます（353条）。

5　質権設定前に，または，被担保債権の弁済期前に，流質契約を結ぶことは禁止されています（349条）。

6　動産質権は，民事執行法が定める動産競売の方法によって実行されます（民執190条）。ただし，例外的に，簡易な実行方法が認められています。動産質権者は，正当な理由がある場合に限り，質物を鑑定し，鑑定人の評価に従って質物を弁済にあてることを裁判所に請求することができます（354条）。

7　不動産質権を設定するためには，質権設定契約が必要です。そして，質権が効力をもつためには質物の引渡しが必要です。不動産質権については，登記が対

抗要件となります（177条）。

8 不動産質権者は，質物を使ったり，質物から得られる利益を受け取ったりすること（使用・収益）ができます（356条）。ただし，不動産質権者は，不動産の管理費用等の負担を負います（357条）。また，被担保債権の利息を請求することもできません（358条）。

9 債権に質権を設定するためには，動産質や不動産質と同じように，質権設定者と質権者との間で，質権設定契約を結びます。債権質について対抗要件を備えるためには，①質権設定者が第三債務者に対して質権の設定を通知するか，②第三債務者が質権の設定を承諾するかのどちらかが必要です（364条）。

10 債権質権者は，質権の目的である債権を直接に取り立てることができます（366条1項）。

第 **12** 章

留置権

　本章では，留置権を学びます。債権者が債務者の所有する物を占有しているとします。その債権者が留置権をもっていると，債権者は，債務者から債権の弁済を受けるまで，債務者の物を債務者に返さないで占有し続けることができます。本章では，留置権について，以下を学びます。

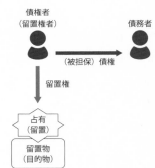

留置権とは ▨ ◎ 295条

　第1に，留置権をもつ人は，なぜ物を占有することで債権の弁済を受けられるようになるのでしょうか。その仕組みを説明します。また，留置権は質権や同時履行の抗弁権と似ていますが，それらと留置権との違いも説明します。

留置権が認められるための要件 ◎ 295条

　第2に，留置権は，どのような場合に認められるのでしょうか。その要件は295条に定められているので，この規定をどう理解するかが説明の中心となります。

留置権の効力　📙 ⓠ296条〜299条

　第3に，留置権にはどのような効力があるのでしょうか。留置権をもつ人による占有のあり方なども含め，説明します。

留置権の消滅　📙 ⓠ298条3項，301条，302条

　第4に，留置権はどのような場合に消滅するのでしょうか。主に留置権に特有の原因によって消滅する場合について説明します。

1　留置権とは

1　設定契約なしに留置権が成立する理由と留置的効力 ────●

　留置権は，債権者と債務者との設定契約ではなく，民法の定めるところに従って成立します。このように法律の規定（295条）にもとづいて成立する担保物権であるため，法定担保権に分類されます^{⇒第2章 2 1}。では，なぜ民法は，設定契約がない場面で債権者に留置権を認めるのでしょうか。

> **CASE 12-1**
>
> 　Sは，腕時計（甲時計）が動かなくなったので，Gに修理を依頼しました。GとSとの間では修理が終わった後で代金の支払をすることが約束されました。Sから甲時計を受け取ったGは，必要な修理を済ませました。その後，SがGのところにやってきて，代金を支払わないまま甲時計を返すよう求めました。Gは，甲時計を返さなければならないでしょうか。

留置権が法律にもとづいて認められる理由

　甲時計はSが所有する物です。したがって，Gは，Sから甲時計を返せと言われたならば，これに応じなければならないように思えます。ところが，Gが修理代金を支払ってもらう前に甲時計を返してしまうと，Sは，Gの店に二度と顔を出さず，代金の支払からのがれようとするかもしれません。GはSの求め（修理を済ませた時計の返還）に応えようとしているのに，SはGの求め（代金の支払）に

応じなくてもよいとする結果は，いかにも不公平です。

そこで，民法では，当事者間の公平を確保する方法として，設定契約なしに債権者Ｇが留置権を取得することが認められています。

留置的効力

では，ＧとＳとの間の公平は，Ｇに留置権を認めることでどのように実現されるのでしょうか。以下，Ｇのように留置権をもつ債権者を留置権者といい，留置権の対象となる物を留置物といいます。

留置権者Ｇは，留置物である甲時計を占有することができます。つまり，Ｓに返還しなくてもかまいません。Ｓが「甲時計を返せ」と請求してきたとしても，Ｇは，これを拒むことができるのです（留置権は，その対象である物を債権者が占有するため，占有担保に分類されます）。

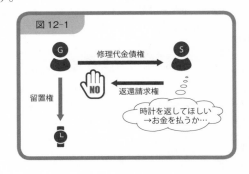

図12-1

修理代金債権

留置権

NO

返還請求権

時計を返してほしい
→お金を払うか…

ＳがＧから甲時計を返してもらうには，債務の履行（修理代金の支払）をして留置権を消滅させる必要があります。

このように，留置権は，留置権者が物を占有することで，「物を返してほしければ債務を弁済しろ」というプレッシャーを債務者にかけ，「物を返してほしい」という債務者の心情を利用して，債務の履行を促す（「債務を弁済しよう」という気にさせる）作用をもっています。この作用を，留置的効力といいます。

2　質権との比較

留置権と質権の共通点

第11章では質権を学びました。質権者は，質権の対象である物を占有することができます。このため，質権は占有担保に分類されます。また，質権にも留置的効力があります。占有担保であり，留置的効力があるという点で，留置権と質権は共通します。

⇒第11章 1 3

留置権と質権の違い

(1) 約定担保物権か法定担保物権か

質権は，設定契約がなければ成立しません。つまり，約定（やくじょう）担保物権です。こ ⇒第11章①1
れに対して，留置権は，先に説明したように，法定担保物権です。

(2) 優先弁済的効力があるかどうか

質権者は，目的物を競売（けいばい）し，競売代金から他の債権者に優先して弁済を受ける
ことができます。このような効力を優先弁済的効力といいますが， ⇒第11章①4 この効力は，
留置権にはありません。留置権は，留置的効力のみによって債権を担保する担保
物権です。このことは留置権の最も大きな特徴といえます。

3 同時履行の抗弁権との比較

同時履行の抗弁権とは

留置権に似たものとして，同時履行の抗弁権（533条）があります。例えば，
売買契約が結ばれると，買主は代金を支払う義務を負い，売主は物を引き渡す義
務を負うようになりますが，同時履行の抗弁権は，そのように契約の当事者が互（たが）
いに対価としての意味をもつ債務を負う場合（そのような契約を双務契約（そうむ）といいま
す）に認められます。同時履行の抗弁権が認められると，契約の当事者は，互い
に，相手方が債務の履行を提供するまで，自己の債務の履行を拒むことができま
す（詳しくは，5巻第3章を参照してください）。

Column 15　弁済と履行の提供の区別

債務の「弁済」と「履行の提供」とは同じではありません。弁済は，債務者が
した履行を債権者が受領する（例えば，債務者が売買代金を支払い，債権者がこれ
を受け取る）ことで生じます。弁済がされると，債権は消滅します。これに対し
て，履行の提供は，債務者が弁済に向けてできる限りのことはしたけれども，債
権者による受領がないため，弁済があったとはいえない場面で問題となります。
履行の提供がされても，債権の消滅は生じませんが，以後，債務者は契約違反に
よる責任を問われなくなります（492条）。

533条では「相手方がその債務の履行……を提供するまでは，自己の債務の履

行を拒むことができる」と定められています。例えば，債務者Sが債務の履行として売買代金を支払うためにお金を債権者Gの家まで持参したけれども，Gが受け取りを拒否したとき，Sによる履行の提供があったといえます。このため，Gは，533条によると，すでにSが履行の提供をしているから，自己の債務の履行を拒むことはできません。

533条と異なり，295条1項では「弁済を受けるまで」留置権を行使することができると定められています。このことからすると，債権者は，債務者が債務の履行をしてきたとしても，受領を拒み続ければ，弁済を受けてはいないことになるので，留置権を行使すること（物を占有し続けること）ができそうです。しかし，それではあまりにも債務者に気の毒です。このため，一般に，295条1項の「弁済を受けるまで」という文言も，533条と同じく，「債権の履行の提供を受けるまで」と読み替えるべきであると考えられています。この考え方によると，債務者が債務の履行を提供したときは，債権者は留置権を行使して，物の占有を続けることができなくなります。

留置権と同時履行の抗弁権が同時に認められる場合

留置権と同時履行の抗弁権の両方を主張することができそうなときは，どちらを主張してもよいと考えられています。どちらかを優先して主張しなければならないということはありません。したがって，CASE 12-1のGは，留置権の代わりに，同時履行の抗弁権を主張して，相手方であるSが代金を支払うまで時計の返還を拒むこともできます。

留置権と同時履行の抗弁権の違い

では，留置権と同時履行の抗弁権の違いはどこにあるのでしょうか。

(1) 第三者との関係

一番の違いは，留置権が物権であるのに対して，同時履行の抗弁権はそうではないということにあります。

CASE 12-2

　CASE 12-1のSが，甲時計を，Gに占有させたまま，Dに売却しました。Gは，Dからの甲時計の引渡請求に応じなければならないでしょうか。

留置権は物権ですから，Ｇは，Ｓとの間で成立した留置権をＤのような第三者に対抗することができます。第三者Ｄから引渡しを求められたとしても，これを拒むことができるのです。

しかし，Ｇは，Ｄと契約を結んだわけではありません。このため，Ｇは，双務契約から認められる同時履行の抗弁権をＤに対して主張することはできません。

(2) 留置権と同時履行の抗弁権は常に同時に認められるわけではない

(a) 同時履行の抗弁権しか認められない場合

> **CASE 12-3**
>
> CASE 12-1 とは異なり，Ｇが甲時計の引渡しに応じないまま，Ｓに修理代金の支払を求めたとします。この場合，Ｓは，修理代金を支払わなければならないでしょうか。

留置権は，後で説明するように，^{⇒216頁}「物の占有者」(295条) のためにしか成立しません。物の占有をしてはいないＳのために留置権が成立することはありません。このため，Ｓは，留置権を主張して修理代金の支払を拒むことはできません。

しかし，Ｓは，Ｇと双務契約を結んだ当事者であるため，同時履行の抗弁権を主張して，代金の支払を拒むことはできます。

このように，留置権と同時履行の抗弁権は，常に同時に認められるわけではありません。

(b) 留置権しか認められない場合　　次の CASE 12-4 では，留置権のみが認められます。

> **CASE 12-4**
>
> ＧとＳは，互いに傘を取り違えて家に持ち帰ってしまいました。後日，ＳがＧの傘を返さないまま，自分の傘を返すようＧに請求したとき，Ｇは，この求めに応じなければならないでしょうか。

留置権は，契約関係にない人の間でも成立します。このため，Ｇは，留置権にもとづいて傘の返還を拒むことができます。

しかし，ＧとＳとの間に双務契約の関係はないので，Ｇは，同時履行の抗弁権を主張して傘の返還を拒むことはできません。

2 留置権が認められるための要件

　留置権は，どのような場合に成立するでしょうか。留置権が認められるための要件は，295条で定められています。それによると，留置権は，①他人の物を②占有する者が③その物に関して生じた④債権を有する場合に認められます（1項）。ただし，その⑤債権が弁済期にない場合や，その⑥占有が不法行為によって始まった場合には，認められません（1項ただし書・2項）。

　以下では，「他人の物」「被担保債権」「物と被担保債権の牽連性（けんれんせい）」「占有」という4つの項目について説明します。それぞれと上記の下線部①〜⑥との対応関係は，右の表のとおりです。

1	他人の物	下線部①
2	被担保債権	下線部④・⑤
3	物と被担保債権の牽連性	下線部③
4	占有	下線部②・⑥

1　他人の物

　留置権は，他人の物について成立します（295条1項）。CASE **12-1** でいえば，修理を依頼した他人Sの所有物である時計について成立するわけです。

「物」：留置権の対象

　ここでいう物は，腕時計のような動産に限られません。不動産も留置権の対象となります。

「他人」

　CASE **12-1** では，債務者（S）が所有する物について留置権が成立するかどうかが問題となっています。債務者が債権者（G）からみて「他人」であることについては，問題ありません。

　では，次のケースのように，債権者と債務者のどちらでもない第三者が所有する物についても，留置権の成立を認めることができるでしょうか。

CASE 12-5

　SがGに腕時計（甲時計）の修理を依頼し，Gは，Sから受け取った甲時計に必要な修理をしました。Sは，まだ修理代金を支払っていませんが，甲時計はSの父親で

あるDの所有物でした。DがGに対して甲時計を返すよう求めたとき，Gは，これを拒むことができるでしょうか。

　もし債務者の所有物にしか留置権が成立しないのであれば，295条1項の文言は「債務者の物」と限定されていたはずです。しかし，「他人の物」という定めになっています。条文の文言から考えると，債権者Gからみて「他人」である第三者Dの物について留置権の成立を認めることに支障はありません[1]。

　第三者Dの物に留置権の成立を認めると，Dは，Sの債務が弁済されなければ，その物を返してもらうことができません。Dは，自分の物を返してもらわないと困るので，自分以外の人（S）の債務を弁済してでも，その物を返してもらおうとするかもしれません[2]。債権者Gにしてみれば，Sからだけでなく，Dからも債権の弁済を受けられる可能性が出てきます。このように，第三者の所有物に留置権を認めることはGにとって大きな利益となります。

　また，甲時計が修理されたことで，その所有者であるDも利益を得ています。このため，留置権を認めても，Dが一方的に負担を押し付けられることにはなりません。

　以上の実質的な検討からも，第三者の物も「他人の物」に含まれると考えることは許されるでしょう。

2　被担保債権

被担保債権が存在すること：成立における付従性

　担保物権は，債権を担保するために認められるものです。したがって，担保される債権（被担保債権）がなければ，担保物権は成立しません。これを成立における付従性といい，それが担保物権に共通の性質であることは，すでに説明しました。留置権も担保物権ですから，被担保債権がなければ成立しません。
⇒第2章3.1

---

note

[1] **説明**　CASE 12-2は，債務者Sが物を所有している間に留置権が成立し，その後に物の所有者がSから第三者Dに変更したケースです。これに対して，CASE 12-5は最初から，第三者Dの所有物について留置権が成立するのかどうかが問題となっています。2つのケースは，似ていますが，違います。しっかりと区別してください。

[2] **説明**　このように，債務者でない人も債務を弁済することができます。これを第三者弁済といいます（474条1項）。詳しくは，4巻第13章239頁以下を参照してください。

被担保債権が弁済期にあること

留置権が成立するためには，被担保債権の弁済期が来ている必要もあります（295条1項ただし書）。つまり，債権者が債務者に対して「お金をいますぐ払え」と主張できる状況になければなりません。これはなぜでしょうか。

> **CASE 12-6**
> SがGに腕時計（甲時計）の修理を依頼しましたが，その際，SとGとの間では，GがSに甲時計の修理を終えて返還する日を2月22日，SがGに修理代金を支払う日を3月10日とする合意がされました。この場合において，Gが2月22日にSから甲時計を返すように求められたとき，Gは，修理代金の支払を受けていないからと，甲時計の返還を拒むことができるでしょうか。

CASE 12-6 では，SとGとの間では，修理をして甲時計を返還するGの債務の弁済期を2月22日とし，修理代金を支払うSの債務の弁済期を3月10日とすることが合意されています。Sが甲時計の返還を受けようとした時点（2月22日）では，その修理代金債務は弁済期にありません。Sはまだお金を払う必要がないのです。

その時点で留置権が成立し，Gが代金の支払を受けるまで甲時計を返さなくてもよいことにしてしまうと，Sは，まだ弁済期が来ていないのに，甲時計を返してもらうために代金を支払う必要が出てきます。それでは，GとSとの間で代金の支払期限について合意した意味がなくなってしまいます。このため，被担保債権が弁済期になければ，留置権の成立を認めないことになっているのです。留置権が成立しないので，Gは，Sからの甲時計の返還請求を拒むことができません。

3　物と被担保債権の牽連性

牽連性

留置権は，債権者が占有する「物に関して生じた債権を有するとき」に成立します（295条1項）。たとえるならば，恋人同士が運命の赤い糸で結ばれているのと同じように，物と債権がみえない糸によって結ばれていることが留置権の成立要件として求められるのです。その物と債権のつながりは，牽連性と呼ばれています。

CASE 12-7

Sは，腕時計（甲時計）の修理をGに依頼し，その修理代金を支払いました。ところが，Sは，それとは別に，Gからお金を借りていて（つまり，甲時計に関して生じたわけではない債務を負っていて），Gは，Sに対して，甲時計を返してほしければ，その借金を返せと要求しました。Sは，借金を返さないと甲時計を返してもらうことはできないのでしょうか。

　もし，物と債権との間の牽連性が成立要件とされていなかったならば，物（甲時計）と債権（貸金の返還請求権）との間に何の関係もない場合（債権者がたまたま債務者から物を預かっていた場合）にも留置権が認められることになります。しかし，牽連性が成立要件とされているので，CASE 12-7 のGには留置権が認められません。Sは，借金を返していなくても，Gから甲時計を返してもらうことができます。

牽連性がある場合

　では，どのような場合に牽連性があるといえるのでしょうか。一般に，①債権が物自体から生じた場合と，②債権が物の引渡義務と同一の法律関係または事実関係から生じた場合に牽連性があると考えられています。以下で説明していきます。

(1) 債権が物自体から生じた場合

CASE 12-8

　Gは，Sから期間を2年として建物を賃借していますが，その建物が急に雨漏りをするようになったので，業者に修理をしてもらいました。このような修理代金は，賃貸人Sが負担しなければなりませんが，今回は急を要したのでGがSの代わりに立替払をしておきました。G・S間の賃貸借契約の期間が満了した後も，Gが立て替えたお金をSから返してもらっていないとき，Gは，その支払を受けるまで建物[3]を占有し続けることができるでしょうか。

(a) 費用償還請求権

CASE 12-8 の修理代金（修繕費）のように，ある物のもともとの状態（建物が雨漏りのしない状態）を維持するためにかかったお金を必要費といいます。この費用の立替払をした人（G）は，立て替えたお金を返す

---

note ─────────────────────────────

⇒210頁
[3] 説明　先に説明しましたように，留置権は，動産だけでなく，不動産にも成立します。

よう請求することができます（196条1項，608条2項）。その請求権を，必要費
償還請求権といいます。

この必要費償還請求権という債権は，必要費が支出された物（建物）自体から
生じたものである（物自体があたかも「借り（債務）」を負っているような状態にある）
といえます。つまり，牽連性があるといえます。したがって，CASE 12-8 のG
は，留置権にもとづいて建物の返還を拒むことができます。

(b) 物から生じた損害の賠償請求権

CASE 12-9
　Sは，自分の子どもとキャッチボールをしていたところ，ボールを投げそこなって，
Gの家の窓ガラスを割ってしまいました。Gは，Sがガラス代を弁償するまでボール
の返還を拒むことができるでしょうか。

このケースのGは，Sに対して不法行為にもとづく損害賠償請求権（709条）
をもちます。そして，この損害賠償請求権という債権も物（ボール）自体から生
じたといえます。したがって，Gのために留置権が成立するので，Gは，ボール
の返還を拒むことができます。

(2) 債権が物の引渡義務と同一の法律関係または事実関係から生じた場合

債権が物の引渡義務と同一の法律関係から生じたときも，牽連性が認められま
す。債権が物の引渡義務と同一の事実関係から生じたときも同様です。

(a) 債権が物の引渡義務と同一の法律関係から生じた場合　　CASE 12-1 の
Gの修理代金債権と時計の引渡義務は，どちらも請負契約（632条。請負契約につ
いて詳しくは，5巻第 **12** 章を参照してください）という同じ1つの契約から生じてい
ます。つまり，同一の法律関係から生じているといえます。このため，Gに留置
権が認められるのです。

(b) 債権が物の引渡義務と同一の事実関係から生じた場合　　CASE 12-4 の
ように，傘の取違えがあったときは，GとSとの間には契約はありません。つま
り，法律関係はありません。しかし，債権（自分の傘の返還請求権）と物の引渡義
務（相手の傘の引渡義務）が「傘の取違え」という同一の事実関係から生じていま
す。したがって，Gには留置権が認められるので，Gは，Sの傘の返還を拒むこ
とができます。

牽連性があるかどうかの判断が難しい場面

ここからは，牽連性があるかどうかの判断が難しい場面を考えてみましょう。

CASE 12-10
Sは，Gに甲建物を売却し，甲建物を引き渡しましたが，登記の移転はしませんでした。その後，Sは，Aにも甲建物を売却し（二重譲渡），登記の移転を済ませました。Aは，登記を備えていますので，177条により，自分が所有権を取得したことをGに対抗することができます。そこで，AがGに対して甲建物の明渡しを求めました。

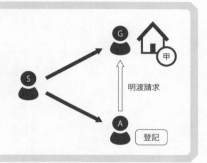

(1) 被担保債権：損害賠償請求権

Aからの甲建物の明渡請求に対して，Gが留置権を主張して，請求を拒むつもりでいるとします。この場合，留置権の被担保債権として考えられるものは何でしょうか。

Sは，甲建物の所有権をGに移転する義務（555条）に違反して，Aにも甲建物を譲渡しています。これによって，Gは，Sに対して契約違反（履行不能）による損害賠償請求権（415条1項）を取得します。Gとしては，この損害賠償請求

権を被担保債権とする留置権にもとづいてAからの請求を拒みたいところです[4]。はたして，Gの主張は認められるでしょうか。

---

note

[4] **説明** もし，Gが留置権を認められるのであれば，Gは，第三者Aにも留置権を対抗することができ，したがって，Aからの請求も拒むことができることになります。反対に，留置権が認められないのであれば，Aの請求を拒むことはできません。

(2) 判例の立場

判例は，CASE 12-10 のように，不動産の二重譲渡がされ，その引渡しを受けていた譲受人が債務者に対する損害賠償請求権を被担保債権とする留置権を主張して，登記を備えた譲受人からの明渡請求を拒んだ事件で，物と債権の牽連性の要件が満たされていないから留置権は認められないと判断しました（最判昭和43年11月21日民集22巻12号2765頁）。Gが留置権の被担保債権になると主張する損害賠償請求権は，Sの契約違反をきっかけとしてその形に姿を変えていますが，もともとは甲建物の所有権を移転するという物自体を目的とする債権でした。そして，物自体を目的とする債権は，295条1項にいう「物に関して生じた債権」に当たらないから，牽連性は認められない，というのです。

(3) 有力説

留置権を認めると，177条によれば勝てるはずのAがGに敗れることになるので，留置権を認めない判例の結論に反対する人はいません。もっとも，判例の理由づけでは納得しにくいです。このため，現在の有力説は，次の理由から留置権の成立を否定しようとしています。

Gに対して損害賠償債務を負う債務者Sは，すでにAに甲建物を譲渡しているので，Gに対して甲建物の返還請求権をもっていません。そもそもSは「甲建物を返してほしい」と言える立場にないのです。

そうだとすれば，損害賠償請求権を被担保債権とする留置権をGに認め，Gが甲建物の占有を続けたとしても，Sは「損害賠償をして甲建物を返してもらおう」という気にはなりません。損賠賠償債務の履行に向けた留置的効力がSに対して働くことがないのです。このような場合は，留置権を認めても意味がないため，その成立は否定される，といわれています。

4 占 有

┃占有の必要性┃

留置権は，債権者が債権の弁済を受けるまで物を占有し続けられるようにする権利です。このため，留置権は，債権者が物を占有していなければ成立しません（295条1項）。

しかし，その占有が不法行為によって始まったのであれば，留置権は認められません（295条2項）。債権者が物を占有しているのであれば，常に留置権の成立が認められるというわけではないのです。

CASE 12-11

Gは，Sの甲自転車を盗みましたが，甲自転車はパンクしていたので，修理をしました。Gは，Sから甲自転車の返還を求められたとき，Sが自分に修理代金を支払うまで，その返還を拒むことができるでしょうか。

Gは，他人の物を盗むという不法行為によって甲自転車の占有を始めています。このため，必要費償還請求権^{⇒213頁}を被担保債権とする留置権を主張することはできません。Gは，Sからの甲自転車の返還請求に応じる必要があります。

 留置権の効力

1 目的物の占有（留置）

留置権者は，債権の弁済を受けるまで，留置権の目的物を占有（留置）することができます（295条1項）。

296条によると，留置権者は，債権の全部の弁済を受けるまで，留置物の全部について留置権を行使することができます（このような担保物権の性質は不可分性と^{⇒第2章33}いいます）。したがって，債権の一部の弁済があっても，債権の残りの部分は留置物の全部によって担保されます。債務者は，債権の半分を弁済したのだから，留置物の半分を返せといった請求をすることができません。

2 留置物の管理と利用

管理義務

留置権者は，債務の弁済を受ければ，留置物を債務者に返す必要があります。つまり，いずれ他人である債務者に留置物を返さなければなりません。このため，

占有する間，その物を自分の物のように雑に扱うことは許されません。他人の物として丁寧に扱うことが求められます。そこで，留置権者には，善良な管理者としての注意を払って留置物を管理する義務が課されています（298条1項）。

留置権者による留置物の使用・賃貸・担保供与

所有権者であれば，所有権の対象である物を占有し，自由に使用・収益・処分することができるのが原則です（206条）。留置権者はどうでしょうか。

(1) 原　則

留置権も物権であり，留置権者は目的物を占有することができます。しかし，留置権者は原則として，留置物を使用し，賃貸し，または担保に供することが許されていません（298条2項本文）。例えば，腕時計を対象とする留置権をもつGは，それを自ら身につけたり，他人に貸したり，質入れしたりすることができません。

(2) 例　外

もっとも，留置権者が留置物を使用したり，賃貸したり，担保に供したりすることを債務者が承諾しているのであれば，それらを禁止する理由はありません。このため，留置権者は，債務者の承諾があることを条件に，留置物を使用し，賃貸し，または担保に供することが認められています（298条2項本文）。

また，物は，使われないために，かえって劣化してしまうことがあります。例えば，乗用馬はときどき乗ってあげないと太り過ぎてしまいます。家は空家にすれば傷んでしまいます。このため，留置権者は，債務者の承諾を得なくても，留置物を保存する（もともと物がもっている状態を維持する）のに必要な使用をすることが許されています（298条2項ただし書）。

3　例外としての優先弁済的効力：果実の収取権 ────●

⇒207頁
留置権には優先弁済的効力がありません。つまり，留置権者は，留置物そのものを競売して，優先弁済を受けることができません。

しかし，留置権者は，物から生じた果実については，これを収取し，債権の弁済にあてることが認められています（297条1項。果実については，56頁を参照してください）。例えば，留置権者が債務者の承諾を得て留置物を他人に賃貸したとします（298条2項本文）。この賃貸によって発生する賃料は物の法定果実です。こ

のため，留置権者は，その賃料を自分が受け取り，債権の弁済にあてることができます。

4 事実上の優先弁済的効力 ─────────────●

留置権者は，民法では優先弁済的効力が認められていませんが，民事執行法の仕組みの結果，事実上の優先弁済を受けることができます。

> **CASE 12-12**
>
> Gは，Sに対する債権aを被担保債権とする留置権をSの所有する物についてもっています。やはりSに対して債権bをもつAが，その物に対して強制執行をかけようとしています。この強制執行手続において，Gの留置権はどのように扱われるでしょうか。

CASE 12-12 は，下線部の留置物が動産と不動産のどちらかであるかによって理由は分かれますが，どちらの場合であっても，留置権者は，結果的に，最優先の弁済を受けられます。

┃留置物が動産である場合┃

留置物が動産であるときは，他の債権者Aは，民事執行法の規定により，留置権者Gがその物を執行官に提出するか，差押えに承諾する文書を提出しないかぎり，差押えをすること（強制執行手続を開始すること）ができません（民執124条，190条）。

ところが，Gは，留置権にもとづいて物を占有することができるので，債権aを弁済してもらうまで，留置物を執行官に提出することを拒むことができます。差押えに承諾する文書を提出する義務もありません。このため，Aが，どうしても強制執行を開始したいのであれば，先に，Gに債権aを弁済するしかありません。弁済をすれば，留置権が消滅するので，Gは執行官に物を提出することを拒めなくなります。

このように，Gは，民事執行法の仕組みのため，他の債権者Aが留置物である動産について強制執行手続で債権bの弁済を受けるよりも前に，債権aの弁済を受けることができます。

留置物が不動産であるときは，債務者 S に対する他の債権者 A は，留置権者 G が不動産を占有したままでも，それを差し押さえて強制執行手続を進めることができます。

しかし，留置権が消滅するわけではありません。G は，留置権を，競売手続が進んで登場した買受人 K にも対抗することができます。このため，K は，民事執行法の規定により，留置権の被担保債権（債権 a）を G に弁済しなければならないことになっています（188 条→民執 59 条 4 項）。

この場合の買受人 K は，留置権者 G に支払う分（債権 a の分）のお金を差し引いた代金で不動産を買い受ければよいので，損をすることはありません。損をするのは他の債権者 A です。A が債権 b について配当を受けられるのは，債権 a の分が差し引かれた競売代金のみからとなるためです。

このように，不動産についても，留置権者 G は他の債権者 A に優先して債権 a の弁済を受けることが認められているのです。

4 留置権の消滅

1 物権・担保物権に共通の消滅原因

留置権は物権です。このため，他の物権と共通する消滅原因によって消滅します。例えば，留置物が消滅すれば，留置権は消滅します[5]。

また，被担保債権が消滅すれば，担保を残しておく必要がなくなりますので，担保物権も消滅します。これを（消滅における）付従性といい，それが担保物権に共通する性質であることは，すでに説明しました。例えば，被担保債権が弁済されて消滅すると，付従性によって留置権も消滅します。

---

note

[5] 説明　その他の物権に共通の消滅原因については，抵当権についてした説明（⇒第 10 章 1 1）を参考にしてください。

2 留置権特有の消滅原因

留置権に特有の消滅原因として，消滅請求権の行使，代担保[6]の提供，占有の喪失があります。

消滅請求権

留置権者は298条1項により，善良な管理者の注意を払って留置物を保管する義務を負っています。また，同条2項により，留置物を債務者に無断で使用したり，賃貸したり，担保に供したりすることが禁止されています。⇒218頁

留置権者が298条1項・2項に違反した（例えば，無断で留置物を賃貸した）ときは，債務者を保護する必要があります。この場合，債務者は，留置権の消滅を請求することができます（同条3項）。留置権が消滅するので，債務者は物を債権者から取り戻すことができるようになります。

消滅請求による留置権の消滅は，債務者からの一方的な意思表示で生じます。仮に留置権者が「いやだ」といっても，債務者が「法律に違反したのだから，返せ」といえば，留置権は消滅するのです。

代担保の提供

留置権は，法律にもとづいて成立する担保物権です。当事者の意思によらないため，高価な物を対象とする留置権が少額の債権を担保するために成立することがあります。その一方で，留置権者は，他の方法による適切な担保を得られるのであれば，その高価な物を占有することによる担保を必要とはしません。そこで，債務者は，留置権に代わる「相当の担保」を提供して，留置権の消滅を求めることが認められています（301条）。これを代担保の提供といいます。

これによる留置権の消滅は，債務者からの意思表示だけでは生じません。留置権者の承諾が必要です[7]。先に説明した消滅請求権とは違うことに注意してください。

note
[6] 説明 「代担保」は「かわりたんぽ」と読まれることも多いです。「だいたんぽ」とどちらでもよいでしょう。
[7] 発展 債務者が相当の担保を提供しようとしているのに，留置権者がその申し出を断った場合，債務者は留置権を消滅させることができないのでしょうか。この場合，債務者は，裁判所から留置権者の承諾に代わる裁判を受けることで，留置権を消滅させることができます。

4 留置権の消滅 ● 221

また，301条にいう「担保」は，物的担保に限りません。保証人を差し出すといった人的担保の提供によっても，債務者は留置権の消滅を求めることができます。

占有の喪失

留置権は，留置権者が留置物の占有を失うと消滅します（302条本文）。留置権にとって，占有は，成立するための要件であるとともに，存続するための要件でもあるのです。

POINT

1　留置権は，債権者と債務者との設定契約ではなく，民法の定めるところに従って成立します。このように法律の規定（295条）にもとづいて成立する担保物権であるため，法定担保物権に分類されます。

2　留置権は，他人の物について成立します（295条1項）。

3　留置権も担保物権ですから，被担保債権がなければ成立しません。また，留置権が成立するためには，被担保債権の弁済期が来ている必要もあります（295条1項ただし書）。

4　留置権は，債権者が占有する「物に関して生じた債権を有するとき」に成立します（295条1項）。その物と債権のつながりは，牽連性と呼ばれています。一般に，①債権が物自体から生じた場合と，②債権が物の引渡義務と同一の法律関係または事実関係から生じた場合に牽連性があると考えられています。

5　判例は，不動産の二重譲渡がされ，その引渡しを受けていた譲受人が債務者に対する損害賠償請求権を被担保債権とする留置権を主張して，登記を備えた譲受人からの明渡請求を拒んだ事件で，物と債権の牽連性の要件が満たされていないから留置権は認められないと判断しました。

6　留置権は，債権者が物を占有していなければ成立しません（295条1項）。しかし，その占有が不法行為によって始まったのであれば，留置権は認められません（同条2項）。

7　留置権者には，善良な管理者としての注意を払って留置物を管理する義務が課されています（298条1項）。また，留置権者は原則として，留置物を使用し，賃貸し，または担保に供することが許されていません（同条2項本文）。

8　留置権には優先弁済的効力がありません。つまり，留置権者は，留置物そのも

のを競売して，優先弁済を受けることができません。しかし，留置権者は，物から生じた果実については，これを収取し，債権の弁済にあてることが認められています。また，民事執行法の仕組みの結果，事実上の優先弁済を受けることができます。

9　留置権者が298条1項・2項に違反した（例えば，無断で留置物を賃貸した）ときは，債務者は，留置権の消滅を請求することができます（298条3項）。

10　債務者は，留置権に代わる「相当の担保」を提供して，留置権の消滅を求めることが認められています（301条）。これを代担保の提供といいます。

11　留置権は，留置権者が留置物の占有を失うと消滅します（302条本文）。

第**13**章

先取特権

INTRODUCTION

本章では，先取特権を学びます。先取特権は，当事者の契約がなくても，法律の定めるところに従って認められる法定担保物権です。先取特権者は，他の債権者に優先して債権の弁済を受けることができます。

先取特権の意義 　📖 303条

1 では，先取特権がどのような特徴をもつ権利であるかを説明します。

先取特権の種類・成立要件 　📖 306条〜328条

民法では 15 種類の先取特権とそれぞれの成立要件が定められています。2 では，それらのうち主要なものを説明します。

先取特権の効力 　📖 329条〜341条

先取特権をもつ債権者は，その効力として，一般債権者（担保をもたない債権者）に優先して弁済を受けることができます。3 では，先取特権が 2 つ以上認められる場合，どちらを優先させるのかということや，先取特権以外の権利（抵当権等）と先取特権とがどのような関係にあるのかについて説明します。

先取特権者は，物上代位という方法によって優先弁済を受けることもできます。

これについては，第4章を参照してください。

1 先取特権の意義

1 先取特権とは

先取特権をもつ債権者は，どのような利益を受けることができるのでしょうか。
先取特権をもたない場合と比較して考えてみましょう。

CASE 13-1

Sに対して，Gは100万円の債権aを持ち，Aは900万円の債権bを持ちます。Gは，Sが債権aを弁済してくれなかったので，Sが所有する甲建物の競売を申し立てたところ，甲建物は500万円で売れました[1]。GとAがその500万円を分け合うとき，それぞれ，いくらのお金を受け取ることができるでしょうか。

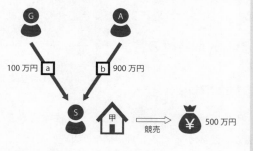

100万円 a　　b 900万円

競売　500万円

CASE 13-1 のGは，先取特権をもっていません。このため，債権者は平等であるという債権者平等の原則により，GとAは，債権額の比率（100万円：900万円＝1：9）に応じて競売代金500万円を分けるので，Gは50万円（500万円×1/10），Aは450万円（500万円×9/10）のお金を受け取ることとなります。

⇒第1章 1 2

CASE 13-2

CASE 13-1 のGの債権が，Sから支払を受けていない2か月分の給料債権であったとします。この場合であっても，債権者平等の原則により，Gは50万円しか受け取れないのでしょうか。

note

[1] 説明　債権をもつ人は，債権が実現されるよう裁判所に求めることができます（履行の強制）。詳しくは，第8章 1 1 を参照してください。

それまで毎月受け取っていた額の給料を，ある日突然，受け取ることができなくなると，Ｇやその家族は生活に困ってしまいます。したがって，給料債権については，Ｇがより確実に弁済を受けられるようにする必要があります。

これを実現するのが先取特権です。民法は，いくつかの原因にもとづいて発生した債権について，債権者平等の原則に例外をもうけ，債権者が「他の債権者に先立って」弁済を受けること（優先弁済を受けること）をできるようにするため，その債権者に先取特権を認めることにしています（303条）。そして，給料債権については，先取特権が認められることが306条，308条で定められています。このため，**CASE 13-2** のＧは，Ａに優先して，債権の全額である100万円のお金を受け取ることができます。これに対して，Ａは競売代金の残りのお金である400万円しか受け取ることができません[2]。

2　先取特権の特徴

法定担保物権

先取特権は，設定契約ではなく，法律にもとづいて認められる法定担保物権であり，法律が定める要件（発生原因）が備わったときに成立します。例えば，308条は，給料その他債務者と使用人との間の雇用関係にもとづいて生じた債権について先取特権を認めています。**CASE 13-2** のＧは，Ｓとの雇用関係にもとづいて生じた給料債権をもっていますので，308条によって，この給料債権について先取特権が認められるわけです。

このように，設定契約がなくても法律によって当然に成立する点では，先取特権は，留置権と同じであって，質権や抵当権（これらは「約定担保物権」といいました）とは違います。
⇒第2章2 1

優先弁済的効力

先に説明しましたように，先取特権には優先弁済的効力があります。この点で

note ―――

[2] **発展**　Ａは，もともと900万円の債権をもっていたところ，400万円の配当を受けたので，残り500万円の債権をもち続けることになります。債権が消えることになるわけではありません。このため，Ｓに甲建物以外の財産があれば，それから債権の弁済を受けることができます。ですが，甲建物以外の財産がなければ，債権の弁済を受けることをあきらめる必要があります。

は，質権や抵当権と同じであって，留置権とは異なります。

非占有担保物権

　先取特権者は，対象となる財産を占有することができません。**CASE 13-2** における G の先取特権は，S の所有する建物を対象としますが，その建物を占有するのは S であって，G ではありません。このように，債権者に占有をもたらさない担保物権を非占有担保物権といいます。

　また，先取特権は，非占有担保物権ですので，留置的効力がありません。先取特権者は，物を占有して債務者に債権の弁済を促すことはできないのです。
⇒第2章2 3

　先取特権は，非占有担保であり，留置的効力がないという点では，抵当権と同じであり，留置権や質権とは違います。

2 先取特権の種類

1 概　要

　先取特権は，対象となる財産に応じて分類すると，下の表のとおりに分けることができます。

　㋐一般先取特権は，債務者のもつ総財産，つまり動産・不動産・債権その他の権利すべてについて認められます（306条）。このため，一般先取特権をもつ人は，債務者

権利の種類		対象財産
㋐一般先取特権		総財産
㋑特別先取特権	Ⓐ動産先取特権	動産
	Ⓑ不動産先取特権	不動産

のどの財産からも優先弁済を受けることができます。

　これに対して，㋑特別先取特権は，債務者のもつ特定の物のみに認められます。そのうち，特定の動産のみに認められるのが，Ⓐ動産先取特権であり（311条），特定の不動産のみに認められるのが，Ⓑ不動産先取特権です（325条）。動産先取特権または不動産先取特権をもつ人は，その対象である動産または不動産からしか優先弁済を受けることができません。

2　一般先取特権

　一般先取特権は，民法が特に定めた①共益の費用，②雇用関係，③葬式の費用，④日用品の供給に関する４つの債権について認められます（306条）。債権の発生原因と先取特権を成立させる趣旨をまとめると，次の表のとおりとなります。

一般先取特権の種類	根拠条文	被担保債権	対象	先取特権を認める趣旨
①共益費用	307条	各債権者の共同の利益のためにされた債務者の財産の保存，清算または配当に関する費用の償還請求権	総財産	債権者間の公平の確保
②雇用関係	308条	給料その他債務者と使用人との間の雇用関係にもとづいて生じた債権		社会政策的な考慮[3]（交渉力の低い債権者の保護）
③葬式費用	309条	債務者のためにされた葬式の（相当額の）費用に関する債権		社会政策的な考慮（経済的弱者である債務者の保護）
④日用品供給	310条	債務者等の生活に必要な最後の６か月間の飲食料品，燃料および電気の供給に関する債権		

以下，それぞれについて説明していきます。

共益の費用

CASE 13-3

　GはSに対して100万円の債権をもち，AはSに対して300万円の債権をもっています。Sは，Bに対する150万円の債権をもっていますが，この債権はあと数日で時効によって消滅してしまいます。そこで，Gが，消滅時効が完成しないように（147条），弁護士に頼んでSの代わりにBに対し150万円の支払を求める訴えを提起しました[4]。Gはこのために<u>50万円のお金を使い</u>，これによって，Sに対して，その支払を内容とする債権を取得しました（702条１項[5]）。以上の場合において，

---

note

[3]　**説明**　社会政策的な考慮とは，何らかの点で弱い立場にある人を救済しようという政策的な判断をいいます。

[4]　**説明**　本来，債権の弁済を請求できるのは債権者であるSだけです。しかし，Sが債権を行使しないために，Sに対する債権者Gがその債権の弁済を受けることができなくなるような事態にあるときは，423条によって，GがSの代わりに債権を行使することが認められています。Gのこのような権利の行使を債権者代位といいます。詳しくは，4巻第**7**章で勉強してください。

Bから取り立てた150万円をGとAが分け合うとして，それぞれいくらのお金を受け取ることができるでしょうか。

(1) もし先取特権が認められないと……

CASE 13-3 のGは，もともともっていた100万円の債権と新たに取得した50万円の債権の2つ（合計150万円の債権）をもち，Aは300万円の債権をもちます。債権者平等の原則にそのまま従うならば，GとAは，それぞれ50万円と100万円を受け取ることになります。

しかし，これではGは，50万円の費用をかけて50万円しか受け取ることができず，動いただけムダであったということになります。その一方で，Aは，もしGの出費がなければ債権の消滅時効が完成して1円も受け取ることができなかったのに，Gのおかげで分け前にあずかることができる立場にあります。お金と労力を費やしたGと，何もしていないAが債権者平等の原則どおりに配当を受けるという結論は不公平でしょう。

(2) 先取特権が認められることで……

そこで，債権者間の公平を確保するため，ある債権者（G）が債務者（S）の財産の保存等に関する支出をし，これが他の債権者（A）の利益となるときは，その共同の利益となった費用（共益費用）について一般先取特権が成立することが認められています（307条）。

CASE 13-3 では，SのBに対する債権につきGが消滅時効の完成を防ぐために50万円を使ったことから財産の保存に関する支出があったといえます。したがって，その50万円分の債権を被担保債権とする一般先取特権が成立し，Bから取り立てた150万円のうち，まず50万円がGに与えられます。残金の100万円をG（残債権額100万円）とA（債権額300万円）とで債権額の比率（1：3）に応じて分けます。このため，最終的には，Gは75万円（50万円＋25万円）を，Aは75万円を受け取ることになります。

---

⑤ **説明** Sは，Gの払ったお金によって，自分がもつ債権を消滅時効によって失わずにすんでいます。Gのした行動は，Gが勝手に行ったことにすぎませんが，これによってSが利益を受けているので，Gは，Sに対して，自分が支払った分のお金を支払うよう求めることができます（事務管理による債権の取得〔702条1項〕。詳しくは，6巻第**12**章を参照してください）。

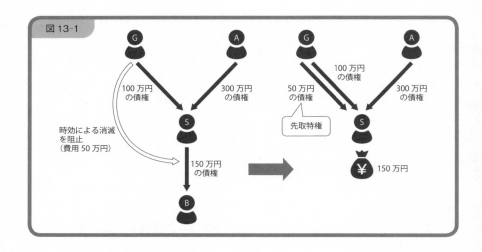

図 13-1

雇用関係

　給料債権といった雇用関係にもとづいて生じる債権をもつ債権者にも一般先取特権が認められます（308条）。CASE 13-2 の G が取得した先取特権がこれでした。

　給料は企業などで雇われている人[6]とその家族の生活を支える重要なお金ですので，特に支払ってもらう必要があります。だからといって，雇われの身にある人が社長と交渉して会社の資産に担保を設定するよう求めることは現実的でありません。そこで，交渉力の低い立場にある人を保護するという社会政策的な考慮から，給料債権について一般先取特権が与えられることになっているのです。

葬式の費用・日用品の供給

CASE 13-4

　S は，家族が亡くなったので，葬儀会社 G に依頼して，葬式を挙げました。これに

note ───

[6]　**用語**　308条では，雇われている側の人を「使用人」と表現されています。なお，715条では，企業などに雇われている側の人の不法行為について，雇っている側の人も責任を負うことが定められています（そのような責任を「使用者責任」といいます。詳しくは，6巻第**9**章を参照してください）。715条では，雇っている側の人が「使用者」と表現され，雇われている側の人は「被用者」と表現されています。「使用人」と「使用者」とで正反対の意味が与えられているのです。とても紛らわしいので，誤解しないように注意してください。

よって，Gは，Sに対して100万円の葬式代金債権を取得しました。また，AがSに対してお金を貸したことによる900万円の債権をもっています。Gは，Aと平等（1：9の割合）の弁済しか受けることができないでしょうか。

309条によると，債務者のため，または債務者が扶養する親族のためにされた葬式の費用のうち相当な額について，一般先取特権が認められています。このため，CASE 13-4のGは，Sに対する葬式代金債権について一般先取特権が認められることになり，Aに優先して弁済を受けることができます。

Gは，Sから葬式の依頼を受けたとして，他にある借金のせいでSから葬式費用の支払を受けられないのであれば，その依頼に応じないかもしれません。しかし，借金を負っているSであっても，葬式ぐらいは挙げさせてあげるべきでしょう。そこで，葬式の費用に関する債権をもつ人に一般先取特権を与え，Gが安心して葬式の依頼に応じることができるようにすることで，結果として，他に借金を負っているSでも葬式を挙げることができるようになっているのです。

この一般先取特権は，Sという経済的弱者を保護しようという社会政策的な考慮から認められています。民法が一般先取特権を認める人（債権者）と，一般先取特権を認めることによって保護しようとしている人（債務者）とが一致していないことに注意してください。

同様に，310条では，貧しい人でも日用品の供給を受けられるようにするという社会政策的な考慮から，日用品を供給する人が安心してその供給の依頼に応じることができるように，日用品の供給について一般先取特権が認められることになっています。これも，葬式の費用に関する先取特権と同じく，社会政策的な考慮から，債権者を優遇することによって債務者を保護しようとする先取特権です。

3　動産の先取特権

動産先取特権は，①不動産の賃貸借，②旅館の宿泊，③旅客または荷物の運輸，④動産の保存，⑤動産の売買，⑥種苗または肥料の供給，⑦農業の労務，⑧工業の労務という8つの原因によって発生した債権の債権者に認められます（311条）。

動産先取特権の種類	根拠条文	被担保債権	対象	先取特権を認める趣旨
①不動産の賃貸借	312条	賃料その他の賃貸借関係から生じた債権	賃借物に備え付けられた賃借人の動産等	当事者の意思の推測
②旅館の宿泊	317条	宿泊客が負担すべき宿泊料および飲食料に関する債権	宿泊客が持ち込んだ手荷物	
③旅客または荷物の運輸	318条	旅客または荷物の運送費用およびそれに付随する費用に関する債権	運送人が占有する荷物	
④動産の保存	320条	動産の保存のために要した費用または動産に関する権利の保存，承認もしくは実行のために要した費用についての債権	保存等の対象となった動産	債権者間の公平の確保
⑤動産の売買	321条	動産の代価およびその利息に関する債権	売買の対象となった動産	
⑥種苗または肥料の供給	322条	種苗または肥料の代価およびその利息に関する債権	種苗または肥料を用いた土地から1年内に生じた果実	債権者間の公平の確保＋社会政策的な考慮
⑦農業の労務	323条	農業労務に従事する者の最後の1年間の賃金に関する債権	農業労務によって生じた果実	
⑧工業の労務	324条	工業労務に従事する者の最後の3か月間の賃金に関する債権	工業労務によって製作された物	

　以下では，誤解しやすい①と，実際に問題になりやすい④および⑤の動産先取特権について説明します。その他のものは，勉強が進んでから，必要に応じて学んでください。

不動産の賃貸借

CASE 13-5

　Gは，Sに甲建物を賃貸していましたが，3か月分の賃料を支払ってもらう前に，Sに夜逃げをされてしまいました。Sは，よほどあわてていたためか，甲建物内に高級家具を残したまま姿をくらましました。Gは，Sから直接に賃料を支払ってもらうことをあきらめ，その高級家具を競売にかけました。やはりSにお金を貸していたAが，自分にも配当するよう求めてきたとき，Gは，その競売代金をAと平等に分け合わなければならないでしょうか。

(1) 意 味

312条によると，土地や建物の賃貸人は，賃料等の支払を内容とする債権に関して，賃借人の動産を対象とする動産先取特権を取得します。このため，**CASE 13-5**の建物賃貸人Gは，賃料債権に関して，賃貸建物に備え付けられた高級家具を対象とする先取特権を取得します（313条2項）。したがって，Gは，高級家具の競売代金からAに優先して弁済を受けることができます。

不動産賃貸借の先取特権は，賃借人が所有する動産（**CASE 13-5**では高級家具）について成立するので，動産先取特権です。不動産の賃貸借に関わるからと，後で説明する不動産先取特権の一種であると誤解しないよう注意してください。この先取特権は，不動産の賃料債務だけでなく，借家の窓ガラスを割った場合等の損害賠償債務も担保します。

(2) 趣 旨

このような先取特権が認められる理由は，当事者の意思の推測にあります。賃貸人は賃料等について，賃貸した不動産に持ち込まれた動産から優先弁済を受けることを期待しているでしょうし，賃借人もこれを覚悟しているはずです[7]。そこで，担保を設定する合意がされていなくても，そのように推測される当事者の意思を根拠に，賃貸人に先取特権が認められることになっているのです。

(3) 敷金との関係

不動産の賃貸借契約が結ばれると，その多くの場合において，賃貸人は賃借人から敷金を受け取ります。敷金も，賃料債務や損害賠償債務を担保する役割をもっています。例えば，賃貸借契約が終了した時に未払の賃料債務があれば，敷金がその弁済にあてられます（622条の2）。不動産賃貸借の先取特権と敷金は，賃料等の債務を担保するという同じ働きをするわけです。

では，この2つの担保はどのような関係にあるのでしょうか。316条によると，先取特権は，敷金では足りない部分についてしか成立しないことになっています。このため，まずは敷金を賃料等の債務の弁済にあて，それではまだ足りないときに，賃貸人は，先取特権を行使して，賃貸した不動産に持ち込まれた動産からそ

---

note

[7] **説明** **CASE 13-5**のように，賃借人が夜逃げをした場合が典型的です。賃借人が賃料を支払わず，借家に家具を残したまま姿をくらました場合，賃貸人は，その家具を競売にかけて，少しでも，支払を受けていない賃料の埋め合わせをしたいと願うでしょうし，そうしたとしても，後で戻ってきた賃借人はそれに文句を言うことのできる立場にありません。

の足りない部分のみの優先弁済を受けることができます。

動産の保存

CASE 13-6

Gは, Sの壊れた時計を修理しましたが, 修理代金の支払を受けていません。Gは, Sから代金を支払ってもらうことをあきらめ, その時計を競売にかけました。やはりSにお金を貸していたAが, 自分にも配当するよう求めてきたとき, Gは, 時計の競売代金をAと平等に分け合わなければならないでしょうか。

（1） 意　味

320条によると, 動産の保存のために費用が支出されたとき, その費用に関する債権を担保するため, 保存された動産を対象とする動産先取特権が成立します。CASE 13-6のGは, 時計を修理し, Sに対して修理代金債権を取得しています。動産を保存するのに必要な費用を支出しているので, その時計を対象とする動産先取特権を取得します。このため, Gは, 時計の競売代金からAに優先して弁済を受けることができます。

（2） 趣　旨

もしGによる修理がなく, 時計が壊れたままであったならば, 競売をしても, 買い手が現れないか, とても安くしか売れなかったかもしれません。Aは, 時計から債権の弁済をまともに受けることができなかったはずです。それでもGとAは平等に弁済を受けなければならないという結果は, 不公平です。そこで, Gに先取特権を与えることで, 債権者間の公平の確保が図られているのです。

動産の売買

（1） 意　味

321条によると, 動産の売主は, 売買代金債権に関して, 売却した動産を対象とする先取特権を取得します。例えば, GがSに時計を売ると, Gは, その時計を対象とする先取特権を取得するため, 時計の競売代金から売買代金債権の優先弁済を受けることができます。

（2） 趣　旨

なぜ動産の売主は, 先取特権を与えられて, 他の債権者よりも優遇されるので

しょうか。売主が債務者に動産を売ったからこそ，他の債権者は，その動産から債権の弁済を受けることができます。動産分に関する債務者の財産の増加についていえば，売主の寄与はとても大きいのです。それにもかかわらず，その動産の競売代金について売主を他の債権者と等しく扱うとすれば，それは不公平です。そこで，債権者間の公平を確保するため，動産の売主に先取特権が与えられることになっているのです。

動産先取特権に関する公示方法の不存在

最後に，どの動産先取特権にも関わることとして，動産先取特権については公示方法がないということを説明しておきます。

先取特権者は目的物を占有することが認められていません。このため，先取特権の存在が占有によって公示されることはありません。動産に関する物権変動の一般的な対抗要件である引渡し（178条）によっては，動産先取特権を公示することができないのです。動産先取特権は，公示がされず，その存在が他の人にはわからないにもかかわらず，権利者に優先弁済を受けさせるという点にその大きな特徴があります。

4 不動産の先取特権

不動産先取特権は，①不動産の保存，②不動産の工事，③不動産の売買という3つの原因によって発生した債権をもつ債権者に認められます（325条）。

不動産先取特権の種類	根拠条文	被担保債権	対象	先取特権を認める趣旨
①不動産の保存	326条	不動産の保存のために要した費用または不動産に関する権利の保存，承認もしくは実行のために要した費用についての債権	保存等の対象となった不動産	債権者間の公平の確保
②不動産の工事	327条	工事の設計，施工または監理をする者が債務者の不動産に関してした工事の費用に関する債権	工事の対象となった不動産	
③不動産の売買	328条	不動産の代価およびその利息に関する債権	売買の対象となった不動産	

不動産の保存

326条によると，不動産を保存するのに必要となった費用等を支出した人は，その不動産を対象とする先取特権を取得します。その趣旨は，動産保存の先取特権と同じく，債権者間の公平を確保することにあります。

不動産の工事

例えば，1000万円の価値をもつ建物が，200万円をかけた工事によって1200万円の価値をもつようになったとします。この工事がなければ，他の債権者は1000万円を分けるしかなかったはずなので，追加の200万円分まで債権者全員での山分けの対象としてしまうのは不公平です。そこで，債権者間の公平を確保するため，そのように不動産の価値を高めた人に，その不動産を対象とする先取特権が認められることになっています（327条）。

不動産工事の先取特権は，債務者の不動産に加えられた工事の費用（200万円）について認められます（327条1項）。もっとも，工事による不動産価格の増加が現に存在していなければなりません（同条2項）。200万円をかけたけれども，価値が1円も増加していなければ，先取特権は認められません。また，150万円分しか残っていないのであれば，支払債務のうち150万円分についてのみ先取特権が認められます。

Column 16　修繕「工事」による不動産工事の先取特権？

甲建物の修繕「工事」をした修理業者Gがいるとします。Gは，修理を依頼したSに対する修理代金債権について，甲建物を対象とする不動産工事の先取特権を取得するのでしょうか。答えはノーです。

不動産工事の先取特権は，工事の対象である不動産の価値が上がった（例えば，1000万円の価値がある甲建物が1200万円の価値があるものになった）ときに成立します。

修繕工事は，普通，不動産がもともともっていた価値を回復したり（甲建物の一部が壊れて700万円の価値に下がってしまっていたところ，工事によって1000万円の価値に戻った），その価値を維持したり（雨漏りをしそうな箇所を修理して，700万円の価値に下がるのを防ぎ，1000万円の価値のままにした）するために行われます。これらによって生じるのは，不動産保存の先取特権です。修繕「工事」

という言葉のせいで誤解しないよう注意してください。

不動産の売買

不動産の売主には，その不動産を対象とする先取特権が認められます（328条）。動産売買の先取特権と同じく，債権者間の公平を確保することをその目的とします。

登記による効力の保存

(1) 「効力を保存する」の意味

これら3つの不動産先取特権はどれもそれぞれ適切な時に登記がされないと，「先取特権の効力を保存する」ことができません（337条，338条1項，340条）。「効力を保存する」とは，どのような意味なのでしょうか。

登記がされずに「効力を保存」されなかった先取特権がどうなるかという問いの下で考えてみましょう。この問いをめぐっては，見方が分かれています。かつては，いったんは発生した先取特権がやがて失効すると考えるのが多数説でした。これに対して，最近では，先取特権は成立し，存続するけれども，これを第三者に対抗することができなくなるため，先取特権者は優先弁済を受けることができなくなるとする見解のほうが有力です[8]。

(2) 登記をするべき時

3つの不動産先取特権は，それぞれ登記をするべき時が違います。登記はなるべく早くされなければならないと考えられている点は，どの先取特権についても共通しています。ところが，登記の完了を期待できる時が異なるために，それぞれ別の時に登記をすることが求められています。

---

note

[8] **説明** かつての多数説によると，適切な時に登記がされないと先取特権の存在自体が認められなくなるので，先取特権者は他の債権者に優先して弁済を受けることができないことになります。これに対して，現在の有力説によると，登記がされないと，先取特権の存在を認めることができるとしても，これを他の債権者に対抗することができないので，先取特権者は他の債権者に優先して弁済を受けることができないことになります。このように，2つの見解は，基本的には異なる結論を導くものではありません。

不動産先取特権の種類	登記をするべき時
①不動産保存の先取特権	保存行為が完了した後にただちに
②不動産工事の先取特権	工事を始める前に
③不動産売買の先取特権	売買契約と同時に

　不動産保存の先取特権から考えてみましょう。例えば，台風で天井に穴が開いてしまったら急いで補修しなければなりませんから，あらかじめ登記をしている時間はありません。まずは必要な補修を工務店にお願いすることになるでしょう。このため，保存行為（補修）が完了した後，ただちに登記をすればよいことになっています（337条）。

　これに対して，不動産の工事は，あらかじめ一定の計画を立ててから進められます。このため，不動産工事の先取特権については，工事を始める前にその予算額を登記する必要があります（338条）。

　不動産売買の先取特権はどうでしょうか。売主が所有者となっている状態のまま，売主を権利者とする先取特権の登記をすることはできません[9]。買主への所有権移転登記が先取特権に関する登記の前提となります。このため，所有権移転の登記手続と同時に（条文の文言は「売買契約と同時に」）先取特権に関する登記手続をすることが求められています（340条）。

③ 先取特権の効力

　先取特権には優先弁済的効力があります。具体的には，先取特権者は，自ら目的物の競売を申し立てた競売手続か，他の債権者が開始した競売手続の中で優先弁済を受けることができます。不動産について先取特権をもつ人は，担保不動産
⇒第8章1 4
収益執行手続を利用することもできます。

　では，先取特権が2つ以上認められる場合，それぞれの先取特権者はどのように優先弁済を受けることができるのでしょうか。各先取特権の優先順位が問題となります。また，優先順位は，先取特権とそれ以外の権利（抵当権や質権）との

---

note

[9] 説明　179条1項本文により，所有者と先取特権者や抵当権者が同一人物であることは，原則として認められていません。これを混同の原則といいます。詳しくは，物権法の教科書で学んでください。

間でも問題となります。他の権利との関係という意味では，優先順位だけでなく，先取特権の対象となっている物を取得した人と先取特権者との間の関係も考えておく必要があります。以下では，これらについて説明します。

1 先取特権相互の順位

一般先取特権と動産先取特権または不動産先取特権との間

> #### CASE 13-7
> 　Ａは，Ｓ会社に甲土地を売却しました。これによって，Ａは，甲土地を対象とする不動産売買の先取特権を取得しました。その一方で，Ｓ会社は，従業員であるＢに給料を支払っていないので，Ｂは，Ｓ会社のすべての財産，したがって甲土地をも対象とする雇用関係の一般先取特権をもっています。ＡとＢのそれぞれがもつ先取特権の優先順位はどうなるでしょうか。

　CASE 13-7 のように，同一の物を対象とする一般先取特権と特別先取特権とが存在するとき，それらの優先順位はどうなるのでしょうか。

　一般先取特権は債務者の総財産を対象とします。このため，一般先取特権をもつ人は，ある物から債権の優先弁済を受けられなくても，他の財産から優先弁済を受けることができます。したがって，その物からの弁済について高い優先順位を認めてもらう必要性は大きくありません。⇒227頁

　これに対して，動産先取特権や不動産先取特権は特定の動産または不動産を対象とします。動産先取特権や不動産先取特権をもつ人は，その対象となっている物からしか優先弁済を受けることができません。その物からの弁済について高い優先順位を認めてもらう必要性が大きいのです。⇒227頁

　以上から，同一の物を対象とする一般先取特権と動産先取特権または不動産先取特権とが存在するときは，原則として，動産先取特権または不動産先取特権が一般先取特権に優先することになっています（329条2項本文）。このため，CASE 13-7 では，ＡがＢに優先して弁済を受けることができます。

一般先取特権相互間・動産先取特権相互間・不動産先取特権相互間

　例えば，同じ時計について動産売買の先取特権と動産保存の先取特権の両方が存在する場合のように，同一の動産について，動産先取特権がいくつも存在する

ことがあります。また，一般先取特権と不動産先取特権についても同じようなことが生じます。このような場合は，原則として，次の表で示す順位が与えられることになっています。表にある①②……は，第1順位，第2順位……をあらわします。

一般先取特権 （329条1項）	①共益の費用→②雇用関係→③葬式の費用→④日用品の供給

　債権者に共通の利益はできるだけ尊重するべきです。そこで，共益費用が第1順位となっています。第2順位以後の先取特権は，どれも社会政策的な考慮により成立するものですが，より重視する必要があると考えられる順序で第2順位から第4順位までが決められています。

動産先取特権 （330条1項）	①不動産の賃貸借＝旅館の宿泊＝旅客または荷物の運輸 ②動産の保存 ③動産の売買＝種苗または肥料の供給＝農業の労務＝工業の労務 ＊「＝」は同順位を示す。

　動産先取特権は，3つの順位グループに分けられます。第1順位のグループの先取特権は，当事者の意思の推測により成立するものです。ほかの動産先取特権は，どれも債権者間の公平を確保するために成立が認められるものですが，なかでも動産保存の先取特権によって確保が目指される公平は，実現の必要性が高いことから，それのみ第2順位に置かれています。

不動産先取特権 （331条1項）	①不動産の保存→②不動産の工事→③不動産の売買

　不動産保存の先取特権が第1順位なのは，不動産の保存によって他の先取特権者も利益を受けているため，優遇の必要が大きいからです。また，工事によって不動産の価値が上昇しているのであれば，その分については工事をした債権者を優遇しても他の先取特権者に不利益は生じないため，不動産工事の先取特権が第2順位に置かれています。

同順位の先取特権相互間

　同一の建物が2度にわたって補修されたために，不動産保存の先取特権が2つ

存在するといったことがあります。このように，同一の財産に同順位の一般先取特権・動産先取特権・不動産先取特権をもつ人が2人以上いるときは，その先取特権者たちの間には優劣がありません。先に補修をしたために，先に先取特権を取得した人が優先する，といったことにはなりません。それぞれの先取特権者は，それぞれの債権額に応じた平等の弁済を受けます（332条）。

2 先取特権以外の権利との関係

動産関係

(1) 第三取得者との関係

> **CASE 13-8**
>
> Gは，Sにパソコン50台を売却し，代金は後で支払ってもらうという約束で，先にパソコン50台を引き渡しました。これによって，Gは，Sに引き渡したパソコン50台を対象とする動産売買の先取特権を取得しました。その後，Sは，Gに代金を支払わないまま，パソコン50台のすべてをAに転売し，その引渡しもしました。Gは，Sに対する売買代金債権の弁済を受けるため，Aのもとにあるパソコンを競売にかけることができるでしょうか。

　動産を対象とする先取特権も物権ではあるのですが，公示がされません。公示がないのに，**CASE 13-8**のAのような第三取得者[10]が現れたときでも，Gが先取特権を行使することができるとすれば，第三取得者は
⇒235頁

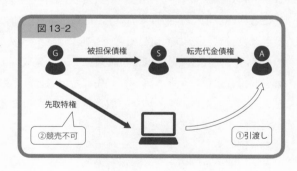

図 13-2

思いもかけない不利益を受けるおそれがあります。

　そこで，333条により，債務者（S）が動産（パソコン）を第三取得者（A）に引き渡すと，先取特権を行使すること，つまり，その動産を競売にかけて競売代金から優先弁済を受けることができなくなることになっています。追及効が制限さ
⇒第5章 1 1

---

note

[10] **用語** 第三取得者とは，担保物権がついている物の所有権を取得した人をいいます。
⇒第5章 1 1

れることになっているのです。

このような場合の先取特権者は，物上代位をすることによって売買代金債権から優先弁済を受けることができます。⇒第4章2 1 このため，**CASE 13-8** の G は，パソコンを競売することはできませんが，その代わりに，物上代位によって，S が A に対してもつ転売代金債権から優先弁済を受けることができます。

(2) 動産質との関係

同一の動産に先取特権と質権（動産質）とが存在することがあります。この場合，質権は，第 1 順位グループの動産先取特権（不動産賃貸借・旅館の宿泊・旅客または荷物の運輸の動産先取特権）と同じ順位をもつことになっています（334 条）。

このため，例えば，ある動産に荷物運輸の先取特権（第 1 順位）と質権とが存在するときは，それらは同じ順位となります。また，ある動産に動産保存の先取特権（第 2 順位）と質権とが存在するときは，質権が先取特権に優先します。

不動産関係

(1) 原 則

不動産について存在する先取特権（不動産先取特権だけでなく，不動産も対象とする一般先取特権もこれに当たります）と他の権利との関係は，登記の先後によって決まるのが原則です（177 条）。このため，ある土地について一般先取特権の登記がされた後に，その土地の所有権を取得した人（第三取得者）は，先取特権の負担を受けなければなりません。反対に，一般先取特権の登記がされないうちに，第三取得者が現れたときは，一般先取特権者は，その土地について一般先取特権が成立していたことをその第三取得者に対抗することができません。結局，その土地に関する権利を失ってしまいます[11]。

(2) 例 外

この原則には，次のような例外があります。

第 1 に，336 条により，一般先取特権は，不動産について登記がされていなくても，一般債権者や登記のない抵当権者に対抗することができます。登記のない

---

note

[11] 発展 抵当権の登記を受けないうちに登記を備えた第三取得者が現れると，抵当権者は抵当権を失ってしまいます（⇒第3章 1 2）が，本文のような場合における一般先取特権者は，一般先取特権そのものを失うわけではありません。一般先取特権は，債務者の総財産を対象とするため，その土地以外の財産を対象とする権利として存続します。あくまでも，その土地から優先弁済を受けることができなくなるだけです。

まま，それらの人よりも優先して弁済を受けることができるのです。

　第2に，339条により，不動産保存と不動産工事の先取特権は，抵当権の登記よりも後に登記されたときでも，抵当権に優先して弁済を受けることができます。これに対して，不動産売買の先取特権については，そのような優先順位の逆転は認められていません。

POINT

1　民法は，いくつかの原因にもとづいて発生した債権について，債権者平等の原則に例外をもうけ，債権者が「他の債権者に先立って」弁済を受けること（優先弁済を受けること）をできるようにするため，その債権者に先取特権を認めることにしています（303条）。

2　先取特権は，設定契約ではなく，法律にもとづいて認められる法定担保物権であり，法律が定める要件（発生原因）が備わったときに成立します。

3　一般先取特権は，民法が特に定めた①共益の費用，②雇用関係，③葬式の費用，④日用品の供給に関する4つの債権について認められます（306条）。

4　動産先取特権は，①不動産の賃貸借，②旅館の宿泊，③旅客または荷物の運輸，④動産の保存，⑤動産の売買，⑥種苗または肥料の供給，⑦農業の労務，⑧工業の労務という8つの原因によって発生した債権の債権者に認められます（311条）。

5　不動産先取特権は，①不動産の保存，②不動産の工事，③不動産の売買という3つの原因によって発生した債権をもつ債権者に認められます（325条）。

CHAPTER

第 **14** 章

譲渡担保

INTRODUCTION

非典型担保

　第 1 章から第 13 章まででは，抵当権・質権・留置権・先取特権を学びました。これらは，民法に規定のある担保という意味で，典型担保と呼ばれます。本章から第 16 章まででは，民法に規定のない非典型担保と呼ばれるものを学んでいきます。その代表である 譲 渡担保・所有権 留 保・仮登記担保が説明の対象となります。

典型担保	抵当権	第 3 章〜第 10 章
	質権	第 11 章
	留置権	第 12 章
	先取特権	第 13 章
非典型担保	譲渡担保	第 14 章
	所有権留保	第 15 章
	仮登記担保	第 16 章

譲渡担保

本章では，譲渡担保を説明します。

譲渡担保は，不動産と動産のどちらにも設定することができます。不動産に設定する場合を「不動産譲渡担保」，動産に設定する場合を「動産譲渡担保」といいます。動産については，不特定多数の動産を譲渡担保の対象とすることもできます。この場合を「集合動産譲渡担保」といいます。

譲渡担保は，不動産や動産といった物だけでなく，債権もその対象とすることができます。債権に譲渡担保を設定する場合を「債権譲渡担保」といいます。また，不特定多数の債権を担保の対象とすることもできます。この場合を「集合債権譲渡担保」といいます。

譲渡担保は，対象が物と債権のどちらであるかに応じてルールがかなり違います。そこで，まず 1 で物（不動産と動産）を対象とする場合を説明し，債権を対象とする場合については 2 で説明していきます。

1 物（不動産・動産）を対象とする譲渡担保

1 譲渡担保とは

譲渡担保による債権の担保は，債務者がもつ所有権を債権者に移転し，債権者を物の所有者にするというかたちをとります。

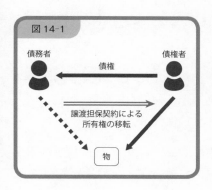

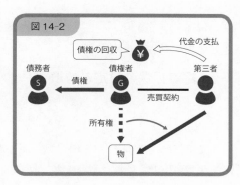

債務者が債務を弁済しなかったとき，債権者は譲渡担保を実行することができます。例えば，債権者は，物の所有者として，物を第三者に売ってお金にし，このお金から債権の弁済を受けることができます。

　その一方で，譲渡担保を設定して債務者から債権者に所有権が移転したとしても，債務者が債務を弁済したならば，譲渡担保は担保としての役割を終えるので，債務者は，債権者から物の所有権を返してもらうことができます。このように，所有権を取り戻すことを「受戻し」といいます。

　以下では，まず，個々の不動産や動産について譲渡担保が設定され（**2**），対抗要件が備えられた後（**3**），債務者が債権を弁済しなかったために，譲渡担保が実行され（**4**），反対に，債務者が債務を弁済したために，譲渡担保が実行されずに受戻しがされる（**5**）までの流れを学びます（右の図を参考にしてください）。

　次に，譲渡担保が設定された後に第三者が登場した場合の問題を学び（**6**），最後に，集合動産譲渡担保がもつ特徴（**7**）を学びましょう。

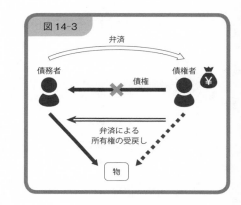

図14-3

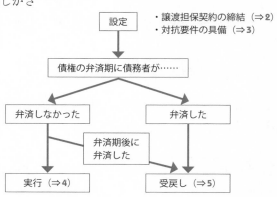

2　譲渡担保の設定と特徴

設　定

　譲渡担保は，債務者がもつ所有権を債権者に移転することによって債権を担保します。債権者と債務者との間で，債権を担保するために，債務者が所有する物

の所有権を移転するという契約（「譲渡担保契約」といいます）が結ばれることで設定されます[1]。

譲渡担保の特徴

　民法には，抵当権や質権という担保物権が用意されています。それなのに，どうして民法に定められていない譲渡担保が使われることがあるのでしょうか。それは，譲渡担保によれば，抵当権や質権ではできないことが実現できるからです。以下では，このことを説明しながら，譲渡担保の特徴をみていきましょう。

(1) 動産に対する非占有担保

CASE 14-1

　ネジ工場を経営するＳは，ネジを製造するための高価な機械（甲機械）を所有しています。Ｓは，経営に必要な資金を得るため，甲機械に担保を設定して，Ｇからお金を借りようと考えています。Ｇがその甲機械に質権を設定すると，どのような問題が生じるでしょうか。

　(a) 質 権　CASE 14-1 の甲機械は動産です。動産に設定することができる担保物権として民法が定めているのは質権です。Ｓが甲機械に質権を設定するためには，甲機械をＧに引き渡す必要があります（344条）。

　動産の所有権の移転を178条によって対抗する方法としては，占有改定（183条）による引渡しが認められています。ところが，質権の設定については，占有改定による引渡しが認められていません（345条）。このことは，CASE 14-1 のＳは，質権を設定した甲機械の占有をＧに移さなければならず，甲機械を自分で使ってネジを製造することができなくなることを意味します。これでは，Ｓにとって，工場を経営するためにお金を借りる意味がなくなってしまいます。
⇒第11章①②

　(b) 譲渡担保　動産に譲渡担保を設定する場合には，所有権の移転というかたちがとられるので，質権と違って，占有改定による引渡しをすることができます。CASE 14-1 でいえば，Ｓは，質権ではなく，譲渡担保を設定すれば，甲機

---

note

[1] 説明　抵当権などの場合と同じように（⇒第3章①1），債務者ではなく，債務を負わない第三者が，自分が所有する物について債権者と譲渡担保契約を結ぶこともできます。ただし，説明が複雑にならないよう，以下では，債務者が譲渡担保の設定者である場合について説明することにします。

械を手元に残し，ネジを作り続ける
ことができるのです。

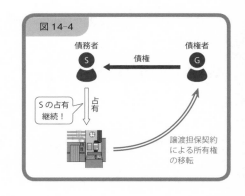

図14-4

このように，譲渡担保は，債務者
が担保の対象となる物を手元に残し
たいときに便利であり，そうするた
めに利用されます。このことから，
一般に，譲渡担保は，非占有担保
（債権者に占有を移さないタイプの担保）
に分類されます。

民法は，不動産については，抵当
権という非占有担保を定めているのに対し，動産については，占有担保である質
権しか定めていません。譲渡担保は，動産について，非占有担保を実現するとい
う意味をもっています。

(2) 私的実行

譲渡担保も，抵当権や質権と同じように，まず，債権を担保するために譲渡担
保を設定し，その債権が履行されないときに，債権の弁済を受けるために譲渡担
保を実行するという仕組みになっています。譲渡担保は実行の仕組みにも特徴が
あります。

債権の弁済を受けるために抵当権や質権を実行するには，原則として，民事執
行法にもとづいて裁判所という公的な機関を通す必要があります。これは，時間
や手間がかかります。　⇒第8章 1 2，第11章 1 4

これに対して，譲渡担保の実行は（詳しくは4で説明しますが），債権者が第三
者に譲渡担保の対象である物を売ってお金に換えるといった方法をとります。裁
判所を通す必要がありません（公的な実行ではないので私的実行といいます）。この
ため，実行に必要な時間や手間をかなり省略することができます。ここに，抵当
権や質権では実現できない譲渡担保の利点があります。

3　対抗要件

物の売買がされて所有権が移転したとき，所有権を取得した人がこのことを第
三者に対抗するには対抗要件を備える必要があります。譲渡担保が設定されて所
有権が移転した場合も同じです。対抗要件は，譲渡担保の対象となる物が不動産

か動産かで違います。

不動産譲渡担保の対抗要件

不動産に譲渡担保が設定されると，債務者から債権者に所有権が移転するので，債権者がこのことを第三者に対抗するには，登記をする必要があります（177条）。

Column 17　不動産譲渡担保があまり使われない理由

債務者が不動産に抵当権を設定し，その登記をした場合であれば，抵当権の対象である不動産の所有者は債務者のままです。このため，債務者は，債権者以外の人にその不動産を売ったり，別の担保を設定したりして，お金を得ることができきます。

これに対して，債務者が不動産に譲渡担保を設定し，その所有権が債権者に移転したことを登記すると，登記上は，債務者は所有権をもっていない扱いになってしまいます。以後，債務者は，その不動産について新しい登記をする資格を認められません。このため，債務者は，債権者以外の人にその不動産を売ったり，別の担保を設定したりして，お金を得ることが難しくなります。

このように，不動産譲渡担保は，債務者がお金を得る方法を大きく制限します。債務者はそれを望まないでしょう。また，債務者が事業に必要なお金を確保できず，結局，その事業がうまくいかなくなって債権を弁済できなくなるということは，債権者の側も望みません。債権者が一番に願うのは，譲渡担保の実行などという面倒なことをしないで，債権の弁済を受けることです。2(2)では，譲渡担保には，実行を私的にできるという抵当権にはない長所があると説明しましたが，短所もあるのです。

この短所があるため，現在でも抵当権が不動産に担保を設定するときの主要な方法と考えられています。

動産譲渡担保の対抗要件

(1) 引渡し

動産に譲渡担保が設定され，その所有権が債務者から債権者に移転したことを第三者に対抗するには，債務者が債権者に動産の引渡しをする必要があります（178条）。とはいえ，先にも説明したように，通常は占有改定による引渡しがさ

⇒247頁

れるので，譲渡担保が設定された後も，その対象である動産の占有は債務者に残されます。

(2) 動産譲渡登記ファイル

民法以外の法律によって対抗要件を備える方法もあります。動産・債権譲渡特例法（動産及び債権の譲渡の対抗要件に関する民法の特例等に関する法律）は，動産譲渡登記ファイルに登記をする方法を定めています。その3条1項によると，動産を譲渡したことを動産譲渡登記ファイルに登記すると，民法178条の引渡しがあったものとみなされることになっています。この登記がされたときも，譲渡担保の対象である動産の占有は債務者に残されます。

4 譲渡担保の実行 ————————————————●

債務者は，弁済期（借金の返済期日）までに借りたお金を返さなければなりません。弁済期までに債務を弁済すると，債務者は譲渡担保の対象である物を取り戻すことができます（詳しくは，**5**で説明します）。これとは反対に，弁済期を過ぎても弁済をしなかったときは，債権者は譲渡担保を実行することができるようになります。実行が完了すると，債権者が譲渡担保の対象である物の所有者であることが確定し，以後，債務者は物を取り戻すことができなくなります。

▎清算義務▕

C A S E 14-2

Sは，Gから1000万円を借りました。Sは，それを担保するために，Sが所有する3000万円の価値がある甲土地の所有権をGに移転し（つまり，甲土地につき譲渡担保契約を結び），SからGに所有権を移転するという登記をしました。その後，Sは，弁済期を過ぎても，Gに1000万円を返済しませんでした。そこで，Gは，譲渡担保を実行することにしました。

CASE 14-2のGがSに貸したお金は1000万円だけです。それなのに，1000万円を返さなかったからと，Sが3000万円の価値がある甲土地を取り戻すことができなくなることが確定し，Gは2000万円もの利益を得られるという結果を認めてよいでしょうか。

契約自由の原則からすれば，債権者Gと債務者Sがそれでよいと取り決めた結果として，そのまま認められることになりそうです。実際に，昔は，そう考え

られていました。当時の債権者は，少しのお金を貸すことで，大きな価値のある財産を債務者から取り上げることができたのです。その頃は，譲渡担保は，債権者にとってうまみの大きい担保方法と考えられていました。

しかし，そのように債権者Gにあまりに有利な契約は，Gが，どうしてもお金を借りたいというSの心情を利用して結ばせたものです。Sが心から望んで締結したものとはいえないので，契約の効力をそのまま認めることはできません。

そこで，譲渡担保は債権を担保するための手段にすぎないということが注目されるようになりました。譲渡担保は，**CASE 14-2** でいえば，Gが 1000 万円分の債権の弁済を受けるための手段であるにすぎません。本来，Gが譲渡担保によって 1000 万円を超える価値を手に入れることを認める必要はないのです。最終的に 1000 万円のみがGの手元に残るようにGとSとの間で調整をするべきです。

そのような調整をすることを清算といいます。現在では，債権者は，譲渡担保を実行する際に，その対象である財産の価値から債権の額を引いて残った金額（これを清算金といいます）を債務者に返さなければならないという義務（これを清算義務といいます）を負うと考えられています。**CASE 14-2** のGは，甲土地の価額 3000 万円から被担保債権の額 1000 万円を差し引いた残りの 2000 万円を清算金としてSに支払う必要があります[2]。

【甲土地の 3000 万円の価値の分配】

2000 万円	→	債務者Sに返す（清算）
1000 万円	→	債権者Gの債権の弁済にあてる

清算方法

(1) 帰属清算型または処分清算型による清算

清算の具体的な方法には，2つがあります。

第1は，帰属清算型です。これは，債権者が譲渡担保の対象である物（甲土地）の所有権を確定的に取得することにし（債権者に所有権を「帰属」させ），不動産の

---

note

[2] **発展** **CASE 14-2** の甲土地の価額が 1000 万円で債権の金額が 3000 万円であったとします。このように，譲渡担保の対象である物の価値が債権の金額を下回っているため，債権者から債務者に清算金として渡すべきお金がないときは，債権者は清算義務を負いません。

価額から被担保債権の金額を差し引いた額（3000万円−1000万円＝2000万円）を清算金として債務者に支払う清算方式をいいます。譲渡担保の実行は，清算金の支払時に完了します。

第2は，処分清算型です。これは，債権者が譲渡担保の対象である物を第三者に売却（「処分」）し，それで得た売買代金から被担保債権の金額を差し引いた額を清算金として債務者に支払う清算方式をいいます。譲渡担保の実行は，第三者への処分時に完了します[3]。

(2) 帰属清算型と処分清算型の違い

ここまでみてきた中での帰属清算型と処分清算型の違いは，清算金の出どころにあります。そして，このことは，第三者が登場するかどうかとい

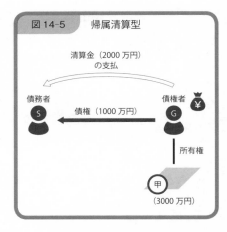

図14-5　帰属清算型

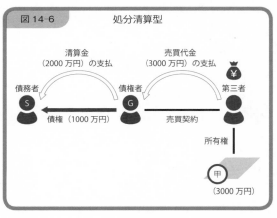

図14-6　処分清算型

う違いにつながります。帰属清算型であれば，清算金は，債権者がもともともっていたお金の中から支払われ，第三者が登場しないまま譲渡担保の実行は完了します。これに対して，処分清算型の清算金は，第三者が債権者に支払ったお金の中から支払われます。このため，譲渡担保の実行が完了するまでに第三者が登場します。

---

note

[3] 説明　処分清算型の実行は，本文で説明したように，第三者への処分の時に完了します。実行が完了することと債権者の清算義務が残ることは別の問題です。清算義務は，債務者に清算金が支払われるまで存続します。

(3) どちらによるべきか

現在は，帰属清算型と処分清算型のどちらによって清算するかは，債権者が譲渡担保を実行しようとする時に決めることができると考えられています。このため，仮に債権者と債務者とが譲渡担保契約において帰属清算型による清算を合意していたとしても，債権者が手持ちのお金として2000万円をもっていないために帰属清算型による清算をすることができないときは，債権者は，処分清算型を選んで，第三者から得たお金を使って清算を進めることができます。

(4) 譲渡担保の対象である物の引渡しと清算金の支払

⇒247頁

譲渡担保が設定されても，その対象である物は，債務者が占有しています。しかし，譲渡担保が実行されると，債務者は，その占有を手放さなければなりません。もっとも，債務者は，より確実に清算金の支払を受けられるよう，清算金の支払を受けるまで，占有を手放さなくてよいことになっています。

具体的には，帰属清算型の場合は，債務者は，清算金の支払と引き換えでなければ譲渡担保の対象である物を債権者に引き渡さなくてもかまわないとされています。また，処分清算型の場合は，清算金の支払を受けていないのに，第三者から譲渡担保の対象である物の引渡しを求められた債務者は，清算金の支払請求権を被担保債権とする留置権を主張して，引渡しを拒むことが認められています。

5　受戻権の行使

┃ 受戻権とは ┃

債務者は，債務を弁済すれば，譲渡担保の対象である物の所有権を取り戻すことができます。このように所有権を取り戻す権利を受戻権（うけもどしけん）といいます。

┃ 受戻権の存続期間 ┃

では，受戻権は，いつまで行使することができるのでしょうか。言い換えれば，債務者は，いつまで所有権を取り戻すことができるのでしょうか。

(1) 弁済期を過ぎる前

債務者は，弁済期（借金の返済期日）までであれば，当然に，債務を弁済し，受戻権を行使することができます。

(2) 弁済期を過ぎた後～実行の完了前

4 で説明したように，弁済期を過ぎると，債権者は譲渡担保を実行することができるようになります。その実行が完了すると，受戻権の行使は認められません。しかし，弁済期を過ぎたとしても，譲渡担保の実行が完了する前であれば，債務者は債務を弁済して受戻権を行使することができます。債権者は，債務の弁済を受けることができればよいので，弁済期を過ぎた後であっても，実行が完了する前であれば，受戻権を行使されることによって，不利益を受けることがないからです[4][5]。

6 第三者との関係

第三者が譲渡担保の対象である物を譲り受けて，その物に利害関係をもつようになることがあります。第三者には，債務者から物を譲り受けた人（債務者側の第三者）と，債権者から物を譲り受けた人（債権者側の第三者）の2通りがあります。

債務者側の第三者

譲渡担保が設定されたのが動産であるとき，債務者は，次のケースのように，債権者を裏切って，譲渡担保を設定したことを秘密にしたまま，第三者にその動産を売ってしまう可能性があります[6]。

---

note

[4] **発展** **4** で説明したように，譲渡担保を実行する方法には①帰属清算型と②処分清算型の2つがあり，それぞれ実行が完了する時点が違います。このため，弁済期を過ぎた後に受戻権を行使することが認められる具体的な時期にも違いがあります。①帰属清算型の場合は，債権者から清算金が支払われた時に実行が完了するので，債務者は，清算金を支払ってもらった時から受戻権を行使することができなくなります。これに対して，②処分清算型の場合は，譲渡担保の対象である物が第三者に処分された時に実行が完了するので，その処分の時から受戻権を行使することができなくなります。

[5] **発展** [2]のように債権者が清算義務を負わないとき，債権者は，譲渡担保を実行する際に何もしなくてもよい，というわけではありません。債務者に対して清算金がないという通知をする必要があります。この通知があれば，譲渡担保の実行は完了します。以後，債務者は，受戻権を行使することができなくなります。もっとも，債権者が，通知をする前に，第三者に譲渡担保の対象である物を処分したときは，その処分の時に譲渡担保の実行が完了したことになるので，その時から債務者は受戻権を行使することができなくなります。

[6] **説明** 譲渡担保の対象が不動産であるときは，Column 17 で説明しましたように，基本的に，債務者がその不動産を第三者に譲渡することはありません。債務者は，登記をする資格を失っているので，債権者を裏切りたくても裏切ることができないのです。このため，「債務者側の第三者」に関する説明は，譲渡担保の対象が動産である場合に限定します。

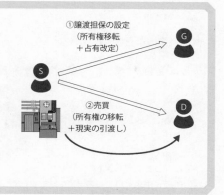

CASE 14-3

　Ｓは，Ｇからお金を借りました。Ｓは，それを担保するために，Ｓが所有する機械（甲機械）を対象とする譲渡担保を設定しました。占有改定による引渡しがされたので，甲機械は，Ｓが占有したままでした。その後，Ｓは，弁済期を過ぎてもお金を返さずに，甲機械をＤに売却し，Ｄに（現実の）引渡しをしてしまいました。Ｇは，Ｄに対して，甲機械の引渡しを求めることができるでしょうか。

(1) 178条の適用（対抗問題）

　CASE 14-3 では，債権者Ｇに占有改定による引渡しがされ，その後に，第三者Ｄに現実の引渡しがされています。先に占有改定による引渡しを受けたＧは，178条により，自分が債務者Ｓから所有権を取得したことをＤに対抗できます。そうであれば，Ｇは，Ｄに対して，甲機械の引渡しを求めることができそうです。

(2) 192条の適用の可能性（即時取得とその防止）

　(a) 即時取得　　しかし，動産取引については，即時取得という制度（192条）があります。CASE 14-3 の第三者Ｄは，債務者Ｓが甲機械の所有権をもたないことについて善意・無過失であったならば，現実の引渡しを受けているため，即時取得によって甲機械の所有権を取得することができます。そうすると，Ｇは，所有権を失ってしまいますので，Ｄに対して，甲機械の引渡しを求めることができません。

　(b) 即時取得の防止　　債権者Ｇとしては，そのような事態は避けたいところです。そこで，実際に譲渡担保が設定されるときには，債権者の名前等の情報を記載したネームプレートを対象動産に貼るなどして，その動産に譲渡担保が設定されていることを第三者が見て取れるようにする工夫が図られています。

　ネームプレートがあれば，普通の人は，その物に譲渡担保が設定されていることに気づきます。したがって，その物を譲り受けようとする人（Ｄ）は，債務者（Ｓ）が債権者（Ｇ）のために譲渡担保を設定していることについて悪意であるか，それを知らないことについて過失があることになります。その結果，即時取得が認められないことになり，債権者がその動産の所有権を失うことを防ぐことがで

きます。

債権者側の第三者

CASE 14-4

Sは，Gからお金を借りました。Sは，それを担保するために，Sが所有する甲土地の所有権をGに移転し，SからGに所有権を移転するという登記をしました。その後も，甲土地は，Sが占有

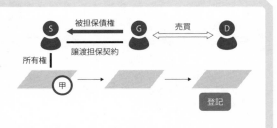

しています。弁済期を過ぎてもSがお金を返さないでいると，Gは，自分に所有権の移転登記がされていることを利用して，甲土地をDに売り，所有権移転登記もしてしまいました。Dは，Sに甲土地を明け渡すよう請求することができるでしょうか。

売買によって物の所有権を取得した人であれば，さらに売買などをすることによって他人に所有権を移転することができます。では，CASE 14-4の債権者Gのように，譲渡担保の設定によって甲土地の所有権を取得した人も，他人（第三者D）に所有権を移転することができるでしょうか。できるとすれば，Dが甲土地の所有者となるため，DはSに甲土地を明け渡すよう求めることができます。

Column 18　譲渡担保の理解の仕方

譲渡担保は，債権を担保するために債権者に所有権を移転するという形式をとります。このことをどう考えるかによって，CASE 14-4のような債務者と第三者との関係やそれ以外のいくつかの問題が解決されると考えられてきました。所有権的構成と担保的構成という2つの対立する考え方があります。

(1)　所有権的構成　　この考え方は，譲渡担保が設定されることで，債権者に所有権が移転するという形式を重視し，次のように考えます。

CASE 14-4の債権者Gは，譲渡担保契約によって，債権を担保するためだけに甲土地の所有権の移転を受けることをSと合意しています。このため，第三者Dに対して甲土地を売ることは許されません。Gが合意に違反して甲土地をDに売ったならば，Sは，Gに対して契約違反による損害賠償を請求することができます。

しかし，SとGとの間の契約による制限があるだけなので，Sは，その制限を

理由に，Dに対し，GからDへの譲渡の効力は生じないと主張することはできません。むしろ，Gは登記も備え形式的には甲土地の完全な所有者ですから，GがDに甲土地を譲渡したならば，Dがその所有権を完全に取得します。Sは，Dから甲土地を引き渡すよう求められたならば，それに応じなければならないことになります。

(2) 担保的構成　　この考え方は，譲渡担保も担保権であるという実質を重視します。譲渡担保と抵当権のどちらもが同じく債権を担保するためのものであることから，譲渡担保の設定を抵当権の設定になぞらえ，次のように理解します。

抵当権が設定されると，設定者が所有権をもち続けますが，設定者は，抵当権の設定前と同じ完全な所有権をもっているわけではありません。所有権の一部が抵当権のかたちで債権者に与えられていますので，設定者のもとには，所有権から抵当権を差し引いたもののみが残ることになります。これと同じように考えれば，譲渡担保の場合も，債権者に所有権が移るといっても，それは所有権の一部であり，「抵当権と同じような物権＝譲渡担保権」が移るだけだと考えられます。設定者のもとには，所有権から抵当権と同じような物権を差し引いたものが残っているはずです。これを，設定者のもとにとどめられている物権という意味で，設定者留保権といいます。

担保的構成によると，CASE 14-4の債権者Gは，譲渡担保権という抵当権に相当する権利しかもっていません。このため，Dもまた，Gから甲土地を買ったとしても，完全な所有権を取得することができません。Gの譲渡担保権者としての地位しか引き継げないのです。譲渡担保権者は，（実行前は）対象である物の引渡しを請求する権利をもっていないので，Dは，Sに甲土地を引き渡すよう請求することはできませんし，Sは債務を弁済することで甲土地の所有権を取り戻すこと（受戻し）ができます。_{⇒253頁}

(3) 判例の立場　　すぐ後の本文で説明しますように，判例は，債務者と第三者との関係について，所有権的構成と担保的構成のどちらともいえない立場にあります。譲渡担保の設定を受けた人は，所有者であるけれども，債権を担保するために所有権の移転を受けているだけなので，売買の買主とは違って，完全な所有者とまではいえないという所有権的構成と担保的構成の中間にある考え方をとっています。所有権の移転という形式と担保権の設定という実質の両方に配慮しているといえます。対立する2つの学説は，判例の立場を理解するための重要な視点を提供するので，しっかりと理解しておくとよいでしょう。

(1) 弁済期を過ぎた後の処分

CASE **14-4** の債務者 S は，弁済期を過ぎているので，お金を返すべきなのに返していません。このため，債権者 G は，処分清算型の実行として甲土地を第三者 D に売ることができます。

処分清算型の実行として甲土地が第三者 D に譲渡されたときは，債務者 S は，受戻権を行使してその物の所有権を取り戻すことができなくなります⇒note④。S がまだ甲土地を占有しているのであれば，新たに所有者となった D は，S に対して，甲土地を自分に明け渡すよう請求することができます。

(2) 弁済期を過ぎる前の処分

では，CASE **14-4** とは異なり，弁済期を過ぎる前に，債権者 G が甲土地を第三者 D に売ってしまっていたとしたら，どうでしょうか。

債権者 G は，甲土地の所有者であったので，それを第三者 D に売却することができ，D は G から所有権を取得することができそうに思えます。もっとも，G は，債務者 S に対する債権（被担保債権）を担保するという目的のために甲土地の所有権をもっていたにすぎません。このため，G の所有者としての権限は，債権担保の目的に適合する範囲でしか認められません。

被担保債権が弁済期にあるのであれば，債権者 G は譲渡担保を実行できるので，甲土地を売却する権限を G に認めることが債権担保の目的に適合します。(1)で述べたことは，このことを前提とします。

しかし，被担保債権が弁済期にないのであれば，債権者 G は譲渡担保の実行はできません。このため，甲土地を売却する権限は，債権担保という目的の実現にとって必要ではなく，したがって，その権限を G に認めることはできません。G が甲土地を売却する権限をもたないのであれば，G と売買契約を結んだ第三者 D は，原則として甲土地の所有権を取得できません[7]。D が所有権移転登記を受けていたとしても，それは無効な登記であり，無意味です。債務者 S は，債務を弁済して甲土地を受け戻すことができますし，その後，D から甲土地を明け渡すよう求められたとしても，これを拒むことができます。

---

note ───────────────────────────────────── •

[7] 発展 ただし，94 条 2 項の類推適用によって，土地の所有権をもたない人と売買契約を結んだ人がその土地の所有権を取得することが認められる場合があります（詳しくは，1 巻第 **7** 章を参照してください）。ここでの第三者 D も，例外的に，94 条 2 項の類推適用により，無権限の債権者 G から甲土地の所有権を取得することが認められる可能性があります。

7　集合動産譲渡担保

集合動産譲渡担保とは

CASE 14-5

　卸売業を営むSは，製造業者から大量のパソコンを仕入れて，それを小売業者に卸して利益を得ています。ある日，Sは，経営を続けるための資金として5000万円をGから借りることにしました。Sの倉庫には，小売業者に出荷する前のパソコンがたくさんあります。Sがそのパソコンに担保を設定する方法として，どのようなものが考えられるでしょうか。

　在庫商品のように，一つひとつは価値があまり大きくない物も，多くが集まれば大きな価値のひとまとまりとなります。**CASE 14-5**のSは，倉庫にある大量のパソコンをまとめて担保として差し出すことで，多額のお金を貸してもらおうと考えています。

　では，担保の対象となる物は，いま倉庫にあるパソコンだけでよいのでしょうか。

　いま倉庫にあるパソコンは，小売業者に出荷されます。それがどれだけたくさんあったとしても，出荷が続けば，やがてなくなります。そうなったら担保もなくなるというのでは，倉庫にあるパソ

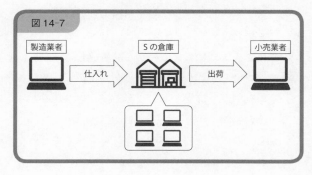

図14-7

製造業者　仕入れ → Sの倉庫　出荷 → 小売業者

コンをまとめて担保の対象とする意味はほとんどありません。

　そこで，仕入れによって新たに倉庫に入ってくるパソコンに注目します。これにも譲渡担保の効力が及ぶことにすれば，担保の必要な期間，一定量の担保の対象を確保することができます。

　このように，たえず入れ替わる不特定多数の動産を対象として譲渡担保を設定することが認められています。このような譲渡担保を集合動産譲渡担保といいま

す。

分析論と集合物論

　集合動産譲渡担保の最大の特徴は，担保の対象となる動産が多数あり，しかも変動することにあります。物権についての基本ルールとして，1つの物には1つの物権のみが存在するというもの（「一物一権主義」といいます。詳しくは，物権法の教科書で学んでください）があります。譲渡担保も物権なので，何がその対象となる1つの物であるかが問題となります。この点について，分析論と集合物論という2つの考え方を紹介しましょう。

（1）**分析論**

　実際に目に見える「物」は，一つひとつのパソコンです。そこで，パソコンが大量にあるとしても，個々のパソコンが譲渡担保の対象であると考えることができます。

　もちろん，いちいち倉庫に入ってくるたびに譲渡担保を設定するという契約を結ぶことは現実的ではありません。そこで，最初に，パソコンが倉庫に入るたびにそのパソコンに譲渡担保の効力が及ぶことと，倉庫からパソコンが出て行けばそのつど，そのパソコンに譲渡担保の効力が及ばなくなることも合意しておくことになるでしょう。

　実際にこのように考えるのが，分析論という立場です。分析論の特徴は，実際の合意は一度しかされていませんが，物が入れ替わるたびに，譲渡担保が設定され，その効力が及ばなくなることが繰り返されると考えることにあります。

（2）**集合物論**

　しかし，倉庫の中にあるパソコンをすべてまとめて1つの「物」とみることも考えられます。個々の中身は移り変わっていくとしても，倉庫の中にあるパソコンの山はずっとそこにあるので，その山を1つの「物」として（これを「集合物」といいます），譲渡担保を設定することができるとみるのです。実際に，このように考えるのが，集合物論という立場です。

（3）**集合物論によるべき理由**

　では，分析論と集合物論のどちらが適切でしょうか。次の CASE **14-6** で考えてみましょう。

> ## CASE 14-6
>
> 　卸売業を営むＳは，Ｇからお金を借りました。Ｓは，それを担保するため，Ｓが所有する倉庫にあるパソコンのすべてに譲渡担保を設定しました。その後，Ｓは，Ｄからもお金を借りました。それからしばらくの間は，Ｓの経営に問題はありませんでした。しかし，ある時期から急激に業績を悪化させ，Ｓは，ＧやＤに対する債務を弁済するだけの資産をもたなくなってしまいました。すると，Ｄは，Ｇだけパソコンを担保にとっているのはおかしいと，ＧとＳの譲渡担保契約を取り消すと主張しました。Ｄの主張は認められるでしょうか。

　債権者は，債務者が債務の支払をすることができないときに，他の特定の債権者のみにした担保の設定を取り消すことができます[8]。CASE **14-6** のＤは，ＳがＧのみにした譲渡担保の設定を取り消したいと考えています。

　(a) **分析論による場合**　　分析論によると，パソコンが倉庫に入ってくるたびに担保の設定がされることになります。そうすると，債務者の資産状況が悪くなった時点でも担保が設定されたとみる必要がでてきます。このため，Ｄは，債務者Ｓが債務の支払をすることができなくなった時以後に倉庫に入ってくるパソコンの分に関する譲渡担保の設定を取り消すことができそうです。

　しかし，それでは，債権者Ｇは，Ｓが債務を弁済することができなくなることに備えて譲渡担保の設定を受けたはずなのに，まさにそのような事態が発生したときに担保を失ってしまう危険があることになってしまいます。これは，認められない結論です。

　(b) **集合物論による場合**　　これに対して，集合物論によると，譲渡担保は，一度，集合物に設定されるだけです。債務者Ｓの資産状況が最初に集合物について譲渡担保を設定した時点で問題なければ，後に悪化したとしても，他の債権者Ｄによって譲渡担保が取り消されるおそれはありません。この結論が適切であることから，一般的には，集合物論のほうが妥当であると考えられています。

---

note

[8]　**説明**　債権者のこのような取消権を「詐害行為取消権」といいます。424 条の３第１項１号が，ここでの問題と関係する場面を規定しています。詐害行為取消権について詳しくは，4巻第**8**章を参照してください。

対象動産の特定

CASE 14-7

Sの倉庫の中には在庫商品としてパソコンが常に約500台あります。Sは、Gとの間で「倉庫にあるパソコン500台のうち200台に集合動産譲渡担保を設定する」という契約を結びました。この合意は有効でしょうか。

(1) 対象動産が不明確なことで生じる問題

CASE 14-7 のような契約のもとでは、実際にどのパソコンに譲渡担保の効力が及ぶのかがわかりません。例えば、パソコンが倉庫の東側の部屋に200台あり、西側の部屋にも200台あり、さらには南側の部屋にも100台あったとして、それらのうちのどの200台に譲渡担保の効力が及ぶのでしょうか。このことがわからないままでは、次の2つの問題が生じます。

第1に、債権者Gは、譲渡担保を実行するとして、どのパソコンの引渡しを求めることができるのでしょうか。裁判所も、判決でどのパソコンの引渡しを命じるべきかがわからないので、200台のパソコンの引渡しを命令することができません。

第2に、第三者DもSに対して債権をもっていて、Gの譲渡担保の効力が及ばないパソコンを差し押さえようとしているとします。Gの譲渡担保の効力が及ぶパソコンと及ばないパソコンがそれぞれどれなのかがわからないと、Dは、どのパソコンを差し押さえることができるのかがわかりません。

(2) 特定とその方法

これらの問題が生じかねないため、集合動産譲渡担保が有効に成立するためには、譲渡担保契約において対象となる動産の範囲が明らかにされていること（それを明らかにすることを特定といいます）が必要です。一般に、種類、所在場所、量的範囲によって特定された動産のまとまりであれば、1個の集合物として集合動産譲渡担保の対象とすることができると考えられています（最判昭和54年2月15日民集33巻1号51頁）。

このような考え方によれば、CASE 14-7 のGとSの契約では「倉庫の東側の部屋（場所）にある200台分（量的範囲）のパソコン（種類）」といったかたちでの特定がされていないため、集合動産譲渡担保の設定は、有効にされていないこと

になります。

　集合動産譲渡担保は，基本的には，個々の動産を対象とする譲渡担保の実行と
同じように実行されます。例えば，集合動産譲渡担保を実行するときでも，債権
者は，債務者に対して清算金を支払う義務を負います。ただし，清算金は，個々
_{⇒250頁}
の動産のすべてを合わせた価額から被担保債権の金額を差し引いて計算される，
といった違いもあります。

 # 2 債権を対象とする譲渡担保

1　債権の財産性

　財産といえば何を思い浮かべるでしょうか。不動産や動産といった「物」がす
ぐに思いつくでしょう。しかし，債権も，財産の1つです。物と同じく，譲渡
（売買）し，または担保を設定する対象にすることができます。民法が債権を対
象として質権を設定することを認めていることは，すでに説明しました。ここで
_{⇒第11章3 1}
は，債権譲渡担保という，債権を譲渡するかたちによる担保を学びます。前提と
して，債権譲渡の仕組みを簡単に説明します（より詳しくは，4巻の第11章と第12
章を参照してください）。

2　債権譲渡の仕組み

債権の譲渡性・債権譲渡契約の当事者

> **CASE14-8**
> 　Aは，Bに売った商品の代金として3か月後にBから1000万円を支払ってもら
> えることになっています。しかし，Aは，いま，お金を必要としています。Aは，どう
> すれば，必要なお金を得ることができるでしょうか。

　CASE 14-8 のAは，Bに対して，3か月後に1000万円を支払ってもらえる
という債権をもっています（このように，売却した物の代金を後で払ってもらう債権の

ことを「売掛代金債権」といいます）。A は，
3 か月が過ぎるのを待てば 1000 万円のお
金を手にすることができますが，それまで
待てないときは，その債権を C に売る（代
金と引きかえに C に債権を譲渡する）ことが
できます（466 条 1 項）。

　債権は，債権の譲渡人（売主）A と
譲受人（買主）C が債権譲渡契約を結ぶこ
とで譲渡されます。

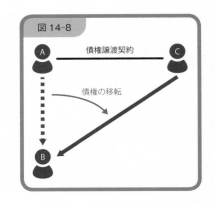

図 14-8

債権譲渡の対抗要件

　物の譲渡（物権変動）を第三者に対抗するには，177 条または 178 条により，
登記や引渡しが必要とされます。債権の譲渡についても，467 条で第三者に対抗
するための要件が定められています。債権譲渡契約の当事者である譲渡人と譲受
人以外の人が第三者となりますが，ここでいう第三者は，債務者と債務者以外の
第三者とで区別する必要があります。

(1) 債務者に対する対抗要件

　みなさんが CASE 14-8 の債務者 B であるとして，いきなり知らない人 C が
「私が債権を譲り受けて新しい債権者になりましたから，私に弁済してください」
と主張してきたとき，その言葉を信じることができるでしょうか。C が嘘を言っ
ているかもしれません。

　そこで，467 条 1 項は，債務者に対する対抗要件として，債権の譲渡人 A が
債務者 B に対して「C に債権を譲渡しました」という通知をすることか，また
は債権譲渡について債務者 B が承諾することを求めています。通知か承諾がさ
れると，譲受人 C は，B に対して「私が債権を譲り受け，新しい債権者となり
ました。だから，私に弁済してください」と主張すること，つまり債権の履行を
請求することができるようになります。言い換えれば，B は，C からの履行の請
求を拒否することができなくなります。

　「対抗」といっても，ここでは，債権譲渡があったことを債務者が受け入れな
ければならないかどうか，つまり，新旧の債権者のどちらに弁済するかが問題と
なっています。不動産の二重譲渡がされた場合において譲渡を受けたことを他方

の譲受人に対抗することができるかどうかを規定する177条の「対抗」とは意味合いが違います。

（2）債務者以外の第三者に対する対抗要件

これに対して，債務者以外の第三者に対する「対抗」は，177条の「対抗」と同じです。例えば，債権が二重譲渡されて，債権を譲り受けたことを他の譲受人に対抗することができるかどうかといった場面に関わります。467条2項によると，債権譲渡がされたことについて，確定日付のある証書によって譲渡人Aが債務者Bに通知するか，債務者Bが承諾することが対抗要件になります。

確定日付のある証書とは，改ざんできない日付が入った文書です。具体的なものは，民法施行法5条で定められていますが，通常，公正証書（公正人が作成や保管に関わる文書）や内容証明郵便（一定の内容の郵便を送ったこと等を郵便局が証明する通信方法）が使われています。

3 債権譲渡担保

債権をもつ人は，それに譲渡担保を設定し，お金を借りるという方法でお金を得ることもできます。

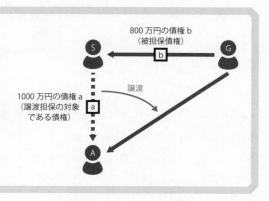

CASE 14-9

Sは，Aに対して1000万円の売掛代金債権（債権a）をもっています。Sは，急に800万円のお金が必要となったため，Gからお金を借りました（債権b）。Sは，Gに対する債権bを担保するため，債権aをGに譲渡し，そのことを内容証明郵便によってAに通知しました。

⇒263頁

800万円の債権b（被担保債権）

1000万円の債権a（譲渡担保の対象である債権）

譲渡

┃債権譲渡担保とは┃

（1）設定

債権譲渡担保は，債務者Sが債権aを債権者Gに譲渡することによって，Gの債権bを担保します。**CASE 14-9**では，譲渡人Sと譲受人Gとの間で譲渡担

保契約が結ばれることで設定されます。

(2) 対抗要件

　債権者Gが，債権bを担保するために債務者Sから債権aの譲渡を受けたことを債務者Aに対抗するには，SからAへの通知またはAの承諾がされる必要があります。また，そのことを債務者以外の第三者（例えば，Sから債権の二重譲渡を受けた人）に対抗するには，通知や承諾が確定日付のある証書によってされる必要があります。CASE **14-9** では，内容証明郵便という確定日付のある証書による通知がされています。

(3) 実　行

　債権者Gは，債務者Sから債権bの弁済をしてもらえなかったとき，債権譲渡担保を実行することができます。Gは，Sから債権aを譲り受けた新債権者として，Aに対して債権aの弁済を求め，Aから受け取ったお金1000万円を債権b（800万円）の回収にあてることができるのです。ただし，Gは，差額（200万円）を清算金としてSに支払う必要があります。

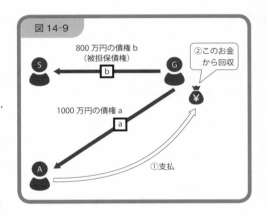

図14-9

800万円の債権b
（被担保債権）
S ← b ← G

②このお金から回収

1000万円の債権a
a

A
①支払

(4) 受戻し

　債務者Sから債権者Gへの債権aの譲渡は，Gの債権bを担保するために行われました。このため，GがSからきちんと債権bを弁済してもらって，債権bが消滅したならば，Gにとって債権aによる担保は不要なものとなります。この場合は，債権aはSに戻り，Sは債権者としての地位を回復します。

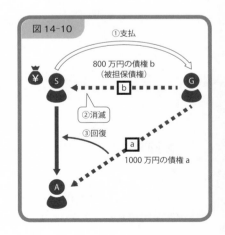

図14-10

①支払

800万円の債権b
（被担保債権）
S ← b ← G

②消滅

③回復

1000万円の債権a
a

A

集合債権譲渡担保とは

CASE 14-10

Sは，継続的にAにパソコンを出荷し，毎月，Aからその代金1000万円の支払を受けています。ある時，Sは，Gから3億円を借りました。Sは，翌月以降にAに商品を出荷すれば発生することになる代金債権の計3年分を担保としてGに譲渡したいと考えています。このような債権譲渡担保は許されるでしょうか。

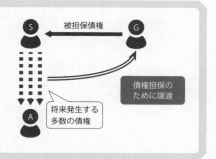

(1) 将来債権の譲渡

CASE 14-10 では，まず，GとSが債権を譲渡する契約を結ぼうとしている時点ではまだ存在しないけれども，将来になったらSがAに対して取得する予定の債権（このように将来に発生する債権を将来債権といいます）が譲渡されています。将来債権の譲渡も認められています（466条の6第1項）。

また，CASE 14-10 のように，将来債権を譲渡することによる債権譲渡担保も行うことができます。

(2) 集合債権譲渡担保

次に，CASE 14-10 では，多数の債権が譲渡されてもいます。このように，多数の債権をまとめて担保の対象にすることも認められていて，この場合の譲渡担保を集合債権譲渡担保といいます。

(a) 対象債権の特定

(ⅰ) **特定の必要性**　集合債権譲渡担保では，1つの譲渡担保契約が結ばれることで，いくつもの債権が譲渡されるので，どの債権が譲渡されたのかがわからなくなる危険があります。Gは甲債権も譲り受けたつもりでいたけれども，Sはそれを譲渡するつもりはなかったと，後で争いが生まれる可能性があるのです。このため，譲渡担保契約で譲渡の対象となる債権を明確にしておくことが必要となります（このことを特定といいます）。特定が不十分であると，譲渡担保は有効に設定されません。

(ⅱ) **特定の方法**　では，集合債権譲渡担保契約で何が明らかにされていると，

譲渡の対象となる債権の特定があるといえるでしょうか。一般に，次の①〜⑤が指摘されています。

> ① 債務者（譲渡人の誰に対する債権であるか）
> ② 債権発生原因（どのような原因によって生じた債権であるか。例えば，「売掛代金債権」）
> ③ 債権が発生する期間の始期と終期（いつからいつまでに発生した債権が譲渡されるのか）
> ④ 金額（譲渡される債権の金額）
> ⑤ 弁済期（いつ債権の弁済がされるべきか）

　ただし，①から⑤のすべてが明らかにされている必要はありません。例えば，②から⑤だけでも，譲渡の対象であったのかどうかがわかるのであれば，債権の特定があるといえます。

(b)　対抗要件

(i)　**民法で定められている対抗要件**　　集合債権譲渡担保の対抗要件は，債権譲渡で求められるものと同じです。債務者以外の第三者との関係であれば，確定日付のある証書による譲渡人から債務者への通知か，債務者の承諾が対抗要件となります。
⇒266頁

(ii)　**動産・債権譲渡特例法で定められている対抗要件**　　もっとも，集合債権譲渡担保の対象となる債権は，多数であるだけでなく，その債務者がバラバラであることがあります。通知は債務者ごとにする必要があるので，そのような場合に確定日付のある証書による通知をしようとすると，多くの手間や費用がかかります。そこで，動産・債権譲渡特例法4条1項は，そのような負担を避けられるように，債権譲渡をしたことを債権譲渡登記ファイルに登記すれば，民法467条2項の確定日付のある証書による通知があったものとみなすと定めています。

POINT

1　譲渡担保は，債務者がもつ所有権を債権者に移転することによって債権を担保します。債権者と債務者との間で，債権を担保するために，債務者が所有する物の所有権を移転するという契約（「譲渡担保契約」といいます）が結ばれること

で設定されます。

2 不動産に譲渡担保を設定した場合，債権者に所有権が移転するので，債権者がこのことを第三者に対抗するためには，登記をする必要があります（177条）。

3 動産に譲渡担保が設定され，その所有権が債権者に移転したことを第三者に対抗するには，債務者が債権者に動産の引渡しをする必要があります（178条）。とはいえ，通常は占有改定による引渡しがされるので，譲渡担保が設定された後も，その対象である動産の占有は債務者に残されます。

4 現在では，債権者は，譲渡担保を実行する際に，その対象である財産の価値から債権の額を引いて残った金額（これを「清算金」といいます）を債務者に返さなければならないという義務（これを「清算義務」といいます）を負うと考えられています。

5 清算の具体的な方法には，2つがあります。第1は，帰属清算型です。第2は，処分清算型です。帰属清算型と処分清算型のどちらによって清算するかは，債権者が譲渡担保を実行しようとする時に決めることができると考えられています。

6 債務者は，弁済期までであれば，当然に，債務を弁済し，受戻権を行使することができます。また，弁済期を過ぎたとしても，譲渡担保の実行が完了する前であれば，債務者は債務を弁済して受戻権を行使することができます。

7 たえず入れ替わる不特定多数の動産を対象として譲渡担保を設定することが認められています。そのような譲渡担保を集合動産譲渡担保といいます。

8 集合動産譲渡担保が有効に成立するためには，譲渡担保契約において対象となる動産の範囲が明らかにされていること（それを明らかにすることを「特定」といいます）が必要です。

9 債権も，財産の1つです。物と同じく，譲渡（売買）し，または担保を設定する対象にすることができます。

10 多数の債権をまとめて担保の対象にすることも認められていて，この場合の譲渡担保を集合債権譲渡担保といいます。

11 集合債権譲渡担保では，譲渡担保契約で譲渡の対象となる債権を明確にしておくことが必要となります（このことを「特定」といいます）。特定が不十分であると，譲渡担保は有効に設定されません。

第 **15** 章

所有権留保

INTRODUCTION

　民法に規定のない担保を非典型担保といい，第 **14** 章では，その１つである譲渡担保を学びました。本章では，非典型担保のうち，所有権留保(しょうけんりゅうほ)を学びます。所有権留保は，物の売買がされたときに利用される担保です。売買がされたけれども，買主が代金の全額を支払っていないときに，売主にその所有権を残しておくこと（とどめておくこと，つまり留保すること）によって，売買代金債権を担保するものです。本章では，以下の内容について説明します。

所有権留保の必要性と仕組み

　所有権留保は，民法では定められていないのに，なぜ利用されているのでしょうか。また，所有権留保は，どのような仕組みになっているのでしょうか。❶では，これらの点について説明します。

所有権留保の実行

　売主は，所有権留保を実行すると，どのようにして売買代金債権の弁済を受けることができるのでしょうか。❷では，その大まかな流れを説明します。

売主と第三者との関係 ▮▮▮▮▮

　売主に所有権が留保されている物は，買主によって第三者に転売されることがあります。❸では，この場合における売主と第三者との関係について説明します。

1 所有権留保の必要性とその仕組み

1 所有権留保とは ─────────────────●

　ここまで勉強してきた担保権はどれも，主に，お金の貸し借りがあったときに，貸主の債権を担保するために用いられるものでした。これに対して，所有権留保は，動産の売買[1]がされたときに，売主の売買代金債権を担保するために用いられるものです。

　具体的には，動産の売買がされても，その所有権を売主に残して（留保して）おきます。そうしておくと，売主は，売買代金債権を弁済してもらえなかったとき，動産の所有者として，買主から（自分が売った）動産を返してもらい，その動産を第三者に売ることができます。この結果，売主は，その代金から売買代金債権の弁済を優先して受けることができます。

　所有権留保は，民法では定められていません（このため，「非典型担保」に分類されます）。それなのに，実際にはよく使われています。これは，なぜでしょうか。民法では，売主が不利益を受けなくてすむように，売主を保護するための方法がいくつか定められています。しかし，それでは不十分なので，所有権留保が使われています。以下では，民法で定められている売主を保護する方法とその不十分さを学び，所有権留保が果たしている役割を理解しましょう。

---

note ─────────────────────────────────●

[1] 発展 不動産についても，所有権を売主に留保した売買をすることはできます。しかし，宅地建物取引業者（いわゆる「不動産屋さん」です）が売主となってする売買契約では所有権留保が禁止されている（宅建業43条）こともあり，実例はあまり多くありません。そこで，本書では，動産を対象とする所有権留保のみを説明していきます。

2　民法における売主の保護の不十分さ

　動産の売買契約が結ばれたとき，買主は，売買代金を支払う必要があります。すぐに代金が支払われたならば，売主は不利益を受けることがありません。ところが，代金後払いの約束がされることもあり，この場合の売主は，そのお金を支払ってもらえないというリスクを負います。そこで，民法では，以下の方法によって売主を保護しています。

留置権・同時履行の抗弁権

> **CASE 15-1**
>
> 　工場を経営しているＳは，Ｇから作業用機械（甲機械）を購入することになりました。その購入代金120万円は，一度に支払うのではなく，毎月5万円ずつ支払うこととされましたが，Ｓは，契約後，すぐに甲機械を使いたいと考えています。

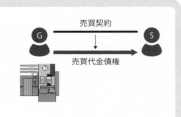

　物の売主は，売買代金がすべて支払われるまで，留置権を行使して，売買の対象となった物を占有し続けることができます（295条1項）⇒第12章11。このため，**CASE 15-1** のＧは，まだ売買代金をすべて支払ってもらっていないので，甲機械を買主Ｓに引き渡さなくてもかまいません。

　また，533条で「双務契約の当事者の一方は，相手方がその債務の履行……を提供するまでは，自己の債務の履行を拒むことができる」と定められています⇒第12章13（同時履行の抗弁権）。売主Ｇは，同時履行の抗弁権を主張することによっても，甲機械を引き渡さなくてすむのです。

　このように，売主Ｇが留置権と同時履行の抗弁権のどちらを主張しようと[2]，買主Ｓは，代金の支払を終えることで，ようやく購入した甲機械の引渡しを受けることができます。しかし，これでは契約後，すぐに甲機械を使いたいというＳの希望が実現されません。Ｓは，その希望が実現されないのであれば，Ｇから

---

note

[2] **説明**　留置権と同時履行の抗弁権のどちらも主張できるときは，どちらかを優先して主張する必要はないと考えられています（⇒第12章13）。

甲機械を買わないかもしれません。これでは，Gも困ります。

先取特権

そこで，買主Sの希望を実現するため，売主Gが，売買代金のすべてが支払われる前に甲機械をSに引き渡したとします。動産の売主であるGには，動産売買の先取特権（321条）が認められ，これがGの売買代金債権を担保します。⇒第13章 2 3
先取特権者Gは，Sが売買代金を支払わなかったときは，甲機械を競売して，競売代金から売買代金の残りについて優先弁済を受けることができます。

しかし，動産先取特権は，その対象である動産が第三者に転売されて，引き渡⇒第13章 3 2
された後は，行使することができません（333条）。したがって，買主Sが第三者Dに甲機械を転売して，引き渡してしまうと，売主Gは，先取特権を行使して優先弁済を受けることができなくなります。先取特権では，売買代金の弁済を受けられるとはかぎらないのです。

解除権

買主Sが売買代金を支払わなかったとき，売主Gは，Sとの間で結んだ売買契約を解除することもできます（541条）。契約を解除すると，契約の当事者は，互いに原状回復を求めることができます（545条1項）[3]。Gは，Sに対して，売買契約を解除し，甲機械を返すよう求めることができるのです。

しかし，545条1項ただし書では，解除権を行使することによって第三者の権利を害することができないと定められています。したがって，例えば，売主Gから甲機械を買った買主Sが甲機械を第三者Dに転売したならば，Gは，契約を解除したとしても，「契約を解除したから甲機械を返してください」とDに主張することができません。

このように，代金を支払ってもらうことをあきらめて，せめて売った物を返してもらおうと解除したとしても，その物が返ってくる保障はありません。

---

note

[3] [用語]「原状」とは，もとの状態を指します。したがって，原状回復の請求とは，契約をする前のもとの状態（Gのもとに甲機械がある状態）に戻すよう求めることをいいます。「現状（いまの状態）」とは違います。「原」という漢字の意味については，**Column 11** を参照してください。契約の解除について，詳しくは5巻第4章を参照してください。

3 所有権留保の仕組み

以上のように，民法で定められている方法では，売主は必ずしも十分に保護されません。そこで利用されるのが所有権留保です。所有権留保は，次のような仕組みで売買代金債権を担保します。

所有権が移転する「時」の操作

売買契約が結ばれると，売買の目的物の所有権は，契約が結ばれた時点で買主に移転します。しかし，このことは原則であって，例外が認められています。買主と売主は，それとは別の時点に所有権が移転するという特別な約束（「特約」といいます）をすることもできるのです。所有権留保は，そのような特約を利用して，売主の売買代金債権を担保するものです。

具体的には，売主と買主は，動産の売買契約を結ぶ際に，売買代金のすべてが支払われるまで，その所有権は売主に残されるという特約をします。そうすると，売買契約が結ばれた後も，動産の所有権は，買主に移らないで売主に留保されます。そして，動産の所有権は，買主が売買代金のすべてを支払えば，その時に買主に移転します。しかし，買主が売買代金全額の支払を終えることができなければ，買主に一度も移転しないことになります（この場合は，所有権留保の実行が問題となります）。⇒②

買主への占有の移転

所有権留保がされても，売買の目的物の占有は，売買契約がされた後ただちに，買主に移転されます。このため，所有権留保は，債権者に占有を移さないタイプの担保（これを「非占有担保」といいます）に分類されます。

CASE 15-1 でいうと，買主Sと売主Gが所有権をGに留保する特約を付けて機械の売買契約を結んだときは，Sは，売買代金のすべてをGに支払わないと，その所有者になることはできませんが，売買契約を結んだ時点で（代金すべての支払が終わる前であっても），Gから機械の引渡しを受け，その機械を使うことができます。

留置権や同時履行の抗弁権では，買主は売買代金のすべてを支払うまで売買の目的物を使うことができないという不都合がありました。売買代金債権を所有権

留保によって担保するのであれば、その不
都合を避けることができます。

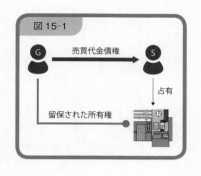

図15-1

第三者への転売

　売買の目的物が転売されて第三者が現れ
ると、動産売買の先取特権を行使すること
ができず、解除権を行使しても第三者から
物を取り戻すことができないという問題が
ありました。これに対して、所有権留保が
されると、買主は、所有者になっていないので、本来、転売をすることができません。このため、売主が所有権留保を実行することができなくなるということもありません。ただし、例外もあります。その例外については、3で説明します。

所有権留保の方法

（1）　売買契約における特約

　所有権留保は、先に説明したように、通常、動産の売買契約の中で、特約のかたちで合意されます。「所有権留保設定契約」といった売買契約とは別の担保設定契約が結ばれるわけではありません。

（2）　対抗要件

　所有権留保がされると、売買契約が結ばれただけでは、所有権は移転しません。物権変動が生じないのです。

　これに対して、対抗要件は、物権が変動した場合に、それを第三者に対抗するために必要とされるものです（178条）。所有権留保の場合は、所有権が移転しないだけで、物権が変動しているわけではありませんので、対抗要件は問題となりません。したがって、CASE 15-1 のGとSが、所有権留保の特約を付けて売買契約を結んだ場合、Gは、自分のところに所有権があることについて、新しく何かをしなくとも、第三者に対抗することができます[4]。

2　実　行

　所有権留保は、売買代金債権を担保します。買主が売買代金のすべてを支払わ

なかったときは，売主は，所有権留保を実行して，売買代金債権のうちまだ支払ってもらっていないぶんの弁済を受けることができます。

> ## CASE 15-2
> 　Sは，Gから機械（甲機械）を買い，その引渡しを受けました。ただし，その売買代金 120 万円は，一度に支払うのではなく，毎月 5 万円ずつ支払うこととされたので，SとGとの間の売買契約では，Sが代金のすべてを支払うまで，甲機械の所有権をGに留保するという特約が付け加えられました。その後，Sは，10 か月分（計 50 万円）の支払をしたものの，11 か月目以後の支払をしませんでした。この場合のGが残りの代金（計 70 万円）の支払を受けるためには，どうすればよいでしょうか。

　CASE 15-2 の買主Sは，弁済期を過ぎた後も売買代金の支払を終えていません。このため，売主Gは，所有権留保を実行することができます。具体的には，次のとおりです。

所有権にもとづく返還請求権の行使

　所有権留保を実行する際，売主Gは，自分のもとに目的物（甲機械）の所有権があるので，所有権にもとづいて，買主Sに対して目的物（甲機械）を返すよう
⇒第6章 2 1
求めること（「物権的返還請求権」の行使）ができます。Gは，Sから甲機械を返してもらったならば，それを中古専門業者などの第三者Dに売り，Dから受け取った売買代金から，Sに対する売買代金債権の弁済を受けることができます。

清算金支払義務

　所有権留保を実行する際に，目的物の価額が売買代金債権の残額（買主がまだ支払をしていない代金額）よりも高いときは，売主は買主に対して清算金を支払う義務[5]を負います。

　もっとも，所有権留保の対象となる物は，基本的に動産です。動産は，普通，

---

note

[4] **説明** CASE 15-1 のGは，甲機械の所有者としてSと売買契約を結ぼうとしていますが，それよりも前に甲機械の所有者となるため，例えば，Aと売買契約を結び，Aから甲機械の引渡しを受けていたとします。この引渡しによって，Gは，自分が甲機械の所有権の移転を受けたことを第三者に対抗することができるようになります（178 条）。このことは，GがSとの間で，所有権を自分に留保して売買契約を結んだ後も変わらないのです。

[5] **説明** 譲渡担保を実行するときも，債権者が債務者に対して清算金を支払う必要がありました（⇒第 14 章 1 4）。

使用されたり，時が経過したりすることによって価値が大きく下がります。このため，実際には，目的物の価額のほうが売買代金債権の残額よりも低くなって，清算金がないという場合がほとんどです。

3 売主と第三者との関係

1 原 則

先に説明したように，売主に所有権を留保して売買契約が結ばれると，買主は，売買代金のすべてを支払うまで，対象動産の所有権を取得しません。買主には所有権がないので，第三者は，買主と売買契約を結んだとしても，その動産の所有権を取得することができません。⇒275頁

2 即時取得の可能性とその防止方法

もっとも，所有権留保の対象である動産は，買主が占有しています。⇒274頁 このため，買主が，所有者でないのに，その動産を第三者に売ってしまう可能性があります。

> **CASE 15-3**
> Ｇは，売買代金のすべてが支払われるまで自分に所有権が留保されるという特約を付けて作業用機械（甲機械）をＳに売り，その引渡しをしました。Ｓは，売買代金を支払い終える前に，甲機械をＤに転売し，引き渡してしまいました。

｜即時取得｜

買主が所有者でないことを第三者が過失なく知らなかった（善意かつ無過失の）とき，第三者はその物を即時取得することができます（192条。詳しくは，物権法の教科書で学んでください）。このため，所有権留保がされていても，その目的物について第三者が即時取得してしまうと，売主は自分に留保しておいた所有権を失ってしまいます。

CASE 15-3 でいうと，第三者Ｄが，売主Ｇに所有権が留保されていることについて過失なく知らなかったのであれば，Ｄが甲機械を即時取得し，その所有者となります。その反面，Ｇは所有権を失ってしまいます[6]。

そこで，所有権留保が実際に使われるときには，売主Gは，目的物（甲機械）にネームプレートを貼ることで，所有者である自分の名を明らかにしておきます。そうしておくと，第三者Dは，甲機械がGのものであることを知ることができます。知らなかったとしても，それはDに不注意があったからであり，過失があったことになるでしょう。Dが悪意または有過失であれば，即時取得は成立しないので，Gは，甲機械の所有権を失うという事態を避けることができます。

3 転売が予定されている場合

所有権留保がされると，買主は，目的物の所有権をもちません。しかし，買主と売主との間で目的物が買主によって第三者に転売されることが予定されていて，実際に転売されるなどして，売主と第三者との間で問題が生じることもあります。以下では，そのような問題を2つ学びましょう。

商品が流通する過程での所有権留保

CASE 15-4

Gは，自動車のディーラー（自動車メーカーから自動車を仕入れて販売する事業者）です。Gは，所有権を自分に留保して，甲自動車をサブディーラー（ディーラーGから自動車を安く仕入れ，ユーザーに転売して利益を得る事業者）であるSに販売しました。売却した甲自動

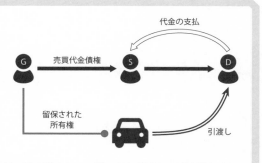

車の登録名義もGのままです。Sは，甲自動車をユーザーDに販売し，引き渡しました。DはSに売買代金のすべてを支払いましたが，SがGに売買代金を支払い終えていないため，甲自動車の登録名義はGのままになっています。そうこうするうちに，Sは，お金がなくなり，Gに対して売買代金を支払えなくなりました。そこで，Gは，自動車の所有権は自分にあるとして，Dに対して甲自動車の返還を請求しました。

---

note

[6] 説明 動産に譲渡担保が設定された場合にも同じ問題がありました（⇒第14章 1 6）。

(1) 即時取得の不成立

CASE **15-4** の甲自動車の登録名義は売主Gのままであり，Gに所有権が留保されていることは第三者Dにとって明らかです。このため，Dは，善意・無過失という要件を満たしていないから，192条によって甲自動車を即時取得することはできません[7]。Gに所有権が残っているのであれば，Gは，Dに対して，所有権にもとづいて甲自動車の返還を求めることができそうです。

(2) 判例の立場

しかし，第三者Dの立場で考えてみてください。Dは，自分に対する売主Sに対して払うべきお金はすべて払ったのに，ある日，売主Gがやってきて，甲自動車を奪い去ろうとするのです。納得のいくはずがありません。

売主Gは，間に買主Sを入れ，Sに自動車を転売させることにより，自動車を多くのユーザーに販売することができるという利益を得ています。Gは，そのためにSに自動車を売却しているのですから，Sから代金を払ってもらえないリスクは，本来，Sに対する売主であるGが負うべきものです。ところが，Gは，そのような自分が負うべきリスクを，所有権留保を使ってユーザーである第三者Dに押しつけようとしています。いくらGが所有権をもっているとしても，そのような権利の行使は許されません。

判例も，CASE **15-4** のような事案において，売主G（ディーラー）が物権的返還請求権を行使することは権利濫用（1条3項。権利濫用について，詳しくは，1巻第1章15頁以下を参照してください）に当たるとして，その請求を認めませんでした（最判昭和50年2月28日民集29巻2号193頁）。

(3) 所有権を移転することの授権から説明する見解

もっとも，権利濫用を根拠にした解決は，売主Gに所有権があることを前提とし，その所有権の行使が濫用に当たるとするものです。これによると，第三者Dは，甲自動車をGに返す必要はないとしても，甲自動車の所有権がありませんので，例えば甲自動車の登録をDの名義にすることもできませんし，甲自動車を別の人に売ったりすることも難しくなります。しかし，Dは，代金の全額を払っているわけですから，甲自動車の所有権を認めてもよいのではないでしょうか。

---

note

[7] 発展 登録された自動車は，そもそも即時取得の対象とならないと考えるのが判例の立場です。

そこで，学説の多くは，判例の立場に反対し，売主Gと買主Sの売買契約において売主に所有権が留保されているとしても，Sは，第三者Dが代金のすべてを支払ったときはDに有効に所有権を取得させる権限をGから与えられていると考えます（このことを，権限を授けられているという意味で授権といいます）。

　この見解によると，CASE 15-4のDは，売買代金のすべてを支払っているので，甲自動車の所有者となります。Gがその返還を請求することはできません。むしろ，Dは，Gに対して自動車の登録名義の変更を請求することができます。

所有権留保の対象である動産に集合動産譲渡担保が設定された場合

CASE 15-5

　Sは，Gから商品を継続的に仕入れていて，その代金を毎月Gに支払っていますが，SとGとの間の売買契約では，①商品の所有権は，月ごとの代金の支払がされるまでGに留保するという特約がされていました。その一方で，②Gは，S

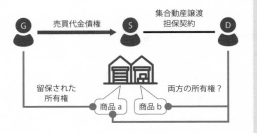

が商品を転売することを広く認めてもいました。Sは，Gから仕入れた商品を倉庫で保管していましたが，ある日，保管している商品の全部を対象とする集合動産譲渡担保契約をDと結びました。

　その後，Sは，Gに対して，7月に仕入れた商品分の売買代金を支払うことができませんでした。そこで，Gは，その分の商品（以下では，7月分の商品を「商品a」といい，代金の支払を終えたけれども，倉庫で保管されたままになっている商品を「商品b」といいます）をSの倉庫から持ち去ろうとしましたが，DがGに対して，商品aを持ち去ろうとすることをやめるよう求めました。Dの請求は認められるでしょうか。

(1) SとDとの間の集合動産譲渡担保契約

　集合動産譲渡担保契約が結ばれると，対象となる動産の所有権が債権者に移転するかたちで債権の担保がされます。⇒第14章17 CASE 15-5の債権者Dは，集合動産譲渡担保契約を結んでいます。これによってDが商品aについても所有者になっているのであれば，商品aをGが持ち去ろうとしているときは，Dは，所有権にもとづいてそれをやめるよう請求（⇒第6章21「妨害予防請求権」を行使）することができます。では，Dは，実際に商品aの所有者となっているでしょうか。

(2) GとSとの間の所有権留保の特約

GとSとの間では，下線部①にあるように，商品の所有権は月ごとの代金の支払がされるまでGに留保されるという特約がされています。この特約によると，Sの倉庫にある商品は，代金の支払が終わっていてSに所有権が移っている商品bと，代金の支払が終わっていないためにGに所有権が留保されている（7月に仕入れられた）商品aとがあることになります。

この場合，商品aが倉庫にあり，SとDがそれも集合動産譲渡担保の対象にしたとしても，Sは，商品aの所有者ではないので，譲渡担保契約によって商品aの所有権をDに移すことはできないことになりそうです。Dに所有権が移転していないのであれば，Dは所有権にもとづいて，Gが商品aを持ち去ることをやめるよう請求することができません。

(3) 所有権留保がされた物を転売することを許す合意の意味

Gは，下線部②にあるように，商品を転売することを認めていました。このことから，より一般的に，GがSに対して，Sが商品aの所有権も第三者（D）に移転すること（集合動産譲渡担保を設定することも含みます）を承諾していたと考えることはできないでしょうか。

これは，GとSの合意の解釈をめぐる問題であり，上記のように解釈することができる場合もあるかもしれません。しかし，Gが下線部①の合意によって所有権を自分に留保しながら，下線部②の合意によってSが商品を転売することを許したのは，普通は，「Sさんは転売してもいいですから，転売して得たお金から，ちゃんと自分（G）に売買代金を支払ってください（下線部②）。商品のうち，まだ売れていないために倉庫にある分については，自分の売買代金債権を担保するため，その所有権が自分に残されることにします（下線部①）」と考えていたからでしょう。よほどの事情がないかぎり，Gが商品aに対する集合動産譲渡担保の設定という自分に不利なことまで認めていたとは考えにくいです。

したがって，下線部②の合意がされていたとしても，下線部①の合意のため，Dは商品aについて所有権をもっていないので，Gがそれを持ち去ろうとすることを所有権にもとづいてやめさせることはできません。

POINT

1 所有権留保は，動産の売買がされたときに，売主の売買代金債権を担保するために用いられるものです。売主は，売買代金債権を弁済してもらえなかったとき，動産の所有者として，買主から（自分が売った）動産を返してもらい，その動産を第三者に売ることができます。この結果，売主は，その代金から売買代金債権の弁済を優先して受けることができます。

2 所有権留保がされても，売買の目的物の占有は，売買契約がされた後ただちに，買主に移転されます。

3 所有権留保を実行する際に，目的物の価額が売買代金債権の残額（買主がまだ支払をしていない代金額）よりも高いときは，売主は買主に対して清算金を支払う義務を負います。もっとも，所有権留保の対象となる物は，基本的に動産です。このため，実際には，清算金がないという場合がほとんどです。

4 売主に所有権を留保して売買契約が結ばれると，買主は，売買代金のすべてを支払うまで，所有権を取得しません。買主には所有権がないので，第三者は，買主と売買契約を結んだとしても，所有権を取得することができません。

5 所有権留保がされていても，その目的物について第三者が即時取得してしまうと，売主は自分に留保しておいた所有権を失ってしまいます。

6 買主と売主との間で目的物が買主によって第三者に転売されることが予定されていて，実際に転売されるなどして，売主と第三者との間で問題が生じることもあります。

第16章

仮登記担保

本章では，仮登記担保を学びます。仮登記担保は，民法に規定がない非典型担保です。この点では，第14章と第15章で学んだ譲渡担保や所有権留保と同じです。とはいえ，仮登記担保法（正式名称は「仮登記担保契約に関する法律」）という法律があり，そこに仮登記担保に関する規定があります。仮登記担保法の条文を参照することがあるので，手元の六法のどこにその法律が掲載されているのかを，あらかじめ確認しておくとよいでしょう。

仮登記担保の仕組みとその特徴

最初に，仮登記担保は，どのような仕組みよって債権を担保するのかということと，仮登記担保のもつ特徴を学びます（➀）。

仮登記担保の設定と実行前の効力

次に，仮登記担保がどのように設定されるかということと，設定されてから実行される前までの仮登記担保にどのような効力があるのかということを学びます（➁）。

仮登記担保の実行 ▊

最後に，仮登記担保がどのようにして実行されるかを学びます (③)。

1 仮登記担保の仕組みとその特徴

　仮登記担保によって債権を担保する仕組みをわかるようになるためには，代物弁済契約，代物弁済予約と停止条件付代物弁済がわかっている必要があります。それらの説明から始めましょう。

1 代物弁済

> **CASE 16-1**
> 　Sは，Gから 1000 万円を借りました。Sは，3 年後にそのお金を返すことを約束しましたが，約束の日になってもお金を用意することができませんでした。しかし，Sは，1000 万円の価値がある甲土地を所有しています。Gは，どうすれば，債権の弁済を受けることができるでしょうか。

　Gは，Sに対して 1000 万円を支払ってもらうという債権をもっています。本来は，債権の内容どおりにSから 1000 万円を支払ってもらわなければ，債権の弁済を受けたことになりません。

　ところが，482 条では，債権者Gと債務者Sが，本来の給付（1000 万円を支払うこと）の代わりに他の給付をすること（例えば甲土地を譲渡すること）によって債権を消滅させるという契約をすることが認められています。このような契約を代物弁済契約といい，この契約の履行として他の給付をすることを代物弁済といいます。

　CASE 16-1 のGは，Sとの間で，SがGに甲土地を譲渡することによって代物弁済をするという契約をし，実際にGがSから甲土地を譲り受けることで，1000 万円を支払ってもらうという債権の弁済があったことにすることができます。

2 代物弁済予約と停止条件付代物弁済契約

> **CASE 16-2**
> Sは，Gから1000万円を借りました。Sは，3年後にそのお金を返すことを約束しました。Gは，もしSがそのお金を用意できなかったときは，お金の代わりに，Sが所有する甲土地を譲り受けたいと考えています。Gは，Sとの間でどのような合意をしておくとよいでしょうか。

　債務者（S）がお金を用意できなかったときに，債権者（G）の側から代物弁済契約を結ぼうと申し込んだとしても，債務者が承諾してくれるとはかぎりません。債権者が債務者にお金を貸す時点で，そのような不安定な状態を解消しておくための代表的な方法として，次の2つがあります。

代物弁済予約

　第1は，後で代物弁済契約をすることを予約しておくという方法です（これを代物弁済予約といいます）。

　ここで「予約」というのは，一方の当事者が後で契約（これを「本契約」といいます）を締結するという意思表示をすれば，それで本契約が成立したことになるというものです。この場合は，予約を本契約に完成させることができる権利（これを「予約完結権」といいます）を一方の当事者に認めることが予約で合意されることになります。代物弁済を予約する際に，債権者Gにこうした予約完結権を認めることにしておけば，Gは，後日，債務者Sが債務を弁済しなかったときに，Sの意思にかかわりなく[1]，この予約完結権を行使する（予約を完結するという意思表示をする）ことによって，代物弁済として甲土地を譲り受けることができるわけです。

---
note

[1] **説明**　予約がされることで，後のSの意思は考慮されなくなります。このため，Sが後になって「甲土地をGに与えたくない」と考え，本契約の締結を拒んだとしても，Gは一方的に，本契約を成立させることができます。

第2は，代物弁済契約に条件を付けておくという方法です。これを停止条件(ていしじょうけん)付代物弁済契約といいます。

ここで使われる条件は，ある条件が満たされるまで，契約の効力を生じさせない（停止しておく）というものです（このような条件を「停止条件」といいます。条件が満たされることは，「条件が成就(じょうじゅ)する」と表現されます）。債務者Sが債務を弁済しないことを停止条件として代物弁済契約をしておくと，Sが弁済期に債務を弁済しなければ，条件が成就し，代物弁済の効力が生じます。Sの意思は問題になりません。また，先ほどの代物弁済予約とも違って，債権者Gが特に意思表示をしなくても，Gは，条件が成就しさえすれば代物弁済として甲土地を譲り受けることができます。

3　仮登記担保

代物弁済予約や停止条件付代物弁済契約の弱点

> **CASE 16-3**
>
> Sは，Gから1000万円を借りました。Sは，3年後にそのお金を返すことを約束しました。Gは，もしSがそのお金を用意できなかったときは，お金の代わりに，Sが所有する甲土地を譲り受けたいと考え，Sとの間で，Sが所有する甲土地について停止条件付代物弁済契約をしました。ところが，Sは，その後，甲土地をDに譲渡し，所有権移転登記もしてしまいました。Sが約束した期日にGに1000万円を返さなかったとき，Gは，甲土地の所有権を取得することができるでしょうか。

CASE 16-3 では，SがGに1000万円を返すという債務を履行しなければ，停止条件が成就したことになるので，代物弁済によりSからGに甲土地の所有権が移転するはずです。ところが，Sは，甲土地をDにも譲渡しています。これは，甲土地が二重に譲渡されたことを意味します。

177条によると，土地が二重に譲渡されたとき，所有権の取得を第三者に対抗するには登記をしておく必要があります（177条については，物権法の教科書で学んでください）。**CASE 16-3** では，SからDに所有権を移転するという登記がされているので，Dは，甲土地の所有権を取得したことを第三者Gに対抗すること

ができます。そうすると，Gは，Sが1000万円を返すという債務を履行していないのに，甲土地の所有権を取得することができません。

CASE 16-3のGとSとの間で行われたのが，停止条件付代物弁済契約ではなく，代物弁済予約であったときも，Gが予約完結権を行使して登記をする前に，SがDに甲土地の所有権を移転し，その登記をしたならば，やはりDが甲土地の所有権を取得したことを第三者Gに対抗することができるようになるので，Gは，甲土地の所有権を取得することができません。

このように，債権者Gが期待していたとおりに甲土地の所有権を取得することができないというのであれば，Gにとって，代物弁済予約や停止条件付代物弁済契約をする意味はほとんどありません。そこで，第三者Dが登場したとしても，Gが代物弁済によって甲土地の所有権を取得することをDに対抗できるようにするために，仮登記という登記が用いられます。仮登記は，次のような意味をもちます。

仮登記による代物弁済予約や停止条件付代物弁済契約の弱点の克服

(1) 仮登記と本登記

Gは，代物弁済予約や停止条件付代物弁済契約をSと結んだだけでは，所有権を取得しないので，所有権が移転したという登記（これを所有権移転登記といいます）をすることはできません。しかし，将来，Sが債務を弁済しなかったときには，予約完結権を行使して，または条件の成就によって所有権を取得する可能性があるので，仮登記をすることが認められています（不登105条2号参照）。

仮登記は，物権変動を第三者に対抗できるという登記本来の効力をもたず，次に説明するように，順位を確保する効力（順位保全的効力といいます）のみをもちます。対抗力を生じさせる普通の登記は，仮の登記の反対という意味で，本登記と呼ばれます（詳しくは，物権法の教科書で学んでください）。

(2) 順位保全的効力

CASE 16-3のGが，Sと停止条件付代物弁済契約を結んだ時点で仮登記をしておいたとします。Sが債務を弁済しなかったとき，条件が成就したので，Gは甲土地の所有権を取得します。これによって，Gは，所有権移転登記という本登記をすることができるようになります。

仮登記がされた後に本登記がされると，本登記の順位は仮登記の順位によるこ

とになっています（不登106条）。仮登記がされた時点で本登記がされていた 扱^{あつか}
いになるのです。このことは，CASE 16-3 のように，第三者Dが登場したとき
に，大きな意味をもちます。

　債権者Gのために仮登記がされていると，その後，第三者Dが所有権移転登
記をしたとしても，さらにその後にGが所有権移転登記（本登記）をすれば，G
はDよりも先に所有権移転登記を受けていたことになります。Dが登場しても，
Gは甲土地の所有権を取得したことをDに対抗できるのです。反対に，Dは，
所有権移転登記をGの本登記よりも先にしていたとしても，所有権の取得をG
に対抗できなくなり，所有権を失ってしまいます。

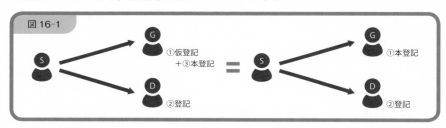

図 16-1

　このように，債権者は，たんに代物弁済予約や停止条件付代物弁済契約をして
いただけでは，後に登場した第三者のせいで目的不動産の所有権を取得しそこね
る危険がありますが，仮登記をしておくことで，より確実に所有権を取得するこ
とができるようになります。つまり，より確実に債権の弁済を受けられるように
なるのです。これが仮登記担保の仕組みです。

4　仮登記担保の特徴

　仮登記担保は，仮登記を使うので，仮登記をすることのできる不動産に設定さ
れるのが一般的です。同じく不動産に設定することができる抵当権や譲渡担保と
比べ，仮登記担保にはどのような特徴があるのでしょうか。

仮登記担保と抵当権や譲渡担保との共通点

　仮登記担保が設定されても，目的不動産の占有^{せんゆう}は債権者に移されません（この
ような担保を「非占有担保」といいます）。このため，債務者は，仮登記担保を設定
した不動産を利用し続けることができます。このように，非占有担保であるとい
う点では，仮登記担保と抵当権や譲渡担保との間に違いはありません。

（1） 抵当権との違い

抵当権にはない仮登記担保の長所として，実行が簡単であるということがあります。仮登記担保は，譲渡担保と同じく，裁判所を通さないで実行（裁判所という公的な機関によらない実行なので私的実行といいます）されます。具体的な実行方法は，３ で説明します。

⇒第**14**章 1 4

（2） 譲渡担保との違い

譲渡担保は，最初から，所有権を債権者に移転しておくかたちによって債権を担保します。このため，担保を設定した時点で債権者への所有権移転登記（本登記）がされます。これに対して，仮登記担保は，担保を設定した時点では所有権が債権者に移転しませんので，仮登記しかされません。本登記がされるのは，実行の時です。

2 仮登記担保の設定と実行前の効力

設 定

仮登記担保は，債権者と債務者との間で仮登記担保契約（仮登記担保１条参照）が結ばれることで設定されます。債務を負わない第三者が，債務者の代わりに仮登記担保契約を結ぶこともできます。

また，仮登記担保は，先に述べたように，不動産に設定されるのが一般的です。

実行前の効力

仮登記担保が設定されても，目的不動産の所有権や占有は債務者に残っています。このため，債務者は，仮登記担保を設定する前と同じように，目的不動産を自分で使ったり，他人に貸したりすることができますし，それを他人に売ることもできます。

ただし，目的不動産について権利を取得していた第三者（目的不動産の賃借人や譲受人）は，仮登記担保が実行されて本登記がされると，権利を失ってしまいます。

⇒288頁

3 仮登記担保の実行

　債務者が債務を弁済しなかったときは，債権者は，仮登記担保を実行して債権の弁済を受けることができます。以下では，どのように仮登記担保が実行されるかを説明します。

1 清算金がある場合の実行

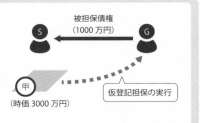

CASE 16-4

　Sは，Gから1000万円を借り，3年後にそのお金を返すことを約束しました。Sは，Sが所有する3000万円の価値がある甲土地について，SがGにお金を返さなかったことを条件とする停止条件付代物弁済契約をGと結び，SからGへの所有権の移転に関する仮登記をしました。その後，約束の期日を過ぎてもSがGに1000万円を返さなかったとき，Gは，3000万円の価値がある土地の所有権をそのまま取得することができるでしょうか。

　譲渡担保の場合，担保の対象である物の価額が債権の金額よりも大きいときには，債権者は，担保を実行するのに清算義務を負いました。⇒第14章 1 4

　仮登記担保の場合も同じです。仮登記担保を実行しようとする債権者は，目的不動産の価額が債権の金額よりも大きいときは，仮登記担保法3条1項により，目的不動産の価額から債権の金額を差し引いて残った金額である清算金を債務者に支払う義務（清算義務）を負います。これによると，CASE 16-4 のGは，1000万円の債権の弁済として3000万円の価値をもつ甲土地を取得したならば，Sに対して，2000万円を清算金として支払う必要があります。

被担保債権の不履行（①）

　債務者が借金を返すと約束した期日（弁済期）にお金を支払わなかったとします。この場合（つまり，被担保債権が履行されなかった場合）において，代物弁済の予約がされていたときは，債権者は，予約完結の意思表示をすることができるよ

うになります。これに対し，停止条件付代物弁済契約が結ばれていたときは，そのような意思表示はいりません。債務者が借金を返せなかったことで，停止条件が成就することになります。

①被担保債権の弁済期の到来
↓
②清算金の見積額の通知
↓
③清算期間（2か月間）
↓
④所有権の移転

清算金の見積額の通知（②）

次に，債権者は，清算金がいくらになるかを調べて，債務者に通知する必要があります（仮登記担保2条1項）。CASE **16-4**でいえば，債権者Gは，土地の評価額が3000万円で[2]，債権額が1000万円であるから，2000万円が清算金になるということを債務者Sに伝えなければなりません。

清算期間：受戻しの可能性（③）

清算金に関する通知が債務者のもとに到達してから2か月の間（この期間を清算期間といいます）は，債務者は，債務を弁済して不動産を取り戻すことができます。このように弁済によって目的不動産の所有権を取り戻す権利を受戻権といいます。

所有権の移転（④）

債務者が債務を弁済しないまま清算期間を過ぎると，目的不動産の所有権が債権者に移転します（仮登記担保2条1項）。債権者は，目的不動産の所有者になるので，債務者に対して，仮登記に基づく本登記（所有権移転登記）を請求することと，目的不動産を自分に引き渡すことを請求することができるようになります。その一方で，目的不動産の所有権を失った債務者は，債権者に対し，清算金の支払を求めることができるようになります。

債務者は，清算期間（通知を受け取ってから2か月）が過ぎて目的不動産の所有権が債権者に移転していても，債権者が清算金の支払または提供[3]をしていないのであれば，まだ受戻しをすることができます（仮登記担保11条）。このように，

---

note ──

[2] **説明** 債務者は，債権者が評価した不動産の価額に納得がいかないときは，裁判で争うことができます。
[3] **用語** お金を支払うべき人がお金を用意して支払おうとしたけれども，受け取るべき人が受け取っていないときに「提供」があったとされます。お金が受け取られると，「支払（履行）」があったことになるので，「提供」は「支払」の一歩手前にあります。詳しくは，**Column 15**を参照してください。

清算期間を過ぎると，債務者は一切，受戻しをすることができなくなるわけではありません。誤解しないよう注意してください。

2 清算金がない場合の実行

> ### CASE 16-5
>
> Sは，Gから3000万円を借り，3年後にそのお金を返すことを約束しました。Sは，Sが所有する1000万円の価値がある甲土地について，借金を返さなかったことを条件とする停止条件付代物弁済契約をGと結び，SからGへの所有権の移転に関する仮登記をしました。その後，Sが弁済期を過ぎても借金を返さなかったとき，Gの債権と甲土地に関する所有権はどうなるでしょうか。

CASE 16-5 のGは，Sが債務を弁済しなかったので，仮登記担保を実行することができます。このケースでは，仮登記担保の目的不動産（甲土地）の価額（1000万円）が債権の金額（3000万円）よりも小さいため，Gが支払うべき清算金がありません。

仮登記担保法による民法のルールの修正

民法のルールによると，代物弁済がされれば，これは弁済と同一の効果があるため，物の価額が債権額より小さいときであっても，債権は消滅します（482条）。3000万円の債権について1000万円の土地による代物弁済がされれば，債権全額が消えることになります。

しかし，債権者は，債権を担保するために仮登記担保の設定を受けたはずです。その設定を受けたとき，仮登記担保が利益にこそなれ不利益になるとは考えていなかったのが普通でしょう。それなのに，民法のルールどおりに，他の方法によっては一切，債権の弁済を受けられないとしてしまうと，債権者は想定外の不利益を受けかねません。

このため，仮登記担保法9条では，原則として，目的不動産の価額分しか債権は消滅しないと定められています。CASE 16-5 では，目的不動産の価額が1000万円ですので，3000万円の債権のうち1000万円分のみが消滅し，Gには，担保のない2000万円の債権が残ることになります。したがって，Sは，債務のすべてを消滅させるには，さらに2000万円を支払う必要があります。

清算期間と所有権の移転

CASE 16-5 のように，清算金がないときは，債権者は，「清算金はない」ということを債務者に通知する必要があります。

債務者がその通知を受け取ってから 2 か月の間が清算期間となります。清算期間内であれば，債権者は受戻しをすることができます。

しかし，債務者が受戻しをしないままその期間が過ぎれば，目的不動産の所有権が債権者に移転します。以後，債権者は，債務者に対してただちに仮登記に基づく本登記（所有権移転登記）を請求することと，目的不動産を自分に引き渡すことを請求することができます。

POINT

1　482 条では，債権者と債務者が，本来の給付の代わりに他の給付をすることによって債権を消滅させるという契約をすることが認められています。このような契約を代物弁済契約といい，この契約の履行として他の給付をすることを代物弁済といいます。

2　債務者がお金を用意できなかったときに，債権者の側から代物弁済契約を結ぼうと申し込んだとしても，債務者が承諾してくれるとはかぎりません。債権者が債務者にお金を貸す時点で，そのような不安定な状態を解消しておくための代表的な方法として，次の 2 つがあります。第 1 は，後で代物弁済契約をすることを予約しておくという方法です（これを「代物弁済予約」といいます）。第 2 は，代物弁済契約に条件を付けておくという方法です（これを「停止条件付代物弁済契約」といいます）。

3　債権者は，たんに代物弁済予約や停止条件付代物弁済契約をしていただけでは，後に登場した第三者のせいで目的不動産の所有権を取得しそこねる危険がありますが，仮登記をしておくことで，より確実に債権の弁済を受けられるようになります。

4　仮登記担保が設定されても，目的不動産の所有権や占有は債務者に残っています。このため，債務者は，仮登記担保を設定する前と同じように，目的不動産を自分で使ったり，他人に貸したりすることができますし，それを他人に売ることもできます。ただし，目的不動産について権利を取得していた第三者は，

仮登記担保が実行されて本登記がされると，権利を失ってしまいます。

5 仮登記担保を実行しようとする債権者は，目的不動産の価額が債権の金額よりも大きいときは，仮登記担保法 3 条 1 項により，目的不動産の価額から債権の金額を差し引いて残った金額である清算金を債務者に支払う義務（清算義務）を負います。

6 清算金に関する通知が債務者のもとに到達してから 2 か月の間（この期間を「清算期間」といいます）は，債務者は，債務を弁済して不動産を取り戻すことができます。このように弁済によって目的不動産の所有権を取り戻す権利を受戻権といいます。

7 債務者が債務を弁済しないまま清算期間を過ぎると，目的不動産の所有権が債権者に移転します（仮登記担保 2 条 1 項）。債権者は，目的不動産の所有者になるので，債務者に対して，仮登記に基づく本登記（所有権移転登記）を請求することと，目的不動産を自分に引き渡すことを請求することができるようになります。

事 項 索 引

判 例 索 引

有斐閣ストゥディア

YUHIKAKU

民法 3 担保物権

Civil Law 3

2021 年 11 月 15 日　初版第 1 刷発行
2024 年 4 月 20 日　初版第 3 刷発行

監 修 者　山　本　敬　三
著　　者　鳥　山　泰　志
　　　　　藤　澤　治　奈
発 行 者　江　草　貞　治
発 行 所　株式会社　有　斐　閣
　　　　　郵便番号 101-0051
　　　　　東京都千代田区神田神保町 2-17
　　　　　https://www.yuhikaku.co.jp/

印刷・大日本法令印刷株式会社／製本・牧製本印刷株式会社
© 2021, K. Yamamoto, Y. Toriyama, H. Fujisawa,
Printed in Japan
落丁・乱丁本はお取替えいたします。